JN040408

プロレス現地採用

なぜ屋台村から東京ドームに辿り着けたのか？

NOSAWA論外

徳間書店

プロローグ

プロレスラーとして成功したわけではないが
それでもいい思いも悪い思いもした。
そして東京ドームで引退試合なんだから
プロレス人生、結果オーライだと思う。

それでも演じてきたＮＯＳＡＷＡ論外のキャラクターによって
プロレスファンの方々どころか知人にまで
「どうせ論外だから……復帰するよ！」と言われる（苦笑）。

本当は数年前から身体がぶっ壊れていて
気持ちも付いていってなかったんだ……。
それでも日々戦う理由を探して「何で戦うんだろう？」という葛藤と

わずかな折れない気持ちだけでリングに上がっていた……
というよりもプロレスに取り憑かれていたんだと思う。
そしてＮＯＳＡＷＡ論外を演じて生きた27年と２カ月。
身も心もプロレスから逃げたんだ。

人生なんて本当に些細なことで１８０度変わるから
絶対に復帰はないと宣言はしないけど……
こういうことを書くからいけないのか（笑）。

でも、これを読んでくれたら
本音と現実をわかってくれるんじゃないかな。

プロレスラーの人生は
みんなが思っているよりリアルなんだと。

CONTENTS

第1章 迷い犬

プロレス小僧ではなくサッカー少年

子供の頃の俺は、めちゃめちゃプロレスが好きだったわけではない。

金曜夜8時のゴールデンタイムのプロレスは観たことがないから、アントニオ猪木さんをリアルタイムでは観ていないし、中学生の頃にサッカーから家に帰った時に土曜日夕方4時からの「ワールド・プロレスリング」を何となく観るみたいな感じだった。トップが藤波辰爾さん、ビッグバン・ベイダーの頃だったのかな？　武藤敬司さんも髪がフサフサだった（笑）。

中学とか高校の時期は誰でも不良に憧れると思う。だから俺にはレイジング・スタッフになる前のブロンド・アウトローズ（ヒロ斎藤、保永昇男、後藤達俊にスーパー・ストロング・マシンが合流）がカッコよく見えていた。イスとかで藤波さんを殴っていて「この人たち、本当にヤバいな！」って（笑）。

あとは覆面を被っている獣神サンダー・ライガーさんだったのか、エル・サムライさんだったのか……プロレスには華やかなイメージも持っていたような記憶がある。

でもサッカー少年だったから、毎週必ず観られるわけではなく、プロレスよりもサッカーの「ワールドカップ」の方が好きだった。

Ｊリーグが開幕したのは1993年5月。高校2年になったばっかりの時で、サッカー人気がガーッと上がってきて「サッカー選手、カッコいいな」「サッカー選手になったら金持ちになれるぞ！」と勝手に思っていた。

実際、中学の終わりに某チームのセレクションに受かっていた。

ただ、ユースチームに入ると高校のサッカー部に選手登録ができなくなる。高校の部活で練習するのは構わないけど、試合には出られない。2つのチームに所属するというのはダメだった。子供の頃の俺は、それくらいサッカーがうまかったんだ。

でもユースチームはレベルが高くて「あいつらの方がうまいな」と感じたから「このチームに入っても試合に出られないなら、高校の部活の方に入って試合に出た方がいい」と。

その頃から物事に対する嗅覚はあったんだ（笑）。

試合に出ないで練習だけやっているなら意味がないのと、入るにはジャージを揃えたりとか、保険もいろいろなのに入らないといけなかったりで、お金の問題も出てきた。それでユースの方には行かずに、高校でサッカーをやることにした。

当時の俺は「Ｊリーグは無理でも、高校を出て実業団くらいならサッカーをやりながら暮らせるだろ」っていう感じだった。

初めてのプロレス観戦はＦＭＷ

初めてプロレスをナマで観戦したのは91年12月9日。新聞配達のおじさんが契約の継続特典で洗剤をくれた時に「野球、サッカーのチケットはないけど、プロレスならあるよ」ってくれたのがＦＭＷの東京ベイＮＫホールのチケットだった。

当時、千葉県市川市に住んでいた俺は、まだ中学生だったから後楽園ホールにも行ったことがなかった。ＮＫホールは浦安だからと思って行ったんだけど、乗り換えが凄くて意外と遠かった。

試合はなんとかタッグ・リーグ（「争覇～世界最強総合格闘技タッグ・リーグ戦」）の決勝戦。ロシアの柔道王グレゴリー・ベリチョフ、元プロボクシング世界チャンピオンのレオン・スピンクスがいたのは憶えている。プロレスなのにボクサーがいれば、柔道家もいるっていう、わけのわからない大会だった。

会場に着いたら、テレビで観ているよりリングから客席までの距離が近くて、場外乱闘もすぐ近くまで来た。他のお客がリングを触りに行ったりしているから、俺もロープってどうなっているんだろうと思って試合中に触りに行った。

「触るんじゃねぇ！」って後ろからガーンとラリアットを食らって……振り返ったらシャーク土屋さんだった（笑）。

初観戦のＦＭＷは、このインパクトが強過ぎて、試合がどうのとかはまったく憶えていないけど、大仁田厚さんを見て「何で、マイクで怒鳴っているんだろう？」って。

当時の大仁田さんは白いタンクトップみたいなのを着ていて、水色のショートタイツで、「えっ？」っていう感じ、カッコよくなくて、まったくハマらなかった（笑）。

それから20数年後に俺が大仁田さんのライバルになるなんて。

しかも7回目の引退試合の相手をやったり、俺の引退前にアジア・タッグを賭けて電流爆破マッチをやるんだから、人生はわからないものだと思う。

でも……初めて観たＦＭＷは、柵もなければ、場外乱闘ばっかりやってるし、テレビで観ているプロレスとは全然違うものだった（苦笑）。

運命の人・高野拳磁の衝撃

高校に入ってからは、サッカー部にプロレスが好きな先輩がいて、部活帰りに「千葉公園体育館でプロレスあるから行くぞ！」と言われて、全日本や新日本を何回か観に行った。

あの頃、みんな「写ルンです」で写真を撮っていて、最近、その当時のネガが出てきたから、何が写っているのか見てみたら……なぜか俺、小川良成先輩を撮っていた（笑）。新日本、全日本だけじゃなくてWARも観た記憶がある。先輩と一緒に入口で天龍源一郎さんを見かけて、サインをしてくれたのを憶えている、なんて書くと「また、いいとこ売りやがって！」って、引退したのにまたグーパンチを食らうかも。いや、天龍さんは読まないか（笑）。

そんな感じで正直、プロレスにはそんなに興味がなくて、先輩に付き合っていた程度だったけど、部活を辞める少し前に俺の運命を変える人を目撃してしまう。

みんなで後楽園ゆうえんちに遊びに行こうという話になって、水道橋の駅を出たら、当時はまだ電柱にポスターが貼ってあった「人間バズーカ高野拳磁、宇宙パワー襲来！ 有刺鉄線ボードデスマッチ」みたいなことが書いてあって。その中には将軍KYワカマツっていう文字もあって「これは何かで見たな」と（笑）。

それはそれとして、初めて後楽園ゆうえんちに行くから道がわからなくて、後楽園ホールのあたりで迷っていたら、ダフ屋のおじさんに捕まってしまった。

「学生？ 今日、プロレスがあるんだけど、学生なら1000円でいいよ！」

そう言われて「1000円なら」って、ゆうえんちの帰りに6時半からのプロレスを観よ

「この人みたいになりたい!」と思った

という話になって、チケットを買って観に行ったのがPWCだ。

千葉公園体育館やNKホールはいつもお客さんがいっぱいいたのに、初めて行った後楽園ホールはガラガラ（笑）。

試合が始まって出てきたのが、空手家の宮本猛さんとか、毒ガスマスク、バイオレンス・リベンジャー、ホーデス・ミン。

「ホーデス・ミンはちょっとカッコいいな」なんて（笑）。

でも試合自体は「なんだかなぁ」っていう感じ。この時は試合がどうだとか、流れがどうだとかは理解していなかったけど、とにかくつまらなくて「俺の方が強いんじゃねぇ⁉」と思って観ていた。

宇宙パワーが出てきて、ワカマツさんも拡声器を持って出てきて。そうしたらすごくデカい人が出てきて、それが俺の師匠になる高野拳磁さん！

「うわっ、これはヤベぇ！」って。もう、存在が凄い。非日常的なデカさと雰囲気がカッコよかった。それを見たら、一発で持っていかれちゃった。

生きている中で男とか女とかに関係なく一目惚れしたのは、この時だけ。気付いたら拳磁さんだけを目で追っていた。

試合内容は憶えていないけど、試合が終わったらマイクで「俺、カッコ悪いよなぁ。荒谷

（信孝）を見殺しにしちゃったしぃ〜」みたいなことを喋っていたのは憶えている。

それで気になっちゃって、もう1回、ＰＷＣを観に行った。

「学校辞めてどうする？　どうする？」みたいなマイクを聞いて、また「カッコいい！」って思って（笑）。

拳磁さんが〝野良犬〟って呼ばれるようになる少し前の頃かな。

マイクで喋る内容と佇まい、デカさ。それは自分にないものだった。だから、プロレスラーになりたいというより「この人みたいになりたい！」と思って引き込まれたんだ。

進路相談でプロレスラーを志す

ただ、携帯電話もなく、ポケベルしかない時代で、とにかく情報がない。そこから週刊プロレスを読むようになったけど、ＰＷＣの情報なんか載っていないし、活動しているのかもわからない状態の中、高校3年の夏の進路相談の時に「プロレスラーになりたいんです！」と言ったら、先生に反対されることもなく、あっさりと「やってみたらいいじゃん」と軽いノリで言われて拍子抜けしてしまった（笑）。

通っていた高校は、悪い奴らを受け入れて、更生させるような学校だから先生がめちゃくちゃ強い。

商業学校だから、簿記検定を取ったり、ワープロ検定を取ったりするのに、少林寺拳法の授業が週3日2時間ずつあるという、ちょっとヤバい学校だった。

日体大とか国際武道大学で少林寺拳法をやっていて、体育会系バリバリの人が教員免許を取っちゃったみたいな先生ばかり。サボって学校に来ない生徒がいると、車で探しに行って連れて来ちゃう。

問題を起こす生徒はとりあえず坊主にさせて「野沢、○○、13時に第2道場に集合」と呼び出して「防具を着けろ！　乱取りだ！」って、一方的にボコボコにする。

それはマシな場合で、防具なしの時もあったり。今の時代だったら絶対に通用しないようなこともたくさんある軍隊レベルの厳しい学校だったけど、誰も何も疑問に思わない時代だった（笑）。

生徒も先生もいかれていた。体育会系で大学に入って、教員免許を取ってしまって漫画「GTO」の原作みたいな、愛のある先生ばっかりだったんだなと今になって思う（笑）。

振り返ると、勉強は教わってないけど、人としての大切なものは教わった。「何かをしてもらったら、ありがとうと言いなさい」とか、朝は先生に会うと必ず少林寺の合掌礼で「おはようございます」と挨拶をする。礼儀とかはしっかり学んだと思う。

そんな学校だから、俺の「プロレスラーになりたい！」という無謀な希望も「いいんじゃない？」って認めてくれたのだろう。

高３の夏、ユニオンプロレスに入門

どうせプロレスをやるなら拳磁さんのところでやりたいと思って調べていたら、ＰＷＣに出ていたホーデス・ミンがポイズン澤田に名前を変えて、ユニオンプロレスという団体にザ・マミー＆ブラック・マミーのマミー・ブラザーズなんかと一緒に出ていた。

それでユニオンに連絡を入れたら、松崎駿馬さんがスクワットとか腕立ての体力テストをしてくれて合格。夏休みだったから、その期間はずっと流山の事務所に行っていた。事務所はクリーニング屋で、そこに武井匡代表がいたから、代表の自宅だったのかもしれない。

クリーニング屋の敷地にある駐車場にはバーベルセットがあって、大野望さんという新人の人と夏休み中ずっと通って、駐車場のアスファルトの上にタオルケットを敷いて基礎体の練習をやっていた。あとは松崎さんとスパーリングをやったり、川を走ったり。

スパーリングといってもこっちは学生だし、高校で少林寺拳法をやっているとはいえ初段。少林寺の初段なんて学科と型だけだから、まったく歯が立たなくて、ボロ雑巾状態。

松崎さんは剛竜馬さんの弟子で厳しかった。それが夏休み中ずっと（苦笑）。

マミー・ブラザーズの謎を知る

ユニオンプロレスには剛軍団の剛竜馬さん、ＩＷＡ湘南の高杉正彦さん、ＮＯＷのケンドー・ナガサキさんといったインディーのビッグネームの人たちが出ていた。ＮＯＷの練習生だった谷口裕一君とか、山川竜司さんもナガサキさんと一緒に来ていたけど、挨拶をする程度で、そんなに交流はなかった。でも、リング撤収とかは一緒にやった記憶がある。

この頃はインディーのビッグネームとはいっても剛さんとかのことはもちろん知らないし、実際見ても魅力は感じなかった。

まだ高校生の子供だったから興味があったのは、何と言ってもマミー・ブラザーズ。ミイラ男だから神秘的だし、ちょっとカッコよくも思えたし、エジプトから来ているんだと思い込んでいたし（笑）。

リングの設営とか撤収をしていても、マミー・ブラザーズが見当たらない。小さい会場だから入口が１カ所しかないのにわからない。

テーマ曲が鳴ると出てくるから「どこから来たんだろう？」「いつ会場入りしてたんだろう？　絶対見つけてやろう」とかって思っていた（笑）。

そうしたら流山の事務所に行ったある日、抜け殻だけがあった。でも誰にも聞けないから、人がいなくなった隙に触ってみて「意外とショボいな」って（笑）。

スウェットにテーピングテープが貼ってあるだけで、よく見ると剝がれたところはテープを足して補強してある。マスクはちゃんと作ってあって、マスクに髪の毛が付けてあるのを見て「ミイラだもんな」って納得したり（笑）。

いつ来て、試合後にはいつ帰ってるのか？　なぜ事務所に抜け殻があるのかとか不思議だったけど、ある大会で控室に行ったら身体がミイラで素顔の○○さんがいたんだ（笑）。

子供の夢を壊されたっていうか、ヒーローショーを観に行って、中身を見ちゃった的な感覚だった（笑）。

ユニオンプロレスをクビに

ユニオンプロレスでは夏休み中の千葉県内の大会、日曜日の大会に雑用係として行っていた。あとは学校が千葉という理由だけで、木更津の方にも手伝いで行った記憶がある。

夏休みが終わると平日は学校に行かなくちゃいけないが、武井代表が学校に電話をしてきて「卒業したら入るんだから、学校に行かないで事務所に来い」と（苦笑）。

当たり前だけど、学校側は「出席しないとダメだから、プロレスに行くなら休日だけにしなさい」ということで、それを松崎さんに話したら「じゃあクビだ」。

要は、多少体力がある雑用が欲しかったんだろう。俺も「あぁ、そりゃそうだよな」って。で、よくよく考えてみたら「そういえば高野拳磁さんに会えなかったな。偉い人だから普段は来ないのかな」なんて思っていた。

実は、俺はユニオンが何だかよくわかってなかった。

ＰＷＣとか、鶴見五郎さんのＩＷＡ格闘志塾とか、インディーの団体が全部一緒になっているようなイメージだったんだけど、それはレスリング・ユニオンで、すでに解散していた。

俺が入門したユニオンプロレスは独立したひとつの団体だったから「あれ？　なんか違うぞ」って（笑）。

卒業間際に高校を退学

高校3年の夏も終わり、俺はぶらぶらしていた。サッカーの実業団を目指すという選択肢もあったが、その頃にはもう「今からまたサッカーをやるのも嫌だな」って思うようになっていて、とにかく遊んでいた。

そうなると、やることがないから暴れちゃう。それで11月に問題を起こして自主退学することになってしまった。

まあ、簡単に言えば、俺がやんちゃしちゃったんだ。

千葉はとにかくガラが悪い。学校にはモノレールで通っていたけど、そこでよく待ち伏せしたり、されたり。だから俺たちはいつもボコボコだった。

やられたら3日くらいどうやり返すかを考えて「よし、次は2方向から行こう」とか。相手の学校もわかっていて、通学ルートも把握しているから、待ち伏せして奇襲をかけたり、されたりしているような時代だ。

でも、それで警察に捕まることもなかった。警官が来たところで「また喧嘩？　鼻血くらいなら、拭いて帰りなさい。喧嘩したって変わらないんだから。仲良くやりなさい」って言われて終わりっていう時代だった。でも、こっちは「絶対許さねぇ！　明日またやってやろう！」とか言っていて（笑）。

すぐに冬休みだし、実質残り1カ月くらい行けば卒業だから、担任の先生方は退学という処分を回避しようと、すごくかばってくれたけど、俺がやんちゃしたせいで担任の先生も責任を取る形に……。

人生の時間を無駄遣いさせてしまった。

今度は屋台村プロレスに入門

高校を辞めてから本当にやることがなくなった俺は、家でぼーっとしながらテレビを観ていた。そうしたら、たまたま屋台村プロレスをやっていて拳磁さんが出ていた。場所は神奈川県・鶴見の屋台村ヨンドン。行ってみたいなと思ったけど、どこだかわからない（笑）。テレビのテロップに出ていたけど、急に住所をメモれないから週プロを買ってきて、ようやく場所を調べて「ここに行けば、ようやく拳磁さんに会えるぞ！」と。

屋台村ヨンドンは「あれ、こんなところでプロレスやってるの？」というような場所だったが、とりあえずスクワット、腕立て、腹筋、背筋、ジャンピングスクワットなどの体力テストを受けた。ユニオンの時も、この屋台村の時も、今のプロレス団体より回数ははるかに多かった。

試験官は誰だったか憶えてないけど、これに受からないと拳磁さんに会えないと思って頑張って、何とか合格！　95年の春のことだ。

屋台村にも拳磁さんはいなかった！

屋台村プロレスでは、週末の金・土・日の3日間だけ練習と試合の雑用。あとは派遣のアルバイトという生活だった。

屋台村には新間寿恒さんのFULLに所属していた菊澤光信（現・菊タロー）さんもいた。使いっぱな扱いをされていたけど、嫌な先輩ではなかったし、同い年ということもあって、よく一緒にいたなあ。

昔は「さん付け」だったけど、今はキク（笑）。関係が逆になっているけど、やっぱり大切な仲間である。

あと、PWCでデビューして、当時は鶴見さんのIWA格闘志塾にいたグレート・タケルこと増田明彦さんがいて、一緒に練習させてもらっていた。

増田さんに教わったのは受け身。増田さんに教わっていると、必ず遅れてやってきて、急に偉そうに仕切り出すのが奥村茂雄（現・OKUMURA）。他の人たちは言われた回数を一緒にやるのに、自分は絶対にやらない。下の者だけにたくさんやらせる典型的な嫌な奴だったな（笑）。奥ちゃんはすでに試合をしている大先輩だったけど、俺は平等じゃないことにすごくイラついていた。「いつか、こいつの足をすくってやろう」と思っていたよ。

そんな日々を送っていたけど、拳磁さんには会えない。「こういうところには月1回くらいしか来ないのかな？」とか思ったり。

その頃、鶴見さんも時々、屋台村に来ていた。鶴見さんのIWA格闘志塾が屋台村で大会をやっていて、俺もお手伝いをしていたが、設営とかセコンドをするためにいろんなインディーの選手が屋台村に来ていた。

そうしたら、そのインディーの選手たちが意味はわからないけど口々に「2メーター」というワードを出すんだ。

屋台村時代は先輩のキクの家によく遊びに行っていて、ある時、キクに「聞いていいですか？　皆さんが2メーターって言ってるの、あれは何のことですか？」って聞いたら「あれは高野拳磁さんのことやで。2《メートル》あるから」って。

驚いて「拳磁さんは屋台村に出ないんですか？」と聞いたら「とっくに辞めてるよ」。

衝撃だった。「俺は一体何をしてるんだ？」って思った（苦笑）。

そもそも屋台村プロレスは鶴見さんの団体ではなく、屋台村ヨンドンのオーナーの東社長がやっていた。俺は拳磁さんがいると思って何もわからないまま入ったけど、普通は屋台村にわざわざ入門する奴なんていない。

業界の底辺に自分からハマりに来る奴なんていないから、俺は社長にはすごくかわいがってもらった。

試合に行くと当たり前だが屋台がいっぱいある。それで賄いというか「おい、ちょっと来い。好きなだけ食べていいぞ」と言われて、いつも飯を食わせてもらっていたんだ。

よく出ていた選手はクラッシャー高橋さん、前述の奥村、キク、グレート・タケルさんといった人たち。高木三四郎さんと出会ったのも屋台村だった。この頃の三四郎さんは試合をしたらすぐに帰る謎の先輩だったが、三四郎さんだけが優しく普通に接してくれた。すごくいい人でプロレスラーには見えなかった（笑）。

入門半年でエキシビションデビュー

95年春に屋台村に入門して週3回だけの練習で半年。9月にエキシビションマッチでリングに上がることになった。

半年間で教わったのは受け身とロックアップ、ロープワーク。それもたまに畠中浩旭さんや松崎さんが練習しに来た時に「やってみろ！」って言われてやっていただけ。だから俺はちゃんとしたプロレスの技術を1回も教わったことがない。

腕を取ったりとかっていう基本的なことも、練習中に軽くやったことはあるけど、誰かに細かく教えてもらったというのはないんだ。

チョップはたまたま練習に来た鶴見さんに「野球のピッチャーがボールを投げるように打て」って教わった。「最初はそれだけでいいんだ」って言われたのだけは憶えている。

今みたいに倒れ方とか、起き上がり方とかを理論的に教えてくれる人はいなかった。「そんなのは見て、同じようにやれ」って言うだけで。

畠中さんや松崎さんは別にして、奥村、タケルさん、キクが「こうやれ」って言うのは、彼らもできていなくて、ただ同じように見様見真似でやっていただけのもの。だからデビューする前から自分自身で研究していた。

「倒れたら、この人はこっちに回って起き上がるんだな」とか「この人は手をついて立ち上がるから、変な間ができるな」とか、教科書がないからセコンドに付きながら見ていた。

練習していて「違う！　こうだから」と言われても、説明もないから、自分で試合を観て覚えるしかなかった。まあ、今思えばダメな見本なんだけど（笑）。

ネットもないし、ビデオのＶＨＳも値段が高いから映像で観ることができないし、他団体を観に行く金もない。

「基礎体をクリアして、受け身をちょっとやって、ロックアップをちょっとやって、ロープを走れる。じゃあ、やらせよう」だから、クラッシャー高橋さんの胸を借りてエキシビションのリングに立ったはいいが、何もできず、何で負けたのかもまったく憶えていない。

エキシビションでデビューしたといっても試合が週1日ぐらいでプロレスラーとしての感覚はまったくなかったし、やっとリングに立てるようになったと思ったら、屋台村が閉館になるっていう話が出始めた。

それからしばらくして屋台村そのものが移転したが、移転先ではリングを置けないから、プロレスはできないということになってしまった。

屋台村には、ただいただけで、契約もなければ給料もなかった。それでもエキシビションとはいえ試合に出れば5000円くらい貰えた。

どうあれ、お世話になったから、東社長に今後のことを聞いたら「好きにしていいよ」って言ってもらえた。キクからは「PWCが復活する」って聞いた。

「PWCに行ける！　拳磁さんに会える！」

俺の本当のプロレス人生がようやく動き出した。

ＰＷＣに入門してデビュー

屋台村が終わり、ＰＷＣの森谷俊之さんを紹介してもらって「拳磁さんに会いたいんです。ＰＷＣに入りたいんです」と伝えたところ、北沢タウンホールに拳磁さんを訪ねる段取りをしてくれた。

「どこの馬の骨だかわかんねぇ奴、弟子なんかにできねぇよ！」

拳磁さんにきっぱりと断られたけど、何かものすごくカッコよくて、何て表現したらいいかわからないけど……また取り憑かれてしまった。

この時、「拳磁さんとプロレスをやりたい」っていうより、「拳磁さんと一緒にいたい」って思ったんだ。

翌月、ぶん殴られる覚悟でＰＷＣの会場にもう一度、足を運んだ。一度断られているので、余計に緊張したのを今でも憶えている。

「お疲れ様です。あの、ＰＷＣに……」

「おう、チビ、久しぶりだなぁ～。ウチに入りたいの～？　いいよ～。じゃあ明日から試合やれよ。お前、俺の付き人ね。名前なんて言うの～？」

「野、野、野沢一茂です」

「一茂、じゃあよろしく〜」

先月との違いに戸惑いながらも、本当に嬉しかった。

「明日から試合やれ」って……明日はＰＷＣの試合はない。でも、発する一言一言がとにかくカッコいいんだ、拳磁さんは。

ちなみにデビューしてから現在まで俺のことを「一茂」って呼ぶのも、呼んでいいのも高野拳磁さんだけである（笑）。

何で急に拳磁さんが俺を入れてくれたのか？

当時、ＰＷＣは森谷さんが広報兼バイオレンス・リベンジャーというレスラーをやっていた。拳磁さんの代わりに、ＰＷＣを事実上切り盛りしている謎の存在だった。その森谷さんが拳磁さんに俺のことをきちんと説明してくれて、もしまた来たら、今度は入れてもらえるようにしてくれていたのだ。

本当に森谷さんがいなかったら途中でプロレスを辞めていただろうし、プロレスラーになれなかったんじゃないかなと思う。

ただ、これも後々にわかることだが、俺を入れれば、森谷さんが拳磁さんの雑用をしたり、夜飲みに行くのに付き合わなくて済むからというのが理由だったらしい（苦笑）。

デビュー戦の相手はワカマツさんだった

よくわからないが、森谷さんはお金を持っていて、入ったらすぐに「いろいろ必要になると思うから」って10万円くらい渡されて。その日から生活が急に楽になった（笑）。

拳磁さんの付き人になって1カ月、95年12月27日の北沢タウンホール大会で将軍KYワカマツさんの胸を借りて正式なプロレスデビュー戦を行った。

ワカマツさんと試合したのは憶えているけど、憶えているのはそれだけで、何か技をやった記憶もない（笑）。

結局、PWCには1年くらいしかいなかったけど、ワカマツさんとはかなり試合をした。でもワカマツさんとの思い出は試合前のスクワットだけかな（笑）。

ワカマツさんは月に1回、北海道から来て、試合前にリングで練習するんだけど、スクワットしかやらない。でも若手と同じ回数をきっちりとこなしていた。

道場もなければ事務所もないから、ここでも俺はプロレスを教わってないんだ。

間近で見た高野拳磁

それまで拳磁さんのことはリング上の一瞬しか見ていなかったけど、付き人としていろいろな所に一緒に行くようになっても変わらない、あの感じ。

常に余裕があるのと、自分に自信持っているんだろう。どこに行っても変わらないから、拳磁さんと一緒にいられるのが嬉しくて仕方なかった。

おいしいご飯、飲んだことないようなお酒。周りはきれいな女性ばかりで。

それでいて拳磁さんが金を払っているのを見たことがない。

「プロレスラーはこうなんだ。やっぱり凄いんだなあ」って。とにかくすべてが新鮮で、幸せだった。

撮影なんかの仕事にも一緒に付いていくんだけど、やっぱりカッコいい。

飲んでいる時には仕事の話はあまりしないで、人生の話をよくしてくれた。

飲みに行く時は心を許した人との少人数が多くて「そういう場でプロレスの話をしても、場がしらけるだけだから」って。

まだ19歳くらいの頃かな。今の時代は完全にダメなんだけど、お酒を飲み始めて、すぐに酔っちゃう頃に一緒にいた女性が「拳ちゃん」って呼ぶから、酔っぱらった俺もつい釣られて「拳ちゃん」って（笑）。

「ヤベぇ！　ぶっ飛ばされる」と思った瞬間、

「一茂！　てめぇ、明日、拳ちゃんって言ったらぶっ殺すからな！　でも今日はいいや～」って言って、ハイタッチ（笑）。一生の思い出とはこういうことなんだろうな。

怒られたのは試合後にシューズの紐を解こうとしたら「俺はそんな年寄りじゃねぇよ」って、自分で解き始めた時くらい。

ある時、試合中に腰を痛めたとかで、半分笑って「一茂ー！　今日はやって」って。お茶目な拳磁さん（笑）。

PWCもいろんなことがあった。お兄さんのジョージ高野さんの借金取りが試合前に来て「何で俺のところに来るんだよ。払えないものは払えない！」って追い返したと思ったら、この日は剛さんがアポなしで自分の大会のオファーをしに来たりした（笑）。

メインが終わったら拳磁さんがマイク持って「今日は借金取り来るわ、剛さん来るわ……」ってお客さんに喋りだして（笑）。それもまたカッコよかった！

キク、飛田さんと3人でダメ人間生活

PWCでは1試合のギャラが2万円になったけど、月1試合しかない。それでも森谷さんが現金で月10万くれるのはありがたかった。

屋台村の頃から派遣で道路工事とかのバイトをやっていたけど、全部辞めて働かなくなって、ダメ人間になっていた。

この頃からキクの家に住み込むようになった。キクの家に行ってドアを開けると、サバイバル飛田さんが「お帰り！」って洗濯物を干している（笑）。

いつの間にか3人で住むようになり、キクが遠征でいない時も、飛田さんが合鍵を持っていて、飛田さんが家事をやり、俺はずーっとゲームをやっていた。

一応、自分でもアパートを借りていたけど、ほとんどキクの家にいた。便利だったんだ、やたらゲームがあって、パソコンもあって。

道場がないから練習もない。試合がある時だけ試合して、あとは森谷さんから金を貰えるから生活はできる。食事に行けば先輩のキクがお金を出してくれる。

まあ奢ってもらうといっても、吉野家とかマックだけど「キク先輩が一緒にいたら金かからなくていいなあ」って。

家賃も先輩に恥かかせたらいけないんで、払わなかったし（笑）。感謝している。

キクはＰＷＣに入らずにフリーでやっていたけど、タニマチに面倒を見てもらったり、いろいろ悪いことしてたんだよ。今と変わらない（笑）。

先輩2人とこんな生活をしていて……メジャー団体はわからないけど、プロレスラーの生活ってこんな感じなんだなって思っていた。

プロレス界初のクラブ興行で観た拳磁さんのカッコよさ

96年3月21日、PWCは六本木のクラブ「VELVET」で興行をやった。これがプロレスで初めてのクラブでの興行のはずだ。

会場には結構の高さの2階があって、試合前に拳磁さんに「一茂、2階から飛べ」ってボソッと言われて「は、はい……」。

「飛べ」って言われたら飛ぶしかない。不細工だったけど、とりあえず飛ぶだけ飛んだ。

「お前、やっぱ根性あるねぇ。飛んだね（笑）。でも不細工だな、飛び方が。見とけよ！」

そう言ってメインイベントのリングに立った拳磁さんも2階に上がっていって、ダイビング・ニードロップをバチッと決めたんだ。

もしかしたら俺を飛ばせたのは「2階から飛んでも大丈夫」っていう実験だったのかもしれないけど、下の者にやらせるだけじゃなくて、ちゃんと自分もやって見本を見せてくれているんだって、俺は勝手に解釈していた。

ただ「俺も飛ぶよ」って言うんじゃなくて「おまえ根性あるねぇ。でも不細工だったな」って笑いながら言った「見とけよ！」がカッコよかった。

やっぱり拳磁さんは俺の一生の師匠だと感じた瞬間だった。

忘れられない拳磁さんの言葉

「結局、プロレスラーなのか、そうじゃないかってことだから」

これは拳磁さんがずっと言っていた言葉。そこに意地みたいなものをすごく感じていた。「家柄が良くないとダメなの？」って。良い家柄とはメジャーのことだ。「一生懸命やってる奴の家柄が良くなかったら、ライトが当たっちゃいけないってことなのかよ⁉」と、飲んでいる時に言っていたことを思い出す。

96年7月6日から後楽園ゆうえんちのルナパークで「闘うビアガーデン」がスタートして、俺は73日間に90試合をやったけど、それは拳磁さんに「1日も休まず試合に出たら、アメリカでもメキシコでも、どこか好きなところに行かせてやる」って言われたからだった。

そのあとすぐ、拳磁さんがＰＷＣを辞めちゃったから実現してないけど、それを励みに全試合に出場することができた。

開幕、中日、最終日だけ拳磁さんも出て、その最終日に拳磁さんが東京ドームを指差して「本当によく頑張ったな。あそこで試合してる奴らと、さほど変わりねぇぞ！」って言葉を貰って、それがずーっと残っている。

その時から、インディー出身者の中で俺が一番東京ドームにこだわりを持つようになったのかもしれない。

巡り巡って引退試合をドームでやったということは、まだ駆け出しだったけど、この時すでに目標というか、ゴールは決まっていたのかなって。

俺のルチャ・リブレの原点はルナパーク

ルナパークではメキシコのルチャ・リブレに初めて触れた。

ルナパークは「闘うビアガーデン」ということで世界の料理を提供していたから、世界の選手を呼ばなければいけないということで、イベントをプロデュースしていた三四郎さんが「メキシカンを呼べないか？」って。

「世界の飯を食べながら、世界のプロレスを見よう！」って……やっていることは屋台村と一緒だったんだ（笑）。

俺はデビュー5カ月くらいで、海外も行ったことないのに、何でメキシカンを呼べると思っているんだって話なんだけど、「カカオ」さんにコスチュームを頼んでいたので、もしかしたらと思ってコンセプトを説明して聞いてみたところ、アルカンヘル・デ・ラ・ムエルテとスタルマンのプロフィールが届いた。

それとは別ルートで三四郎さんがアメリカのロサンゼルスのインディーからスペル・フェニックスという日本人ルチャドールとアメリカ人選手3人を呼んで俺が世話係になった。

飯田橋のウイークリーマンションを3部屋借りて、そこに外国人5人を連れていって、携帯電話がない時代だから、何かあると困るだろうということで、部屋のベッドが1台余っていたから、俺も一緒に住むことにした。

朝は先輩の木村浩一郎さんが店長をやっていた金町のパチスロ屋で働いて、ルナパークで試合して、夜は飯を作ってあげて、一緒に食事したりして、それで英語、スペイン語を覚えていった。

その時にバイトが終わって、試合が始まるまでの時間を利用してアルカンヘルがルチャの基本を教えてくれた。だから俺のルチャの原点はアルカンヘルなんだ。

本当に強い人の集まりだったＰＷＣ

この頃の断捨離できない思い出は、拳磁さんとルナパークでシングルマッチをやらせてもらったあと、一緒に下北沢タウンホールに行ってタッグを組んだこと。

1日で憧れの人と試合をしてタッグも組むという最高の1日だった。

それは96年7月26日。この日、俺はルナパークの早い時間の部で試合をして、夜は北沢タウンホールのＰＷＣ興行に出るダブルヘッダーだった。

「一茂、ダブルヘッダーすんの？　一茂だけダブルヘッダーしたら、俺がカッコ悪いだろ。俺もルナパークに出るよ」って、急に拳磁さんが言い出して、いきなり俺と拳磁さんのシングルマッチが組まれて、めっちゃ嬉しかった。

シングルマッチが終わって、拳磁さんの車で下北沢に向かったけど、運転手が迷子になって大遅刻。会場に着いたらカード変わっていて、俺と拳磁さんのタッグだった。

相手は島田宏＆スーパー・ジューディスト。島田さんは谷津嘉章さんの知り合いのレスリングの実力者で、プロレスもすごく上手な人。ジューディストさんは今も正体不明ということになっているけど、柔道の猛者だ。

その2人にリング上で血だるまにされて……たぶん試合は18分くらいで、そのうち16分、17分くらい俺が出ていた記憶が（笑）。

拳磁さんは最初ちょこっと出て、パッとタッチ貰ったら、あとは俺がずーっとやられていて、何とかコーナーに帰ってタッチしたら、拳磁さんが飛び蹴りやって、試合終了（笑）。

この頃のPWCは島田さん、ジューディストさんもそうだけど、サブミッション・アーツ・レスリング出身の格闘家・木村浩一郎さん、佐山聡さんの弟子で初代修斗ウェルター級王者であり、足利工大附属高校レスリング部で三沢光晴さんと同期だった渡部優一さんが正体のホッパーキング（96年1月から仮面シューター・スーパーライダーに改名）とか、本当に強い人たちの集まりだった。

プロレスの実力って言われると〝?〟が付く人もいたが、なぜかそういう強者が集まってきちゃう団体だったんだ。

木村浩一郎、ガチ襲撃事件

木村さんの恐怖のエピソードと言えば96年6月19日、剛さんの冴夢来プロジェクトの後楽園ホール大会に乱入して秋山文生さんを襲撃した事件だ。

秋山さんは木村さん率いるチーム・ウルフ所属だったが、同じ神奈川県厚木出身ということで剛さんが急に「秋山君、秋山君」ってなっちゃって、秋山さんも剛さんになびいて、木村さんに不義理することになってしまった。

それで木村さんが「秋山、ヤッてやる！」ってなってしまって、気になるからその後楽園大会を観に行ったら、木村さんが「お前も来い！」（苦笑）。襲撃メンバーは木村さん、島田さん、スーパージューディスト、俺。ということは、もし反撃されたら最初にやられちゃうのは俺（苦笑）。だから緊張というか、怖かった。プロレス人生で最初の乱入がこれだった。

メインイベントが終わった瞬間にリングに走って乱入して、秋山さんが客席の方まで逃げ回るから、俺が追いかけて羽交い締めにしたところを木村さんがぶん殴った。最後、誰かがマイクで何かを喋っていたけど、剛さんがしきりに「下で話そう！　下で話そう！」って言っていたのは憶えている。

揉めて、揉めて……最後は試合で和解して。

上の人はそれでいいが、そのあと俺は鶴見さんの興行で剛さんに会うのがわかっていたから、嫌で嫌で仕方がなかった。

事件後の最初の大会で控室に呼ばれて謝ると、剛さんは俺の立場をわかってくれていたから「仕方ないよな」と言ってくれた。

秋山さんにもその後に会って、ちゃんと謝ったら「あれは仕方ないよ。俺が悪いんだからさ」と言ってくださって。

「だけど普通、お前は来ないよな（笑）」

「俺だって行きたくて行ってないですから。上に来いって言われたら仕方ないじゃないですか。行かなかったら俺がやられるから行っただけですよ」

そんな会話を秋山さんとしたことを憶えている。

後日、拳磁さんからも大会終わりに「お前も浩一郎なんかと一緒に剛のリングに行ったんだって？」って聞かれたので、「はい」と答えたら「いいじゃゃん！　男だね。かっけぇーよ！」って（笑）。

結果、秋山さんは腕を骨折していたらしい。ああいう時の木村さんは本当に凄かった。

この事件、週刊プロレスはグラビアを3ページくらい割いて報道していたが、週刊ゴングは黙殺して一切触れていなかった。

拳磁さんと決別の時が…

拳磁さんとの別れは唐突にやってきた。

ルナパークの「闘うビアガーデン」は、俺がPWCに誘った三四郎さんが持ってきた仕事で、終盤になった頃に三四郎さんと拳磁さんの間で使途不明金がどうのこうのと揉めたような記憶がある。

結果的に拳磁さんは、最後のＰＷＣ出場になった96年9月19日の北沢タウンホールでものすごく機嫌が悪くて、俺とタッグ組んでワカマツさん&下北沢ストロング・マシンに勝ったけど、「もう、や〜めた！」って帰ってしまった。

「俺だけには……」って、どこかで拳磁さんから連絡が来ることを期待していたが、そこからピタッと連絡が来なくなって落ち込んだ。

翌10月17日の大会、やはり拳磁さんは来なかった。

この日の試合後、俺はリング上で「高野拳磁がいなくなっても僕らはやっていきます！」って言ったけど、本当は言いたくなかった。

木村さんとホッパーさんに「これから俺たちでやっていくんだから、けじめはつけないと」って言われて、かなり悩んだ。

拳磁さんとちゃんと会って話をしていないのに決別しなきゃいけない。ここで言われた通りにしたら、本当に拳磁さんと終わっちゃうんじゃないかって。

「でも、もう言っても言わなくても、終わりなんだろうな。それなら言った方がいいな」とも思えたり……。

思い出したくもない思い出。

自分の中では蓋をしていた記憶。

拳磁さんと別れたくはなかったけど…

本音を言えば……あの時、拳磁さんに付いていくことを選択していたら、もしかしたら、とっくにプロレスを辞めていたかもしれないけど、それが筋だったんじゃないかなとか。

気持ちとしては拳磁さんに付いて行きたかったけど、若気の至りで「もっと試合がしたいです。PWCがなくなるのは嫌です」って言ったら、木村さんとホッパーさんは「そんなに言うんだったら、じゃあやろう。でも、代表（拳磁さん）と切れないとダメだぞ。お前がやるって言うなら、今日、けじめをつけなきゃダメだぞ」。

当時、木村さんは俺をものすごくかわいがってくれていたけど、俺は拳磁さんの付き人だったのもあって「拳磁さん、拳磁さん」って言っていたから、嫉妬していた部分もあったのかもしれない。

「けじめつけろよ。俺も宇宙パワーのマスクを脱ぐから。俺もけじめつけるから」って、木村さんは宇宙パワーXのマスクを脱いだ。

この日、俺は第1試合で三上恭平（現・MIKAMI）のデビュー戦の相手をすることになっていたけど、会場に着いていきなりこの話をされたから、試合が始まるまでが嫌で、駐車場スペースかどこかに逃げ込んだ記憶がある。

この時、三四郎さんは三四郎さんで、自由連合から衆議院選に出るとかで、誰にも相談できない中で決断しなければいけなかった。

デビューして10カ月で大切な人を結果的に裏切ることになってしまって、リング上で拳磁さんとの決別を宣言した後も、しばらく悶々としていた。

世の中は、なかなか自分の描いたプラン通りにはいかないんだと……。

結局、ＰＷＣはこの10月17日の北沢タウンホールが最終興行になった。

いろいろな怪奇派に変身して1日4試合！

上がるリングがなくなった俺は、ＩＷＡ格闘志塾から国際プロレス・プロモーションに名称を変えた鶴見さんの団体によく上がらせてもらった。

大津スイミングクラブ、茅ヶ崎青果市場、鶴見青果市場とかでいろいろなキャラクターに変身して、ひどい時には8試合中4試合に出るなんていうことも（笑）。

ザ・マミー、ブラック・マミー、デモニオ、デビル、サタンなんとか、スカルパー、ギザー、コマンドなんとか、宇宙魔神……基本は１日３試合だった。

控室に入ると対戦カードが貼ってある。デモニオ・ウノ（野沢）、ブラック・マミー（野沢）、ザ・マミー（野沢）、サタン（野沢）って書いてあって、試合が終わるたびに急いで着替えて「なんとなくこんな感じかなあ……」って、また試合して（笑）。これはこれで経験になったかかな。

怪奇派トーナメントでの1回戦にマミーで出て、卍固めで勝って控室に戻ったら、鶴見さんが「マミーは卍固めなんか知らないよ！」って怒り出しちゃった（笑）。

でも客席は沸いたんだ、マミーが卍固めをやるから（笑）。

「沸いたから、いいじゃないですか」って言ったら「バカ！　エジプトに卍固めの文化はないよ！」って怒られるくらい、鶴見さんの怪奇派に対するこだわりは凄かった。

「野沢にやらせると全部キャラが崩壊するからなぁ」って（笑）。

でも、お客さんには全部バレていたと思う、だって衣装が安っぽいから。

控室に入ると、いろいろなキャラクターが並んでいるけど、安っぽいから勝手に小道具を増やしたり、鉄製のショボい爪が2本付いているだけだったから、いっぱい付いているのを作ったら「余計なことするな！」って怒られて謝った（苦笑）。

それでも、本当に鶴見さんにはお世話になった。

仕事がない時には必ず試合に呼んでくれたし、ＰＷＣ時代にルナパークで試合をしている時も、日曜日には鶴見さんのところで3試合やってから、水道橋に駆けつけて、ルナパークで素顔で試合をしたり。

この頃、鶴見さんの大会に行くと、控室で噂になっていたのが「鶴見さんは3億円を隠し持っているらしい」っていう話。俗にいう「鶴見五郎埋蔵金」(笑)。

「ジムの下に3億円を隠している話は本当ですか？」

大会が終わって一緒にビールを飲んでいる時に直接本人に聞いたら「ないよー」。

「鶴見さん、お金がある人は〝お金を持ってる〟とは言わないですよ。SWSで相当貰ったんじゃないですか？」

「いや、ないものはない！」

あれだけ節約、倹約家の鶴見さんだから、そんな噂が出たのだろう。

こんな都市伝説、憧れる(笑)。

佐山聡さんと練習

鶴見さんの団体以外にも木村さん、ホッパーさんたちが結成したチーム・ウルフが群馬で興行をやることになって、そこで使ってもらったし、練習にも呼んでもらっていた。

俺に金がないのがわかっているから、浅草から館林までの電車賃往復を木村さんが出してくれてまで、週1の練習に呼んでくれていた。「俺が交通費出してやるよ」って言われたら、もう断れない（笑）。

館林の駅に着くと木村さんが車で迎えに来てくれて、その車で田んぼの中にある「スーパータイガージム北関東」へ。

そこには島田さん、ホッパーさん、ジューディストさんがいて練習をするんだけど、練習といっても、スパーリングとキックだけで、プロレスを教わるわけではなく、結局、俺は人間サンドバッグ。その人たちのウォーミングアップと実験台だった（苦笑）。

ある時、行きの車中で木村さんが「今日、虎がいるんだよ」って。

虎が見られるんだと思ってジムに着いたら、バンバンとものすごい音が鳴っている。

「ほら、虎が蹴ってるよ」って木村さんが言うので、何を言っているのだろうと思って、中に入ったら、初代タイガーマスクの佐山聡さんがいて驚いた。

みちのくプロレスの両国大会でダイナマイト・キッドとかと試合するということで、練習にいらしていて、俺はその練習台になって、佐山さんに蹴られたりしたけど、プロレスの練習もさせてもらった。

新団体ＤＤＴ旗揚げ

「俺、このままじゃ死に切れないですよ。団体やりましょうよ」

ＰＷＣが活動停止になり、鶴見さんの団体やチーム・ウルフの興行に出ていた俺は、三四郎さんに勢いでそう言ってしまった。

大人になった今考えると、あの時にもう少し冷静になっていたら、選択肢がもう１つあって、俺は拳磁さんに付いて行くべきだったんじゃないかなという後悔が今もある。

でも当時は「プロレスを続けるには新団体を創るしかない」って、勝手にそう思い込んでいた。たぶん、憧れの人が急に「や～めた！」って言って、連絡を絶ったことに対して反抗しちゃったんだろう。

最初、「新日本、全日本があるんだったら、超日本プロレスじゃないですかね」って提案したんだけど、三四郎さんはどうしても漫画「１・２の三四郎」のドリーム・チームという名前にしたいと譲らなかった。

それでドリーム・チームのままだと問題がありそうだから、頭に「ドラマチック」を付けてドラマチック・ドリーム・チーム……ＤＤＴという名前になった。

ＤＤＴを始めるにあたって、俺は付き人をやっていたから、やっぱり拳磁さんだけには筋を通さなきゃいけないと思い、ザ・グレート・サスケさんと組んで品川のホテルのプールサイドでプロレスをやるという拳磁さんに、アポなしで会いに行った。

「すみません、俺、ＤＤＴをやります」

「お前、よく来れたな。怖かっただろ？」

「いや、今、めっちゃ怖いですよ」

「お前はちゃんと来て、筋通したから、行っていいよ。頑張れよ！」

拳磁さんはそう言って握手してくれた。俺はボコボコにされるのを覚悟の上で、付き人としての筋を通したかったし、何より俺自身が拳磁さんに会いたかったんだ。

「でも……高木は許さねぇ！」って、付け加えることを拳磁さんは忘れなかった（苦笑）。

ＤＤＴの当初のコンセプトは〝チャレンジ・ザ・宇宙パワー〟。

提携を結ぶ「スーパータイガージム北関東」で旗揚げに向けて修行に励む高木、野沢、三上が宇宙パワー、仮面シューター・スーパーライダーに戦いを挑むというものだ。

３月25日の日比谷ラジオシティでのプレ旗揚げ戦は、俺と三四郎さんが組んで宇宙パワー（木村さん）＆ホッパーさんとタッグ対決、５月14日の北沢タウンホールでの本旗揚げ戦は俺が宇宙パワーと一騎打ち。

俺は常にサンドバッグだった。

ＤＤＴにはどういうプロレスをやりたいとかはなく、なぜか「舐められないプロレス」っていうのがあった。

「お前らは弱いから舐められるんだ。俺たちは強いからいいんだ」

木村さんとホッパーさんからはいつもそう言われていた。

木村さんは95年4月20日に日本武道館でヒクソン・グレイシーと好勝負をやっていたから、旗揚げに向けてマスコミに挨拶回りをしている時も「俺たちはどこにも負けない、本物のプロレスラーを作りますから」と言っていた。

そういう方針だったのに、代表の三四郎さんはあまり練習に来ない（笑）。

3月のプレ旗揚げの前、俺はとにかくビラ配りをやらされていた。日比谷という馴染みのない土地でビラを配ったり、居酒屋にポスターを貼ってもらったり。

こういう営業活動みたいなことも一生懸命やっていた（苦笑）。

ＤＤＴで直面した現実

ＤＤＴがいざスタートすると……95年12月のデビューから10カ月でＰＷＣが活動停止にな

り、ブランクもあった中で、いきなり上の方のカードに祭り上げられているような感じを受けて、その状況が俺には嫌だった。

ちゃんとプロレスを教わったこともないし、できないのも自分でわかっているから、上で使われて祭り上げられている感が苦しかった。

所属選手が3人しかいなくて、一番キャリアのある三四郎さんがリング以外の仕事もあり、三上はまるっきりの新人だから、結局は俺がやるしかなかったんだ。

インディーだけど、今のインディーとはまったく違って、甘くない。いる人たちは本当に強い人たちばっかりだし、今の時代は「インディーは、それはそれでいいんじゃないの?」みたいに寛容だけど、当時のファンは「インディーなんて!」っていう目で見ていた。俺はいまだにそれが許せない。それが原動力になっていたのかもしれない。

ＤＤＴではいろいろな意味でプレッシャーがあったし、けっして俺がやりたいプロレスではなかった。

自分が新団体をやろうと言った手前、「やりたくない」とは言えないから、このレールの上を走っていかないといけないのかという感じがしていた。

試合になれば上のカードに祭り上げられていても、木村さんとかの上の人間に、ただボコボコにされるだけ。代わってくれる人もいないし、俺は経験が少ないから、途中でもう耐えられなかった。

経験がなくて、他団体も知らないし、逃げ出したいって思っていた。

新日本プロレスへの憧れ

あの頃はメジャーへの憧れというより、新日本プロレスに出たいっていう思いが強かった。全日本プロレスではなく、新日本プロレス。

「俺はインディーでいい。わかる奴だけわかればいい」って言うのがよくいるけど、そんな奴はさっさと辞めた方がいいと俺は思っていた。

俺自身、散々プロレス業界に迷惑かけてきていると思うが、そんな俺よりも、そういう考えの奴らがいる方がプロレス業界には迷惑なんだ。

やっぱり、やる以上は一番を目指さないとダメ。

それが叶う、叶わないは別として、そこに向かってどう苦労を楽しむかっていうのが、人の面白さだと思う。

「どんなにいいことをここでやっていたって、名前がなかったらライトなんて当たらないんだから。マスコミ、ファンにも相手にされない。だったら存在意義を出すには新日本プロレスに出るしかない」って思っていた。

ハッキリ言えば、新日本の「ベスト・オブ・ザ・スーパージュニア」に出たかった。もうテレビは観なくなっていたけど、週刊誌を読んでいると引き込まれるのは新日本の記事だった。マスコミもジュニアの公式戦を全試合追っていたし。

そういうのを見て「俺もここに出たい」と思うけど、どこかで「出がインディーだから、無理だな……」とか。

子供の頃に観た、保永昇男さんがライガーのマスクを破って優勝したのとかがカッコよかったから「スーパージュニア」は出たかったな。

でもDDTでの現実は木村さんやホッパーさんが格闘技路線をやっていて、そこに折原昌夫さんなんかも来て、いざ試合になると真っ先に俺が行かされて、ボコボコにされる。みんな、いわゆる「当たりが強い」という人たちで、俺がボコボコにされて、何だかんだでオイシイところは三四郎さんに持っていかれてしまう。これ、嫉妬かな（苦笑）。

「どんなに受け身を取って、どんなにやられても立ち上がっても、ここにいたら俺はいいように使われて終わるんじゃないか」って思っていた。

ターザン後藤さんの真FMWに参戦

ＤＤＴを旗揚げした97年の暮れ、ターザン後藤さんの真ＦＭＷから声が掛かった。後藤さんとはそれまで接点がなかったけど、その頃、後藤さんにくっ付いていたキクから「出られへんか？」ってオファーがあったんだ。

それで後藤さんとの縁が生まれて、その後、メキシコで生活するようになってから日本に一時戻った01年10月13日のＩＷＡジャパンの後楽園ホールで、タッグを組ませていただいた。後楽園に行ってみたらフレディ・クルーガーの衣装が用意されていて後藤、フレディ・クルーガー＃3、ブギーマン組（笑）。その次の大会にも呼ばれたから行ってみたら、その日はブギーマン（笑）。

この時、ＩＷＡには元ＷＷＥのホンキートンクマン（ウェイン・ファリス）が来ていて、静岡の温泉施設の会場（10月14日＝静岡・小山町日帰り温泉「天恵」駐車場）でブギーマンとしてシングルマッチをやった。ホンキートンクマン対ブギーマンね（笑）。

だからＩＷＡジャパンのオーナーの浅野金六さんは俺のことを名前で呼ばないんだ。

ちょっと前まで新宿二丁目でお店やっていたけど、2階の方から「あら、あんた、ブギーマン、何してんの?」って声がするから、パッと見たら金六さん(笑)。たぶん、俺のことはブギーマンとしてしか憶えてないんだろうと思う。

後藤さんとは05年にターザン後藤一派の興行でキクと組んで後藤&負死鳥カラスとのタッグマッチという形で戦って(7月31日、台東区・東京キネマ倶楽部)、キクが後藤さんからイスの上へのフェースバスターを食らって負けている。

当時、後藤さんは三冠ヘビー級王者の小島聡さんを標的に全日本プロレスに殴り込んできて、全日本所属じゃない俺とキクがなぜか全日本代表としてターザン後藤一派に派遣されたんだ。

後藤さんとはその2カ月後にアメリカでばったり会った。

9月24日、カリフォルニア州イングルウッドのFCWの大会でダミアンが「ノサワ、大変だ! タルサンが来てる!」。

メキシコにタルサン・ボーイという選手がいるし、ルチャの大会だから別にいてもおかしくないだろうと思って「ふーん」って返事したら「違う! タルサンが会場にいるんだ!」って言うから、控室に荷物を置きに行ったら後藤さんがいて「ご無沙汰しています!」(笑)。

「タルサンって、こっちか」って(笑)。ターザンはスペイン語だとタルサンになる。

話を聞いたらジェラシーMAXさんとアメリカに来ていて、誰かに頼んでこの大会に試合をねじ込んだとか。

そのために俺はメキシカンと組んで、カルフォルニアのＸＰＷという団体の選手たちと急遽ハードコアマッチに。後藤さんはメキシカンと組んで、なぜかネグロ・カサス、フェリーノ、ヘビーメタルっていうカサス一家（３人は兄弟）との試合になっていた。俺もカサス一家と試合したかったのに（苦笑）。

この時、後藤さんから「野沢君、試合が終わったら飯食いに行こうよ」って誘われたけど、他の大会へのブッキングを頼まれる予感がしたから「俺、飛行機の時間あるんで」って言って撒いた記憶がある（笑）。でも、後藤さんはいい人だった。

後藤さんは22年５月29日に亡くなったが、大仁田さんが17年の引退前によく後藤さんに電話かけていたのを思い出す。

大仁田さんは「もう１回試合したい」って。

そういう関係性がすごく羨ましかった。

アレナ・コリセオでメキシコ・デビュー

時間軸を戻すと……ＤＤＴ旗揚げ翌年の98年２月、14日間の短い時間だったけど、俺はキクと2人で初めてメキシコに行った。

前年7〜8月のDDTのルナパーク興行にPWCの時と同じようにアルカンヘル・デ・ラ・ムエルテ、それにレイ・ブカネロ、日本人ルチャドールのSHINOBIを呼んで、その流れから8月のCMLLジャパン「ルチャ・フィエスタ98」、12月のCMLLジャパン「ルチャ・ウォーズ98」に出場させてもらって、アルカンヘルから「お前は若いんだから、絶対にメキシコに来た方がいい」って言われたのがきっかけだった。

当時のDDTから逃げ出したいっていう気持ちもあって、アルカンヘルが帰国した後に改めて「メキシコに行きたい」って電話したんだ。

「CMLLやAAA、アレナ・メヒコなんかは無理だけど、道端でやっているような地方大会の試合だったら出られるから」という返事を貰ってメキシコへ。

空港まで迎えに来てくれたアルカンヘルに「メキシコの2大会場アレナ・メヒコとアレナ・コリセオに出たい」って言ったら「それは無理だ」と当たり前のように断られたが、CMLLジャパンでお世話してあげたCMLLのマッチメーカーに頼んでもらい、とりあえずアルカンヘル、そのマッチメーカー、俺の3人で「サルー！　サルー！（乾杯！　乾杯！）」ってバカみたいにテキーラを飲んだ。

そうしたら翌週の2月22日、ノーTVの大会だったが、俺だけカードが入っていて、アレナ・コリセオでデビューできた。これぞテキーラ効果（笑）。

伝手もないし、滞在期間も短いから、とてもCMLLなんかには出られないと思っていて、最初は闇試合みたいなのに出られればいいなと思っていた程度だったんだけど、パニコというマッチメーカー室の偉い人に「ルチャのライセンスもないんだけど」と言ったら、「ノーTVなら大丈夫だろ」って、アレナ・コリセオのカードに入れてくれたんだ。

ちゃんとプロレスを教わらずにやってきて、最初に教わったのがアルカンヘルのルチャだった。それが楽しかった。

やったことのない動きばかりで、どうやったらできるようになるんだろうとか考えたり、とにかくルチャのことを考えるのが好きだった。

言葉もわからないけどメキシコに行って試合して、たったの14日間だけど、異国の文化に触れたことが、俺の生き方を決めた。

DDTを退団してメキシコへ

メキシコから帰国後の4月30日、DDTは北沢タウンホールで「DJバトル」というジュニア・ヘビー級トーナメントを開催した。

俺たちは「スーパーJカップ」とか、大日本プロレス、格闘探偵団バトラーツ、みちのくプロレスがやっていたJYB（ジュニア・ヤング・ブラッヅ）とかに呼ばれない。誰にも相手にされないから、自分たちでトーナメントをやったんだ。

俺は決勝で仮面シューター・スーパーライダーに負けて準優勝。週プロは取材に来てカラーで載せてくれたが、決勝にまで行っているのに主役じゃないから俺の写真はほとんど載っていない。ゴングは取材にも来てくれなかった。

このままだとずっとライトが当たらない。だからマスコミが大嫌いになっていた。俺のマスコミ嫌いは今でも変わっていない。

存在を否定されている。それでも、写真が少し載っただけで満足している奴らもいる。どうでもいい切手みたいな、ホントに小さい写真が1枚載ったところで意味なんてない。「それで何が伝わるの？」って。

一緒にやっている他のメンバーを見ていても、プロレスだけで飯を食っていこうと思っている人間がそもそもいない。三四郎さんにしても、木村さんにしても、他に仕事していたり。だけど俺はプロレスだけで飯を食いたいって思っていた。

帰国してしばらくして、揉めはしたものの会社に「ルチャ・リブレをやりたい」と言って、退団を告げた。

ストレスが溜まりまくって、試合で若い奴をボコボコにしたり、素行も悪くなっていた。まあ、俺が上の人間からやられているから、下の三上や佐々木貴なんかにもそうしただけなんだけど、精神的にもう限界だった。

練習がキツい、試合がキツい。だけど、どんなに頑張っても光が当たらない。何をやっても報われないという絶望感の塊だったと思う。

試合では常にボコボコにされるだけだが、常に上で使われているから弱音も吐けない。これで弱音を吐いたら「上で使ってやっているのによ」と言われるような気もしていた。

勝手に祭り上げられて、上の方でボコボコにされるだけだったところに、ルチャという違う新鮮な世界を見たら、気持ちはそっちに向いて当然だろう。

退団に際しては揉めたが、最終的には8月に円満に辞めることができた。

三四郎さんには感謝している。

10月にメキシコに行った。最初は「1年くらいメキシコに行って、ダメだったら違うこと考えるか」くらいの軽い気持ちだった。

当時は斜に構えていたから「DDTなんか潰れればいいんだ」って思っていたんだ。

俺がいなくなったら、俺の代わりができる奴なんていないと思っていた。

でもシフトチェンジして、アメリカン・プロレスみたいなことをやり始めたから、それには少しガッカリした。

そこから日本の情報を見ないようにした。メキシコで住んでいる所に1カ月遅れのゴングが届いて、俺が辞めた途端に路線を変えているのを知って「三四郎さん、ズルいな、クソーッ！」って（苦笑）。

でもまあ、三四郎さんは兄貴みたいな存在だったし、ビザの関係とかで一時帰国した時にはＤＤＴに上がることになるんだけど。

第2章 メキシコ定住

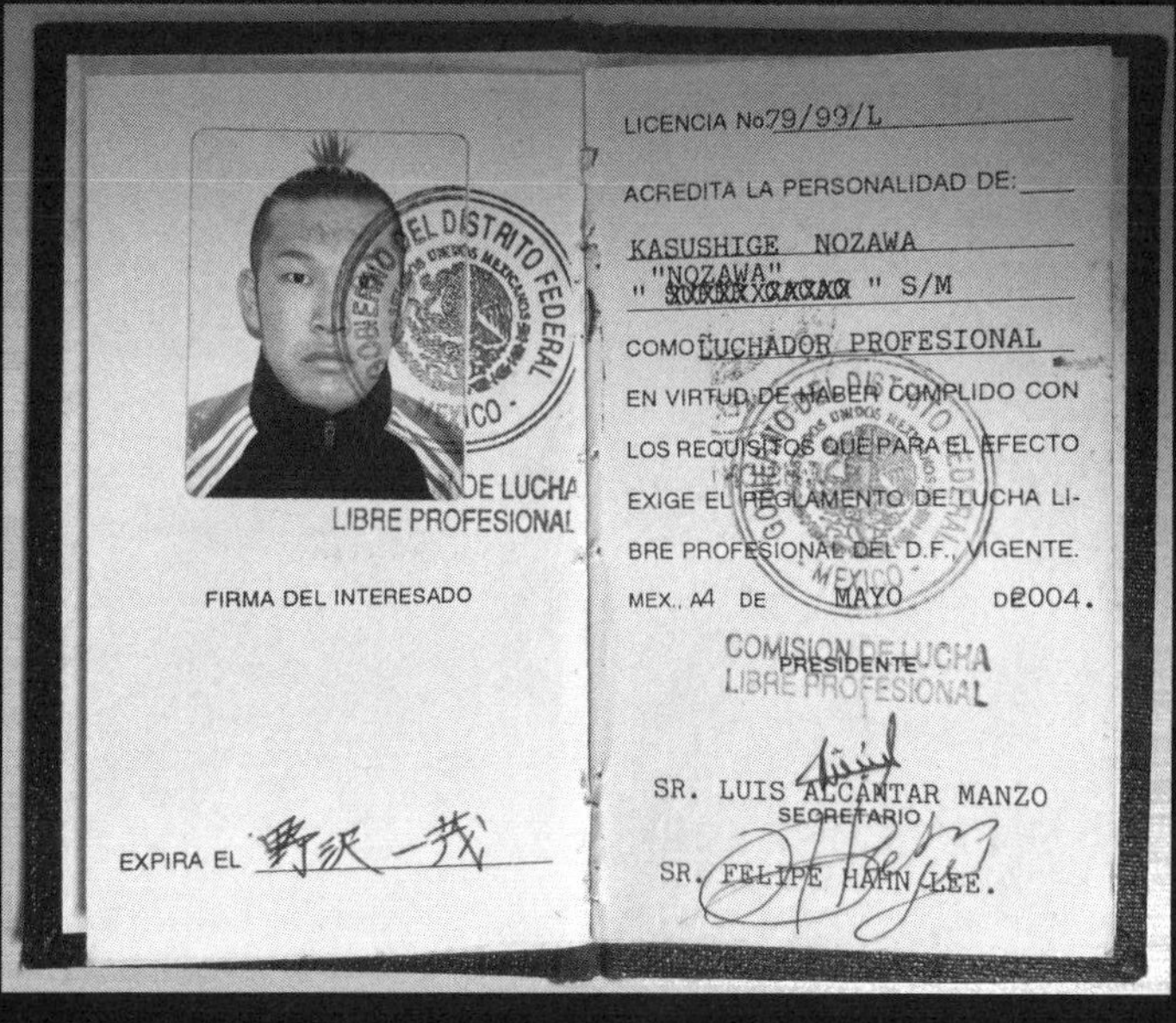

DE LUCHA
LIBRE PROFESIONAL
FIRMA DEL INTERESADO
EXPIRA EL 野沢一茂
LICENCIA No79/99/L
ACREDITA LA PERSONALIDAD DE:
KASUSHIGE NOZAWA
"NOZAWA"
S/M
COMO LUCHADOR PROFESIONAL
EN VIRTUD DE HABER CUMPLIDO CON
LOS REQUISITOS QUE PARA EL EFECTO
EXIGE EL REGLAMENTO DE LUCHA LI-
BRE PROFESIONAL DEL D.F., VIGENTE.
MEX., A4 DE MAYO DE2004.
COMISION DE LUCHA LIBRE PROFESIONAL
PRESIDENTE
SR. LUIS ALCANTAR MANZO
SECRETARIO
SR. FELIPE HAHN LEE.

いきなりメキシコのビッグショーに出場

1998年8月にDDTを退団した俺は、10月24日にパラシオ・デ・ロス・デポルテスという大会場で開催されるトルメンタ・デ・エストレージャスの「ゲラ・デ・ナシオネス」（国家戦争）というビッグショーに出られるというのでメキシコに向かった。

メキシコではルチャの2回目のPPV大会で、メキシコの選手、アメリカの選手、日本の選手が国の名誉を懸けて戦うというのがコンセプト。今思うと本当にすごいメンバーが揃っていた。

そこで俺は大してルチャを知らないのに、キクと組んで超大物のアトランティス&ブラソ・デ・オロとの試合が組まれて、俺がアトランティスの変型サソリ固めで負けた。

その他、日本人はTAJIRIさんが日本デビュー前の闘龍門のマグナムTOKYOと組んでネグロ・カサス&スコルピオJr.、ツバサと風神が組んでフェリーノ&フェルサ・ゲレーラと対戦するという好カードだった。

この大会で忘れられないのが、ブラソスのブラソ・デ・プラタとビクター・キニョネスが連れてきていたアメリカ人選手が、明らかに試合ではない感じで罵り合いになったこと。

「やっぱりプロは違うな。国家戦争ってテーマだし、客も盛り上がってるし」

そう思って感心して観ていたけど、試合が終わって控室に戻ってきてからも罵り合っていて、そのうちにポルキー（プラタの愛称）が身長2メートルくらいあるアメリカ人選手に殴りかかって喧嘩になってしまった。

オロとビジャノⅢが慌てて飛んできたから2人を止めるのかなと思いきや、3人掛かりでアメリカ人選手をボッコボコ（笑）。その場にいた俺ら日本人はみんな凍りついて直立不動だった。

この大会はシリーズとして組まれていて、この後は地方に行ってハウスショーみたいな興行もあったが、そのアメリカ人はこの1試合で帰ってしまった。

この頃、俺は単身でメキシコに渡って成功していたＴＡＪＩＲＩさんに憧れがあった。シリーズの最終戦でＴＡＪＩＲＩさん、ツバサさんと組んでウルティモ・ゲレーロ、大日本に来ていたスンビート、あと誰だかと対戦して、ＴＡＪＩＲＩさんにかなりアドバイスを貰った。

「やりたいことをやれば、いいんだよ」と言ってくれて、あとはメンタル的なこととかもアドバイスをくれたＴＡＪＩＲＩさんはカッコよかった。

このシリーズを回っている時に知り合ったプロモーターから「今度はいつ来られるの

か?」ってオファーを貰えたんで、当日喜んで行ったら、断崖絶壁みたいな所にリングが組まれていた(苦笑)。

あとは立見客しかいない大会で、客に交じって野良犬がうろうろしていて、試合中に野良犬がリングに上がって来ちゃったり(笑)。そんなとんでもないような所でも、どこでも試合をした。

2月に初めてメキシコに来た時は、プロモーターと乾杯したりして、ちょっといい所で試合組んでもらったりしていたから「地方に行くとこうなのか!」って。

98年中はホテルに住んで日本と行ったり来たりでメキシコ移住の準備をしていた。日本―メキシコ間の飛行機代は、梅本和孝さん(ミステル・カカオ=マッチョ☆パンプ)のCMLLジャパンが日本で大会をやる時、メキシコから選手を引率したり、ビザを取得するのに必要な書類、契約書なんかを会社に届けたりしていたから、そのギャラ代わりに出してもらっていた。

あとはPWCでお世話になった森谷さん。自分から「くれ」と言ったわけではなく、一応行く前に「メキシコ行ってきます」って言いに行ったら「これ少ないけど」って餞別をくれて助かった(笑)。

DDTを旗揚げする時、拳磁さんに挨拶に行ったことを森谷さんは拳磁さんから聞いていたみたいで、ＤＤＴを旗揚げした後も、「時間ある？」って連絡くれて、食事に連れて行ってもらったりした。

そうそう、森谷さんに「今度、代表（＝拳磁さん）が試合に出るから」って言われて、ＦＵＬＬにジャイアント・ドスカラスで出場した拳磁さんの控室に行って、身の周りの世話をしたことがあった。新間寿さんと組んでピエローJr.&ビジャノⅢと対戦した時（98年6月18日、後楽園ホール）だ。

当日、拳磁さんに殴られたらどうしようとか思ったけど、会場に着いたら「おう、久しぶりだな」って。あのカッコいい拳磁さんがそこにいた。

振り返ると、森谷さんがいなかったら俺は生活できていなかったし、いつも気にかけてもらっていたなあ。

「野沢、お金大丈夫？　また代表に呼ばれたら必要になるだろうから」って。

メキシコ生活がスタート

99年には完全にメキシコに移って、メキシコシティにあるペンション・アミーゴという当時1泊350円くらいのドミトリーに住んでいた。

そこではツバサさんが管理人をやっていた。

ツバサさんはWCWでの試合中に永田裕志さんのバックドロップを食らって首を怪我して、試合をあまりしていない時期で、ずっと首にコルセットを着けながら管理人をやって暮らしていたんだ。

ドミトリーって聞いていたけど、実際に行ってみると、とにかく汚い。

「ここのどこに住んでるんですか？」って質問したら「管理人部屋だよ」と言うから、ちょっと部屋を見せてもらうとベッドが2つあったので、そのまま何も言わず荷物を開け始めたら「何してるの⁉」って（笑）。

「いいですよ、俺ここで」

「出てけよ！」

「いいです、いいです。俺こっちで。あっちは汚いから嫌ですよ」

そう言って、強引に同じ部屋に住むようになった。

とにかく安いから、昔から日本人レスラーはみんなここに泊まっていたらしい。ハヤブサさんとかディック東郷さんも昔住んでいたそうだ。

ツバサさんには本当にお世話になった。洗濯機も普通はお金を払って使うのに、管理人は無料らしかったので、自分の洗濯物をツバサさんの洗濯物に混ぜちゃったり、管理人はキッ

本当にお世話になったツバサさん

チンを使えたので「俺の飯も作ってくださいよ！」って言ったりして（笑）。ツバサさんの方が先輩なのに（笑）。

試合はアルカンヘルとかブカネロとか、ルナパークに来ていた選手やCMLLジャパンに出ていた選手を頼った。

貰った話は全部受けて、どこへでも行った。「日本人がいるから使ったら？」って斡旋してくれた闇試合も、練習試合のつもりでやっていた。

闇試合で貰えるギャラなんで、本当に微々たるもので、場合によってはお金じゃなくて食事だけだったりする。でも、そもそもお金がないから飯だけでもありがたかった。

言葉もわからないから、基本的には出してくれたものは全部食べたし、この頃は不思議なことに屋台のタコスとか何を食べても下痢になることはなかった。

当時のメキシコの物価はすごく安かったが、俺の全財産は20万円くらいだったから、とにかく節約生活。ツバサさんに「今日はカレーが食べたくないですか？」って（笑）。

メキシコに来たのはいいけど、当初はスペイン語がまったくわからなくて、ツバサさんがいろいろと言葉の面でも助けてくれた。

「グルーポ・シベルネティコ」でコネ作り

アレナ・メヒコにあるジムに行く時、門番の前を通過しないといけないんだけど、しれっと挨拶だけして、ネグロ・カサスがやっていたクラスに通うようになった。

当時、ネグロが新日本の練習方法を取り入れた「グループ・シベルネティコ」というトップ選手しか参加できないクラスを始めていて、そこに勝手に潜り込んだんだ。

このクラスには本当にトップどころしかいなくて。ショッカー、ニエブラ、ブラック・ウォリアー、ミステル・アギラ、オリンピコとかと半年くらい練習に参加していた。

会ったことのない選手ばっかりだったけど、笑顔で「ブエノス・ディアス（おはよう）！」って挨拶して（笑）。

「誰だ、こいつ?」みたいに言うメキシコ人は誰もいなくて、逆に「頑張れ！」って励ましてくれたり。その頃は闇試合もあまりなくて、毎日やることがないから、とにかくネグロのクラスに通った。

練習内容はルチャではなく、ネグロが「新日本式の練習だ」って言っている基礎運動ばかり。1周800メートルくらいのアレナ・メヒコのアリーナを、うねった会談を昇り降りしながら走ったり、チーム分けして、基礎体力運動やって、負けたチームは罰ゲームとしてさらに回数が増えたり。

ルチャの練習はまったくないけど、ネグロ・カサスがカッコよかったのと「ネグロの近くにいたら何かあるんじゃないか?」と思って、通い続けた。

ただ言葉がわからないから、ネグロに何か言われたら。「パコ・アロンソ(CMLL代表)! パコ・アロンソ! OK! トレーニング! トレーニング!」って(笑)。

それが半年くらいして、ネグロに「パコ社長に聞いたら、お前のことを知らないって言っていたぞ」って言われて「あー、バレたか!」(笑)。

「仕事が欲しくて練習してるんだ」

「メキシコに住んでいるのか?」

「メキシコに住んでいるし、ちゃんとビザも持っている」

「だったら、ビザとパスポートを会社に持って来い」

それからTVマッチの2試合目くらいで試合が組まれるようになった。

5歳の子供とルチャの練習

ＣＭＬＬのＴＶマッチは1、2試合目でも出ている選手が一流だから、俺なんかは試合を組まれても何もできなかった。

「今週、ＴＶマッチ組まれてるじゃん。凄いね！　観に行くよ！」って、試合ができないツバサさんが一緒に会場に行ってくれるんだけど、部屋に帰ってから「あれはこうしろ！　あそこはこうしろ！」って毎回3～4時間の説教タイム（苦笑）。

そしてツバサさん自身が昔、メキシコに来たばかりの頃に基本を習いに行っていたスクールに連れて行かれて、子供とかその辺のおっさんとかが習っているクラスに放り込まれてしまった。

ツバサさん自身がペーペーの頃に教わった先生を紹介してくれて、その先生がアレナ・メヒコのジムで夕方に受け持っているクラスに毎日行けと言われて、そこで5歳くらいの子供たちとルチャの練習をやっていたが、そんな子供でも体操選手みたいな動きをしたり、俺より全然凄かった。

アレナ・メヒコのジムのリングは普通のプロレス用のリングではなく、ボクシング用のキャンバスが跳ねないリングで、そこにバンバン投げられる。

俺はつい日本で習った受け身を取っちゃうけど、とにかく痛い。キャンバスが跳ねないから、ズドンッ！　ズドンッ！　と全身に響く。

やっていくうちに「そうじゃない」って言われて、ルチャのコロコロと転がるような受け身やいろいろなことを覚えていった。

現地採用でアレナ・メヒコに出場

ツバサさんには本当に全部面倒見てもらった。

ジム、食事、洗濯、アドバイス……ツバサさんのアドバイスがなかったら、TVマッチも途中で切られていたかもしれない。

ルナパークでアルカンヘルに教わったのはヨソ行きのルチャだから、実際にメキシコに来てから悩んだ。

午前中のネグロたちの基礎体力練習も「こんなガッチリやるんだ！」というくらいやって、夕方にはツバサさんに言われたスクールで小さい子供や太ったおじさん、女の子に交じって、体操みたいなことやっていて「こんなんで俺はルチャができるようになるのかな?」って。

試合になるとトップどころの中に放り込まれて、レベルの差の違いを見せつけられて、付いていくのがやっと。俺はツバサさんのことを「鳥さん」って呼ぶようになっていて「鳥さん、俺さ、こんなんでいいのかな?」って聞くたびに「いいんだよ、今は。いいから黙ってこれをやってろ」と言われていた。でも、ツバサさんは真面目だから、質問すればちゃんと教えてくれた。

言葉は、家に帰ればツバサさんがいて日本語が通じるけど、外に一歩出たら一切通じない。身振り手振りと笑顔、あとは何となく「こう言ってるんだろうな」って。

ブッカーに「もっとこういう感じで」とか言われても、言葉がわからないから理解できない。だから「もう1回言ってくれ」って頼んで、言われたことをカタカナで紙にメモして、それをツバサさんに見せて、何を言われたのか教えてもらったり。

耳で聞いたことをカタカナにしただけだから「こんなスペイン語ねぇよ！」って言われることもあったけど「こういう感じのことじゃないかな？」って訳してくれていた。

5月くらいから毎週火曜日のTVマッチに入って、メキシコの檜舞台のアレナ・メヒコには7月16日に初めて出ることができた。これにはツバサさんも「何で出られるの⁉　凄いな！」って驚いていた。

火曜日のTVマッチはアレナ・コリセオで、金曜日のTVマッチはアレナ・メヒコ。アレナ・メヒコの大会に出場するのは生え抜き選手ばかりで、現地採用の選手が出場するのは異例だったんだ。

アレナ・メヒコのデビュー戦はレジェス・ベロスと組んでフィロソ&ラ・フレッチャに負

けたけど、新日本とかの後ろ盾もない現地組の俺が出ることはないだろうなと思っていたから、本当に嬉しかった。

当時のCMLLは選手層が厚くて、ルチャドールは全員がチャンスをものにしようとギラギラしていた。

マスカラ戦で負けた初めての日本人選手に

アレナ・メヒコに出場したら、アレナ・コリセオでの格が上がった。

CMLLの大会は5試合しかなくて、選手の格付けは1、2試合目と3、4試合目、そしてメインの5試合目。この頃の火曜のアレナ・コリセオのTVマッチでの俺のポジションは1、2試合目が多かったけど、金曜日のアレナ・メヒコのTVマッチに出た翌週の火曜のアレナ・コリセオのTVマッチでは3試合目に昇格した。

そしてティグレ・ブランコとシングルであれ、タッグであれ、毎週対戦が組まれるようになった。言葉がわからないから、俺からすると〝理由なき抗争〟なんだけど（笑）。

それで2カ月ぐらいやっていたら、何となく「マスカラ戦（マスカラ・コントラ・マスカラ）をやるの？」みたいな空気が流れているのがわかった。

まさか俺じゃないと思っていたが10月19日のアレナ・コリセオでティグレ・ブランコとのマスカラ戦が組まれた。

当時の俺はスペル・カカオを名乗るマスクマン。コスチュームを「カカオ」さんで作っていたので、名前を使ったらマスク作ってもらえるかなって（笑）。

その当時は別にマスクに愛着はなかったけど、金もないし、「カカオ」がＣＭＬＬジャパンとしてメキシコの選手を日本に呼んでいたから、その名前を使った方が現地での待遇が良くなるかもという感覚でスペル・カカオをやっていた（笑）。

マスカラ戦というのはお互いに被っているマスクを賭けて試合して、負けた方がマスクを脱ぐんだけど、ただ脱ぐだけではなく、もうマスクを被れなくなるというメキシコの試合の中でも究極の完全決着戦。

髪の毛を賭けるカベジュラ戦で負けた日本人選手は多いけど、おそらくＣＭＬＬの長い歴史の中で、マスカラ戦で負けた初めての日本人選手は俺のはずだ。

俺はルチャドールのライセンスもちゃんと持っていて、スペル・カカオで登録されていたが、マスク取られた後は名前がカズシゲ・ノサワに訂正されて、Ｓ／Ｍと書き加えられた。これはシン・マスカラ……「マスクなし」という意味だ。

あとシンディカードっていう、ルチャ労働組合の会員証も持っていて、これとビザを持っていればメキシコ国内での身分は保障される。

このマスカラ戦、負けはしたものの、歴史ある「ボクシ・ルチャ」というボクシング&ルチャの専門誌で2週連続表紙になった。それも素顔になった写真がドーンと。

やっぱりカベジュラ戦よりマスカラ戦。CMLLの周年大会「アニベルサリオ」では毎回のようにメインでマスカラ戦が組まれるし、選手側も「どうせやるんだったら、大きい大会で!」という思いがある。

ただ、今はマスカラ戦をやらないとお客が入らないから「え? もうどっちかが脱ぐの?」っていうカードも多い。昔はマスクを脱いでから人気が出る選手もいたけど、今は乱発し過ぎなんじゃないかと思う。

俺はマスクを脱ぎたくなかったけど、マスクを被っているとお客に日本人というのが伝わりにくいので、結果的にマスク脱いだことで日本人だとわかるからプラスになった。

メキシコのギャラ事情

マスカラ戦では日本円で20万円くらい貰った。その当時の俺には大金だ。

今考えれば、この額でも相当、足元を見られていたと思う。近年だとAAAでドクトル・

ワグナーJr.がサイコ・クラウンに負けてマスクを脱がされたが、日本円で数千万円くらい貰ったという噂が出た。

だからマスカラ戦は、リスクがあってもお金が欲しい選手の方から持ち掛ける場合と、会社が観客動員のために選手に要請する場合の2パターンがあって、俺は会社から言われたパターン。俺なんかは会社に嫌だとか言えない現地採用の言いなりの選手だったからOKしたけど、選手によっては交渉でゴネて、額を釣り上げる選手も時々いたみたいだ。

当時の俺のギャラは、TVマッチに出るようになって、アレナ・コリセオの場合だと2試合目クラスで1万3000円くらい。

テレビがないツアーに出ると、ギャラは観客動員で変動する歩合になる。まず会社が取り分を抜いて、残りをメイン、セミ……と出ている選手の試合順で割合を変えて払う。だから下の方の試合順でも、お客の入った大会に入れてもらうと、結構稼げる。

マスカラ戦、カベジュラ戦、タイトルマッチがある大会のセミや3試合目に入ると、貰えるギャラの桁が違う。

それとは別に会社が派遣してくれる大会だと、会社に振り込まれて、チェック（小切手）で貰って銀行で換金する形。個人で受けた試合は基本的に現金だ。個人で受ける試合は、この当時だとまだ安くて、日本円で5000～6000円だった気がする。

あとＴＶマッチの大会に呼ばれると、テレビに映ろうが映ってなかろうが、テレビ局の「テレビサ」からギャラとは別に出演料という名目のチェックが貰えた。だから、みんなＴＶマッチに出たがっていた。

あと、俺は日本円が欲しかったから、日本には出稼ぎに行く感覚だった。

ハヤブサさんがメキシコに

メキシコに住み始めてしばらく経った1999年8月の初め、ペンション・アミーゴに「誰かルチャドールいる?」と電話がかかってきた。受けたのはルチャドールではなかったから、俺が呼ばれて電話に出たら……。

「ハヤブサだけど。ルチャドールのコ?　明日、メキシコに行くから空港に迎えに来てくれる?　○時に着くから、じゃあ!」って言ってガチャン(笑)。

ツバサさんは大阪プロレスの試合に出るため日本に帰っていて不在だったから、俺が1人で迎えに行ったんだ、会ったこともないのに(笑)。

空港から出てきたハヤブサさんはすごくフランクな人で「まず、どうされますか?」って聞いたら「アミーゴに行こう!」って、ペンション・アミーゴに直行してオーナーのメキシコ人と「久しぶり！」って抱き合っていた。

「野沢君、どこに住んでるの？」

「ツバサさんと一緒の部屋です」

「ツバサいないんでしょ？　俺、3日間だけだから、ここでいいや！」

そう言ってツバサさんのベッドの上で荷物を解き始めたハヤブサさん。それはどこかで見た光景だった（笑）。

いまだにハヤブサさんがあの時に何をしにメキシコ来たのかは謎。試合をするわけでもなく、アミーゴに毎日いて、夜は部屋に帰ってきた見ず知らずの旅行者たちに自分で買ってきた食材でちゃんこ鍋を作って「おいでよ、ちゃんこあるからさ、食べなよ！」って声を掛けて、ギターを弾きながら歌いだしたり（笑）。

カッコいいなと思うと同時に「狂ってるなあ」って（笑）。

あと憶えているのは、ソナロッサにある「アングス」というメキシコとはいえ、そこそこ値段のするステーキ屋に3日のうち2日間、連れて行ってもらったこと。

「こんなうまい肉がメキシコに存在してたのか⁉」と思うようなステーキだった。

「この店には昔から来てるんですか？」

「いや、最初メキシコに来た時は食えなかったけど、何かのきっかけで、ここで食べるようになって。いいお店でしょ？　野沢君もさ、この国で稼ぐようになったら、こういう所で食事をして、若いコにこういう所で食事させてあげなよ」

そう言われて、後年になってハヤブサさんにしてもらったのと同じことをＤＯＵＫＩたちにしてあげた。

帰国前日、ハヤブサさんは部屋に帰ると、ツバサさんが部屋に貼っていたウルティモ・ドラゴン校長とアントニオ猪木さんの等身大ポスターをしばらく眺めていた。

「野沢君、マジックある？」って言われてマジックを渡したら、いきなり猪木さんのポスターに〝アントニオ猪木〟ってサインを書き出した（笑）。

「そ、それ、ツバサさんの……」

「大丈夫！　大丈夫！」

そう言うと、今度は部屋に置いてあるツバサさんの鏡にポスターをちらちら見ながらウルティモ・ドラゴンのマスクと〝これで君もウルティモ・ドラゴンになれる！〟って書いて、帰国されたのだった（笑）。

日本から戻ってきたツバサさんは「江崎（英治＝ハヤブサさんの本名）さんでしょ？」って一言（笑）。「すみません、俺には止めようがないです」って言ったら「いいよ、このままにしておこう」って（笑）。

そんなツバサさんが大阪プロレスに専念するためメキシコから撤退することになり、俺は管理人部屋から仕方なくドミトリーの方に住むようになった。管理人をやるような柄じゃなかったからね。

そのタイミングで正田（和彦＝ＭＡＺＡＤＡ）さんが来たような気がする。

パレハとの出会い

正田さん……パレハ（スペイン語で相棒）とはメキシコではなく、それ以前に日本で会っていた。拳磁さんがジャイアント・ドスカラスに変身してＦＵＬＬの後楽園ホールに出場した時（98年6月18日）に世話係として行って、第1試合に出場したパレハと挨拶を交わしているはずだ。

パレハは99年9月頃からメキシコに来ていたみたいで、ツバサさんが日本に帰ってからペンション・アミーゴのドミトリーに来て、一緒に暮らすようになったけど、最初は仲良くなかったんだ。

メキシコには長さ30センチくらいの食パンが売っていて、お互いに金がなかったから、その食パンとマーガリンを買って2人で毎日食べていた。

当然だが、食べているうちにだんだん減っていく。だから最後の方になると、自分でスライスして食べる厚さが薄くなっていくんだけど、お互いに変に意識して「最後を食べたら負けなんじゃないか」みたいな雰囲気があった（笑）。

住んでいる部屋はルチャドールという括りで割安で借りられるから一緒に住んではいたが、練習も別々だったし、俺は当時から段取りがよかったから、アレナ・コリセオでマスカラ戦をやったり、ＴＶマッチに出たりしていた。一方のパレハは新間さんルートのＦＵＬＬ系の選手の伝手で仕事をしていたと思う。

対抗心やジェラシーというわけじゃないけど、お互いに何か「クソーッ！」って思うようなものはあったんじゃないかな。

ある時、俺の全財産が２０００円くらいになった時があって、そういう時に限って、出先から部屋に戻ったら、パレハが肉を焼いていた。俺らの部屋はキッチンの真上だったから、部屋にいても肉の焼ける匂いがしていて「クソーッ！」って。

そうしたらパレハが階段を上がって肉を持って部屋に入ってきた。ここで食べられたら嫌だなあと思っていたら……。

「どうぞ！」

パレハは俺の分も焼いてくれていた。そこから仲良くなった。

100円くらいで売っているメキシコの安い肉。日本に例えると生姜焼き用くらいの薄さで、何の肉なのかもわからないような。たぶん、牛だとは思うんだけど（笑）。

でも、それがめちゃくちゃうまかった。すげぇ薄っぺらいんだけど、パレハは料理好きだったから、ちゃんと下味とかを付けていて。この頃から肉を焼く才能があったね（笑）。

肉を食べさせてもらった途端「お互い異国の地に来てピリピリしていても……」みたいな話をして、仲良くなった（笑）。

それから一緒に近くのレストランに行って、メニューを右から全部潰していこうっていうのをやった。お互いに言葉も、書いてある意味もわからないから、毎日メニューの上から順に食べていって、当たり外れがあったりしながら、その言葉の意味を勉強していった。

「今日のメニューは当たりでしたね」

「これ、昨日とあまり変わりませんね。でも、昨日頼んだやつの近くだから、似たようなものが出てくるよな（笑）」

当初はお互いに自分のルートで別々に仕事をしていたけど、アルカンヘルとかがブッキングしてくれる闇試合みたいな大会に、もう1人選手が必要になった時にはお互いに誘うようになって、それで一緒にやるようになった。

タッグを組んでみて……普段はメキシコ人としか組まないから言葉がわからないまま感覚

で意思の疎通を図ってやっていたけど「試合中に言葉が通じるのが、こんなに楽なのか」って実感した。

お互いにギラギラしていて「のし上がってやろう！」っていう気概があったけど、やっぱりメキシコで生きていくのは並大抵のことではなかった。

俺は段取りよく試合に出られていたが、やっぱりCMLLの壁は厚かった。新日本とか海外の団体から派遣で来たとかではなく、現地採用だから、その辺のメキシカンと同じ扱いをされる。しかも言葉が通じないというハンデもあった。

本当に仕事と金がなくなった時、旅行者の誰かが置いていったDA PUMPのCDをペンションの中庭でハンモックに揺られながら、ずーっと流して、正田さんもベンチでぼけーっとしていた。

「正田さん、俺、今からDA PUMPに入れますかね？」

「まだ間に合うんじゃないっすかね」

あとは仕事が何もなくなってやることがないから「ブラックジャックによろしく」という漫画を読んでいたら、ハマッちゃったこともあった。

「正田さん、俺、医者になれますかね？」

「それは無理じゃないですか」

ＤＡ ＰＵＭＰは間に合うけど、医者は無理って言われて（笑）。

そんなことも今となってはいい思い出だ。

今、また「同じことをやれ」と言われたらできないけど、ある意味で一番楽しい時代だったのかもしれない。

闘龍門との交流

１９９９～２０００年の頃、闘龍門のコたち……神田（裕之＝ヤスシ）君、堀口（元気）君、ススム（横須賀ススム）、斎了（斎藤了）、アラケン（荒井健一郎）、ドラゴン・キッドなんかと交流が生まれた。だから今もドラゴンゲートとは仲良くやれる。

たぶん、ウルティモ・ドラゴン校長がねじ込んだんだろうと思うけど、キッドとはノーＴＶのアレナ・コリセオで試合をしたことがある。

この当時の闘龍門は、まだ1期生、２期生くらいの頃で、校長からは、俺らみたいな日本人と絡んじゃダメだっていうお達しが出ていたらしい（笑）。

まだ学校がスタートしたばかりで、校長からしたら、彼らは学校の大事な生徒であり、大事なお客様。だから、どう見てもガラが悪い俺やツバサさんとはつるんじゃダメだと。

この頃は校長にまったく相手にされていなくて、日本食レストランに行くと、よく校長がいたんだけど、口がきけるような立場じゃなかった。

ツバサさんは校長に会った途端に直立不動。

俺なんかはさらにペーペーだから「何か変なのが来たなあ」みたいな顔をされる。挨拶をすると「そっちはいつまでいるの？」みたいな感じで一言二言、口をきいてくれるだけだった。

でもツバサさんは校長と一緒にＷＣＷに行っていたから、当時の校長の鞄持ちのマグナムＴＯＫＹＯと面識があったり、校長の興行に呼ばれたりしていた。

そんな関係でマグナムがたまにペンション・アミーゴに遊びに来て仲良くなって。そこからＣＩＭＡなんかも来るようになった。

彼らはしばらくして日本に帰ったけど、ＣＭＬＬの試合がない日に地方のプロモーターから「日本人とメキシコ人の試合を組みたいから」って連絡をもらって会場に行くと、メキシコ合宿組の闘龍門のコたちも来ていて、タッグを組むことも少なくなかった。そうやって彼らと仲良くなっていった。

そうそう、00年9月15日にアレナ・メヒコで俺と斎了、折原さん（セクレト・サスケ＝偽サスケ）が組んでエル・パンテーラ＆リッキー・マルビン＆トニー・リベラと戦ったことが

ウルティモ校長、ドラゴン・キッドと

あった。斎了は闘龍門の寮があるナウカルパンからメキシコシティまで来なければいけないんだけど、車でも1時間はかかる距離だ。

当時の斎了は自転車に乗りながら入場するサイクリストのキャラクターだったから「やっぱり自転車に乗ってこないとプロじゃないんじゃないの?」って言ったら、タクシーに自転車を積んで会場に来た。「プロは徹さないといけないから」って(笑)。

第3章

世界を股にかける

初めてのアメプロは偽ジェイソンの中身と（笑）

２０００年6月、俺はアメリカにも進出した。

メキシコと日本を行き来している頃で、４～5月に日本までＤＤＴなどに出稼ぎに行った帰りにロサンゼルスに寄った際、ポール徳永という日系三世と知り合い、すぐに仲良くなった。俺は車の運転もできないし、英語も喋れないから運転手と通訳をお願いした。

当時のポールは普通の仕事をしていたが、以前、サイモン猪木さんの下でアントニオ猪木さんの仕事を手伝っていたという。

「俺、アメリカでも試合をしたいんですよ」

そう言ったら、ＸＰＷというインディー団体のバックステージに連れて行ってくれて、顔見知りのダミアンを見つけた。

「俺もここで試合したいから、偉い人に紹介してくれ」とダミアンに頼み、ポールに通訳してもらってロブ・ブロック社長と話をしたら「来月17日に大会があるから、来られるなら試合を入れてやる」とＯＫを貰えた。それからポールには丸投げの形でアメリカでのエージェントをやってもらうことにした。

でもアメリカで初めて試合をしたのはＸＰＷではなくレボリューション・プロレスリングという違う団体。ＸＰＷでの試合の数日前にロサンゼルスに入ったら、レボリューション・プロのプロモーターを紹介されて、ＸＰＷで試合をする前日の6月16日に急遽アナハイムでハロウィンとシングルマッチをやることになったんだ。

ハロウィンはＷＣＷに出ていたビッグネーム。そんなハロウィンがインディー団体にこの位置で試合しに来ることが驚きだった。

すでにＷＣＷからはリリースされていたけど、俺からするとスーパースターだから嬉しかった。試合になったら、俺の数段上のレベルのことをやりながらも、ちゃんと付き合ってくれて、結構な時間の長さの試合をやってくれた。

そして翌17日はＸＰＷのロサンゼルス・スポーツ・アリーナ大会。

アメリカのバックヤードにはホワイトボードが置いてあって、そこに当日の対戦カードが書かれているが、パッと見る限り俺の名前はなかった。

「やっぱりないか……」と、バックヤードをぶらぶらしていたら急に呼ばれて「トレーシー・スマザーズとのシングルマッチだから」って言われて、ビックリした。

どうやら社長は俺をどこで使うか悩んでいて、空いていたのがスマザーズのシングルの相手だったらしい。ハロウィンはＡＡＡ系のルチャドールだから、このスマザーズが俺にとっては初めてのアメリカン・プロレスの相手になった。

スマザーズは92年暮れ（12月20日、戸田市スポーツセンター）のＷ★ＩＮＧマットで、ビクター・キニョネスの命令で偽ジェイソンとしてリング下から出てきて、ジェイソン・ザ・テリブルの腕を折り、ヒールのトップになった伝説の選手。

めちゃくちゃ怖かったけど、やってみたら手が合った。日本でのプロレスの基礎もほとんどなく、わずかなルチャの経験しかない俺をスマザーズがうまく引っ張ってくれて、試合を成立させてくれたんだ。

「どんな評価をされるかな?」と思いながらゲートをくぐって控室に戻ったら、みんなが拍手で迎えてくれて、そこから毎月ＸＰＷの大会に呼ばれるようになった。

サブゥーとの出会い

ＸＰＷに初めて出場した6月17日大会のメインはサブゥーにアブドーラ・ザ・ブッチャーが挑戦したＸＰＷ世界戦。翌月7月22日の大会のメインはサブゥーにテリー・ファンクが挑戦したＸＰＷ世界戦。嬉しくて小躍りしてしまうようなレジェンドがＸＰＷには上がっていた。

当時、どこのインディー団体に行ってもトップに君臨していたのがサブゥーだが、最初の頃は「変な日本人が急に入ってきやがった」みたいな空気を感じるくらい冷たかった。

アメリカの試合に行くと孤独だ。日本語を喋る人もいない。もちろん英語は喋れない。メキシカンが呼ばれていない大会だと、知り合いもいないから、会場の隅っこで小さくなっているしかない。

「カモン！　こっちで着替えろ！」

ある日、サブゥーが自分の部屋に呼んでくれた。

英語がわからないけど、行く先々の会場で一緒になるから、何だかんだ少しずつ会話するようになった。

アメリカだと、試合が終わってから、どこに食事に行ったらいいかわからなくて困ることが多いが、そんなに英語が喋れないのにホテルの部屋に「飯食いに行くぞ！」と電話してきてくれるのがサブゥーだった。

サブゥーとは01年6月にメキシコのＸ―ＬＡＷという団体でシングルマッチをやっている。イス、テーブルだけじゃなくて画鋲も使ったハードコアマッチだった。

キクと東京愚連隊を結成！

サブゥーとテリーがXPW世界戦をやった7月22日、俺にとって2回目となるXPWにキクを連れて行った。NOSAWA&KIKUZAWAのTOKYO GURENTAI（東京愚連隊）の誕生だ。

8月24日にはニュージャージー州ワイルドウッドのNWAニュージャージーの興行にも東京愚連隊として出場してタッチ・オブ・リアリティー（ボブ・スティール&ジム・メッセンジャー）というタッグ屋と対戦した。

この時、東京愚連隊のTシャツを作ったらバカ売れした。

TAKAみちのくさんのKAIENTAIの「海援隊」Tシャツが流行っていた。「これは漢字が流行っているんだな！」と分析してデザインをパクり、メキシコで作ってアメリカに持っていった。

メキシコだと日本円に換算して500円くらいでTシャツが作れる。それをアメリカで20ドル（当時のレートで2200円くらい）で売る。

とにかくメキシコからたくさん持ち込んで、会場の売店エリアではない駐車場で勝手にカバンを広げて即席の売店を作ったり、会場の出入口でお客を待ち伏せして「Tシャツ！　Tシャツ！」って自分たちで売りまくった（笑）。

東京愚連隊の名付け親は、もちろん俺。

テレビで観ていて「TAKAさん、ショー船木さんとかがやっているKAIENTAIってカッコいいよな。で、わかりやすいのがいいよな。〝日本〟だとダサいから〝東京〟の方がいいよな」って、いろいろ考えた。

結局、最後はお笑いのナインティナインがやっていた映画「岸和田少年愚連隊」が好きだったから「岸和田」を「東京」に変えてくっ付ければいいかなって。

でも俺が千葉、パレハが福井、藤田ミノル（FUJITA）が山口、キクは大阪、竹村豪氏（TAKEMURA）は京都、ディック東郷さんは盛岡。結局、解散まで誰一人として東京出身者はいない（笑）。

自分の足で動く重要性

この頃、キクはまだフリーでぶらぶらしていて、アメリカに来るようになったら「アメリカでやっていく！」って言い出して、XPWの社長に「KAIENTAIみたいなタッグチームでやっていくから」ってプレゼンしたんだけど、そのあとすぐに大阪プロレスと契約して、アメリカに来なくなっちゃった。

俺自身は東京愚連隊が開店休業状態でも、そんなに気にならなかったけど、マッチメーク的に冷遇されるようになってしまった。

しばらくして、ポールに「俺、XPWに出ている意味がありますかね」って聞いたら「社長のところに行こう」って、アポなしで事務所に押しかけることになった。

「何しに来たんだ？　今日は大会ないぞ」

「いや、今日は社長にお話があって来ました。もっと俺にチャンスをくれないですかね。いつも単発のシングルばかりで。もっと上の方でストーリーに絡めるようなチャンスが欲しいんです」

「お前らが日本人のタッグチームでやっていきたいって言い出したんだろ。それなのにキクザワは来ないじゃないか」

それで冷遇されている理由がはっきりした。

「お前はどうしたいんだ？」

「社長のチームに入れてください」

ロブ・ブロック社長は、実はAVメーカーの社長。それが自分で団体を創ってしまうほどプロレス好きで「ロブ・ブラック・アーミー」というチームを結成して、ビンス・マクマホンのように自分自身が番組に出演していた。

そこに加入したいと言ったら、AV会社だからカメラもあるので、すぐにスタッフを呼んで「お前がお願いしているシーンを撮ろう」って言われて、社長チームの日本人ボディーガード的な役割で番組に登場できるようになった。そうしたら試合も急にメインイベントに組み込まれるようになった。

当時はそうやって、自分の足で動いていた。オファーが来て、面白そうだなって感じたら、すぐに行っていたし、とにかく面白そうなものを探していた。

アメリカ・マットの事情はまったくわからないし、ネットもないような時代だったから会場で知り合った選手に聞いたりして、とにかく情報を探していた。

日本、英語圏、スペイン語圏……面白そうなものを探しに行くというのが楽しかった。

メキシコのルチャとアメリカのプロレスは文化が違うので、メキシコで沸くことをやっても、それをそのままアメリカでやっても沸くわけではない。そこのバランス感覚は常に持ちながら試合をしていた。そうしなければ生きていけないからね。

結局は情報が一番の武器になるということ。

メキシコでCMLL世界王者になった初めての日本人に

日本やアメリカに活動の場を広げながらも本拠地メキシコでの試合も手を抜くことはなかった。そして2000年暮れの12月20日、アカプルコでアルカンヘルのCMLL世界ウェルター級王座に挑戦することが決まった。

オフィスに酒を持ってパコ・アロンソ社長に会いに行ったら「何かあるか?」って言われて「ベルトに挑戦したいです」って言ったら、後日、本当にタイトルマッチが決まったから、自分の力でチャンスを作ったと言っていい……いや違う、酒の力だ(笑)。

この時のチャンピオンのアルカンヘルは俺の師匠みたいなもので、何度もシングルマッチをやっていたから余計に挑戦したかったんだ。

当時、ゴングのメキシコ特派員だったYUCAさんに「ゆっぴー、世界戦なんてもうないと思うから取材に来て!」って電話して、わざわざアカプルコまで取材に来てもらった。

試合はCMLLルールの時間無制限3本勝負。1本目はノーザンライト・スープレックスで軽く取られてしまったけど、2本目は急所蹴りから何とか1—1に持ち込んだ。

日本人の俺にとってはアウェーのはずだけど、前の週のマスカラ戦で悪事を働いたアルカ

「俺、凄いことやったんだな」

ンヘルにブーイングが集中して、意外にも俺に声援が送られた。

決勝の3本目、セントーン・アトミコやアルカンヘル・ドライバーで何度もカウント3寸前まで追い込まれたけど、ファンの声援で立ち上がることができた。

そして最後に投げっ放しジャーマンを放ったら、アルカンヘルは固いキャンバスに後頭部を痛打して立てずに俺のピンフォール勝ち。

CMLLは世界最古のプロレス団体で、かつてはNWA傘下でマシオ駒さん、佐山さんがNWA世界ミドル級、木村健悟さんがNWA世界ライトヘビー級のベルトをメキシコで巻いているが、CMLLのベルトを現地で巻いた日本人はおらず、俺はメキシコでCMLLの世界タイトルを奪取した初めての日本人レスラーになった。その当時は酒を持って「挑戦したい」と言いに行ったら決まったようなタイトルマッチだったから、ノリみたいな感覚だったけど、最近になって「俺、凄いことをやったんだな」って思う。

初めてのデスマッチは画鋲1000個！

CMLL世界ウェルター級王者になった俺は、年明け2001年2月24日、カリフォルニア州ヴァンナイスのパトリオットホールで開催されたXPW「マイ・ブラッディー・バレンタイン２００１」という大会でデスマッチを初体験した。

それはジョニー・ウェッブとの画鋲１０００個&有刺鉄線ラダー・デスマッチ。

前述の通りＸＰＷの社長はちょっと狂っているので（笑）、こういう試合形式も当日の現場で急に言われる。

エージェントのポールに「大変です！　今日は画鋲１０００個のデスマッチ・トーナメントにエントリーされてますよ」って言われて「マジか⁉」（苦笑）。

普通のコスチュームだと破けてしまうだろうから、慌てて「つなぎ」を買いに行き、痛いと思って「つなぎ」の上からＴシャツを着てリングに上がった。

いざリングに上がったら、ラダーも日本の小さいやつじゃなくて、どう考えたって持ちづらい、規格外のやつが２つ。しかも有刺鉄線が巻きつけられている。

この時、マジで「こんな物を作るアメリカ人ってバカなの？」って思った（笑）。

試合は画鋲１０００個の上にローリング・セントーンを自爆するは、パワーボムで投げつけられるは、でヤバかった。有刺鉄線ラダーに向かってブレーンバスターもやられた。ラダーもめちゃめちゃ痛かった。

でも、ここでこの試合形式から逃げたらＸＰＷに呼ばれなくなる予感がして、勝ち目はないけど、どうせやるなら思いきりやってやろうと思ってはちゃめちゃに暴れたよ。

藤田がたった2カ月の東京愚連隊

ＸＰＷでのデスマッチを終えてメキシコに戻ったところに藤田ミノルがやってきて、３月４日のＸ─ＬＡＷのエル・トレオ大会から合流した。

俺はＣＭＬＬ世界ウェルター級のベルトを獲ったのはいいけど、急に自分のレベルが上がったわけではないから、アレナ・メヒコの本戦に出ていても５試合中２試合目と３試合目を行き来している状態で、そこから抜け出すことができなかった。

チャンピオンだけど、実力を考えれば、自分の身の丈に合った位置にいたんだ。

そんな中でパレハ、藤田とのトリオで東京愚連隊を名乗って、Ｘ─ＬＡＷだけでなく、ＩＷＲＧという団体にも上がるようになった。

ＩＷＲＧは当時の日本で例えるとＦＭＷみたいな立ち位置のプロモーション。規模は大きくないが、アレナ・ナウカルパンという自前の会場を持っていて、毎週木曜日（ＴＶ収録）と日曜日に興行をやっていた。

ＣＭＬＬのサーキットは基本的に１週間毎日あるが、木曜はあまり試合が入らない。そこでメキシコシティから少し離れた場所だけど、会社にお願いしてＩＷＲＧの出場許可を貰ったんだ。

藤田は試合数をこなすことができたと思うが、俺らと組んでいて、基本的に俺らが指示を出してしまうから、ルチャを覚えられなかったと思う。俺としては、日本人トリオはすごく楽だったけど。

藤田がメキシコに来て2カ月くらいした頃に「アメリカのCZWに誘われていて……」と言い出した。

「俺らは別に藤田君の試合数を保証しているわけじゃないから、自分が行きたい所に行った方がいいよ。東京愚連隊なんて、あってもなくても一緒みたいなものだから。キクを見てみろよ。あいつなんて、一言も言わずに裏切って（苦笑）。別にそれでもいいと思うんだよ。まあ、また会うでしょ」

そんな会話を3人でしたのを憶えている。

「団体側は俺たちが3人でやっていくってことで話がまとまってないですかね」と藤田が心配するから、こう言ってアメリカに送り出した。

「そんなのわからないけど……大丈夫でしょ。だってメキシコだから！」

謀略で（?）世界王座から陥落もすぐに奪回

藤田が来ていた時期、俺は一度、ＣＭＬＬ世界ウェルター級王座から陥落した。はっきり言って騙されたんだ。

3月15日のＩＷＲＧの大会でパレハ、藤田、エル・エンタラーラドール、ブラック・メタルと組んでバンピーロ、シルバー・キング、ランボー、フェリーノ、エル・ファンタスマと10人タッグで対戦した時、ランボーにペディグリーを食らって首を負傷した。

3月17日のＸＰＷの大会は会場まで行ったんだけど、欠場。

3月20日にアレナ・コリセオで決まっていたＣＭＬＬ世界ウェルター級の防衛戦も欠場せざるを得なかった。

そうしたらＣＭＬＬのオフィスから「会場にベルトを持ってこい。欠場の挨拶をしてもらうから」って言われて、行くと……。

「今日、ノサワはチャンピオンとして試合ができないから、対戦相手のパンテーラにベルトが移動する」

そうアナウンスされてしまった。

この時は悔しくて泣いた。

納得がいかなかったから、次の日にオフィスに「とりあえず試合させてくれ」と電話したら、４月２日のプエブラでパンテーラとの試合があっさりと組まれてベルトを取り返すことに成功。

今思うと、記録上では世界タイトルを２度戴冠していることになっているから、悪くはなかったのかな。

グアテマラの英雄（笑）とタイトルマッチ

「ノサワ、グアテマラに行ってタイトルマッチをやってきてくれ」

ＣＭＬＬのオフィスではなく、選手労働組合のブラソ・デ・オロからそう言われたのは、ＣＭＬＬ世界ウェルター級のベルトを持っていた時期だから２００１年の３月か、５月だったと思う。

グアテマラには黄色いマスクを被ったボルトロンという〝グアテマラの英雄〟がいて、自分でお金を出して、ＣＭＬＬから選手を呼んで試合をするという。

それで俺がＣＭＬＬ世界ウェルター級のタイトルマッチをやることになったんだけど、公式なのか、非公式なのかはわからない（苦笑）。

グアテマラの空港から連れていかれたのは山に囲まれた街。グアテマラにはホワイト・タイガーが出るって聞いて、少しワクワクした。

街をぶらぶらしていたら、昔からの職人さんが手作りしているような質のいい伝統工芸品を売っている店があり、食堂の食べ物もそこそこおいしい。

他の国とは隔絶されているような雰囲気で「江戸時代って、こんな感じだったのかな？」と想像してしまうような街。中南米は危ないイメージがあるが、そんな危険な空気はまったくなかった。

肝心の仕事の方は、500人くらい入る会場で5試合。自分の出番まで地元の選手たちの試合を観ていたけど、メキシコのルチャの10分の1のレベルだ。

その時に思ったのは「ああ、教える選手がいないんだな」って。

リングもひどくて、メキシコと同じような跳ねないリングにプラスして、マットを敷いているから走ろうとすると足を取られてスタミナを消耗してしまう。

メキシコのルチャ・リブレをテレビで観て、見様見真似でやっているという感じで、ちゃんとした指導者がいないから、いくらCMLLの選手が定期的に来たとしても成長できないだろうと感じた。

この大会にＣＭＬＬから行ったのは俺１人だった。

メキシコ人じゃなくて日本人がＣＭＬＬのチャンピオンだと言っても、たぶんグアテマラには届いていないだろうから、タイトルマッチ前にインパクトを与えようと思って、グアテマラの国旗を燃やしたから、もう大変！

リングに物は飛んでくるし、相手のボルトロンは一応〝グアテマラの英雄〟ということなんだけど、試合はレベル１（苦笑）。

当時の俺にはそれを引っ張るまでの力量はないからどうすることもできず、「こりゃあ、難しいなあ」と思ってボルトロンのマスクを破り、向こうの女性マネージャーをみちのくドライバーで叩きつけて反則負け。で、ルールにより王座移動なしだから、それはお客さんが怒って当然だ（笑）。

試合が終わって帰ろうとしたら、怒って居残っている観客50人くらいが「あの日本人を出せ！」って騒いでいて、関係者が「もう帰った」って言っても収まらず、俺は迎えが来るまで控室でぽつーんと１人きり（苦笑）。

４時間くらいして、やっとボルトロンが迎えに来て、ホテルまで送ってくれた。

「飯を買ってきてやるから、誰か来ても絶対にドアを開けるなよ」ってケンタッキーのニセモノみたいなチキンを買ってきてくれて、それがタイトルマッチ後のディナー。

「じゃあ、明日の朝、迎えにくるから、それまで鍵をしっかり閉めておけよ」と、ボルトロンは帰っていった。言われなくても怖くて外には出られないし、軟禁状態のようなグアテマラ遠征になってしまった。

でも、行けてよかったと思う。俺が行った中南米の国で一番南がグアテマラ。メキシコに住んでいる時にはコロンビアやエクアドルにも興味があって、当時の旅人の必須アイテム「地球の歩き方」に「エクアドルには黄金のカエルがいる」って書いてあったから、のちにメキシコに来た竹村と「エクアドルにカエルを見に行かない?」と話していたのを思い出す(笑)。

2つのタッグ王座を獲得するも…パレハに不義理

6月には2つのタッグ王座を奪取した。まずは佐々木貴と組んでKO―Dタッグだ。

その頃、俺は日本に出稼ぎに行った時はDDTに出ていて、三四郎さんが「タッグ王座を作りたいんだけど、メキシコに行って王座決定戦をやりたい」と言い出したから根回ししていたんだけど、直前になって三四郎さんが来ないってことになって(笑)、その代わりに佐々木貴が来たんだ。

で、6月2日にアレナ・アスタワカンで俺と貴がヴェルティコ&スタルマンに勝って初代王者になった。俺はDDTの歴史に初代タッグ王者として燦然と刻まれている（笑）。

そして6月10日、ナウカルパンでパレハと組んでメガ&スペル・メガのロス・メガスに勝ってIWRGインターコンチネンタル・タッグ王座を奪取。

これでCMLL世界ウェルター級と合わせて3団体のベルトを持つ3冠チャンピオンになったわけだけど……ここから俺はパレハに不義理してしまうことになる。

KO―Dタッグ王者になったことで、6月下旬に日本に帰ってDDTに出るようになった俺は、6月29日の後楽園ゆうえんちジオポリスでスーパー宇宙パワー、エキサイティング吉田との3WAYマッチに勝って、KO―D無差別級チャンピオンにもなった。

DDTのシングル&タッグの2冠王者になってしまったことで、しばらくDDTに上がらなければいけなくなったんだ。

で、本当の問題は、DDTのスケジュールよりも日本で仲良くなった女のコ。好きになってしまったのだ（大笑）。

IWRGタッグの防衛戦もあるからメキシコに一度戻ったんだけど、その時に「どうせメキシコに帰ったら、日本には戻ってこないから終わりよね」って言われちゃって、そのコにどうしても会いたくなって日本にとんぼ返り（笑）。

パレハには「急遽DDTで試合が入って日本に帰ることになったので、ギリギリにメキシコに戻ります」って電話を入れた。

大会当日、パレハはプロモーターから「ノサワはまだか！」と詰問されても「もう少ししたら来るんじゃないかな」とか言って、日本にいることを隠し通してくれたらしい。

でもタイトルマッチの時間になっても俺が会場に来ないから、パレハだけリングに上げられて「今から20数える間にノサワが現れなかったら、ベルトは相手チームに移動になる」ってアナウンスされて、パレハは1人で20カウントを聞いてベルトを剝奪されてしまった。ごめん！

TAKAさんにも不義理！

この本は最初で最後の自伝なので、懺悔の意味を込めて、もう1つやらかした〝すっぽかし事件〟についても書いておこう。

パレハに不義理する前の年の2000年11月、TAKAみちのくさんに頼んでIWAプエルトリコにブッキングしてもらったことがあった。

でも10月に日本に戻ってDDTやIWAジャパンで試合をしているうちに面倒臭くなっちゃって、TAKAさんに連絡もせずにプエルトリコに行かなかった。

女のコと一緒にいるのが楽しくなっちゃって（笑）。

そうしたらＴＡＫＡさんから電話がかかってきて「ヤベぇな」と思いながら出たら「何で出るんだよー！　お前、日本じゃねーかよ！　もういいよ！」って、ガチャン！

当時のＴＡＫＡさんはＷＷＦ（現ＷＷＥ）と契約していたけど、住んでいたのはプエルトリコで、俺の代わりに試合に出たら首を怪我してしまったとか。

その後、プエルトリコには01年4月に初めて行った。ＴＡＫＡさんの一件があったから、本当は行きたくなかったけど、ＥＣＷとの契約が終わったＴＡＪＩＲＩさんがビクター・キニョネスのブッキングでプエルトリコに行くことになっていて、俺も別ルートで行くことになった。あとはＷＷＦからケイン、ＥＣＷとの契約が終わったスペル・クレイジー、テリー・ファンクも一緒だった。

「ＴＡＫＡみちのくに会わなきゃいいなあ」なんて思って、プエルトリコに向かったが、飛行機を乗り換えるダラス空港で電話をしていたら、後ろから「おい！」っていう声が。パッと振り返ったらＴＡＫＡさん。

「すみませんでした！」って土下座して謝るしかなかった。

その時、ミステル・アギラがＴＡＫＡさんと一緒にいて「お前、何で空港で土下座してるんだ？」ってゲラゲラ笑っていたのを思い出す。

パレハとTAKAさんには、謝っても謝りきれない。俺が100%悪いんだけど……男のコだから仕方がないよね（苦笑）。俺にそんなことをさせるくらい、いい女のコがいたんだということで（笑）。

冬木さんにスカウトされてFMWと契約

2001年6月下旬からDDTに上がるようになってからは怒濤の流れだった。

その頃、DDTにも上がっていた金村キンタローさんに、顔見知りだったわけでもないのに「ウチに来ないか？」って、FMWに引っ張られたんだ。

当時の俺は天狗になりかけていたから「いいですけど。お金は出るんですか？」って。後日、金村さんに聞いたら「『ボス（冬木弘道さん）が、お前とお化け（怨霊）を引っ張れ』っていうから、俺はお前に声掛けたんや。ただ、どこでボスのアンテナに引っかかっていたのかは俺もわからん」と言っていた。

冬木さんが荒井昌一社長に俺と怨霊のことを話したら「あのー、金村選手がいて、これ以上、問題児が増えるのはちょっと……」って反対したらしいけど、冬木さんが「金の字（金村さん）が1人いたら、もう1人増えても変わんねぇよ」と言ってくれて、契約の話が進んだとか（笑）。

冬木さんが03年5月に亡くなった後、一度だけ奥さんの薫さんと会った時に「ああ、パパが最後に言っていたコのひとりね」って言われたから、冬木さんが俺を引っ張ってくれたのは間違いないが、なぜ冬木さんが俺を買ってくれたのかは、冬木さんに聞いていなかったので永遠の謎になってしまった。

あの頃はタイトルマッチをバックレちゃったからメキシコに戻りにくいし、付き合っているコもいるし、このまま日本でやっていこうかと思い始めていた。

ＫＯ―Ｄタッグはすぐにスーパー宇宙パワー＆ＭＩＫＡＭＩに奪われたが、ＫＯ―Ｄ無差別級のベルトはキープしていたので、冬木さんに会った時に話したら「そんなもん、返上しちまえよ！」（笑）。

三四郎さんに話をしに行った時に特に何も言われなかったから、冬木さんが裏で手を回してくれていたのかもしれない。

それで契約書にサインして10月からＦＭＷに所属選手として上がることになり、ＤＤＴの事務所に「すみません、ＦＭＷと契約しちゃったんで、ベルトは返上します」って言いに行ったのを憶えている。

邪道&外道と初対戦

ＤＤＴに上がっていた時期の8月4日にはディファ有明の鶴見さんのデビュー30周年記念興行に出て、その2日後の8月6日には後楽園ホールの「Ｗ★ＩＮＧリターンズ」という興行にも出た。

Ｗ★ＩＮＧとは縁もゆかりもなかったが、Ｗ★ＩＮＧのエースだった金村さんが絡んでいたこともあって出場することになった。

この時の試合はキクと組んでの邪道&外道とのエクストリーム・バンクハウス・タッグデスマッチ。要は凶器持ち込み自由という試合だ。

当時の邪道さん、外道さんは新日本でＩＷＧＰジュニア・タッグ王者だったが、俺が彼らを意識するようになるのは後年のことで、この頃は「ユニバ（ユニバーサル・レスリング連盟）から元Ｗ★ＩＮＧに行った人たちなんだ」程度の認識だった。

ただ「ヤバい人たち」「冗談が通じない」という噂は聞いていた（笑）。

試合はキクが邪道さんのクロスフェース・オブ・ＪＡＤＯに負けたが、それよりも俺は代表の茨木清志さんがちゃんとギャラを払ってくれるのかの方が気になっていた。茨木さんのギャラの未払いはインディー界で伝説になっていたからね（笑）。

この日はガッチリ貰った。

ベルト持ち逃げに失敗

ＦＭＷへの入団が９月に決まり、改めて冬木さんに会った時に「森田友和（のちにガルーダに変身）をメキシコに修行に行かせたいんだけど」という相談を受けた。

冬木さんはコンディションが悪いハヤブサさんの負担を軽くするべく、森田を早急にベビーフェースのトップのマスクマンにしたかったようだ。

俺自身もＣＭＬＬ世界ウェルター級のベルトを持っているし、とりあえずメキシコに一度戻ることにした。

パレハに謝罪して、ＣＭＬＬやＩＷＲＧにも謝罪した。そうしたらＣＭＬＬから「お前、いつまでメキシコにいるんだ？」って言われて、急遽９月21日のアレナ・メヒコでタイトルマッチを組まれてしまった。

この時、あわよくばベルトを持ち逃げしようと思っていたから「ベルトは日本に置いてきた」って嘘をついたんだけど、オフィスはすぐにベルトを作っている所に電話して、翌日には同じベルトができあがってきた（苦笑）。

俺はそれを持ってフェリーノと防衛戦をやったけど、さすがに負けた。

次の日にアメリカに渡って9月28日にアナハイムのレボリューション・プロの「レボリューションJ2001」に出場。1回戦はアメリカン・ワイルド・チャイルド、準々決勝で日本から連れて行った森田に勝ち、準決勝ではBボーイに負けてベスト4に終わった。

翌29日のレボリューション・プロのポモナにも森田を連れていって、俺は日本の女子プロ団体アルシオンから遠征に来たGAMIと組んでスペル・ドラゴン&大向美智子とミックスドマッチ。GAMIには〝東京愚連隊〟のTシャツを着せた（笑）。

その後、俺は森田をレボリューション・プロ、メキシコのCMLL系のローカルの興行にねじ込んで、FMWのシリーズに参加するために帰国した。

あ！　この時、なぜか邪道さんにゼロハリバートンのカバンを頼まれて、ロス中を探し回ったんだ。

ハヤブサさんとの貴重な対戦

俺は当時のFMWの流れはよく知らないんだけど、荒井社長派と冬木コミッショナーと繋がる吉田周平専務派に選手が分かれて、吉田専務が荒井社長を追い落として新社長になったところで俺が投入された。

10月からの参戦に先駆けて９月９日の後楽園ホールに土木作業員風のコスチュームで怨霊の試合に乱入してボコボコに。

俺と同じく冬木さんに引っ張られた怨霊は荒井社長派なんだけど、吉田専務の娘の綾が怨霊のマネージャーをやりたがっていて、その２人の仲を裂くために俺が呼ばれたんだ。

そして10月９日の後楽園ホールから吉田親衛隊としてＦＭＷに上がって怨霊との抗争がスタートした。

ＦＭＷは俺にとって、ちゃんと契約した初めての日本の団体。ちゃんと給料が出る契約で「月給が貰えるんだ！」って、当たり前のことが何だか嬉しかった。

でも「日本に戻ってＦＭＷでやっていこう」と思った大きな理由の１つだった女のコとは、契約した途端に別れてしまったから、人生は不思議だ（苦笑）。

リング上は新社長の吉田ワンマン体制になっていたが、実際にＦＭＷを切り盛りする社長は荒井さんで、会社が傾いていたから金策に走り回っていた。

飛行機や新幹線は使えずに10時間以上のバス移動があったり、宿泊代を浮かせるために日帰りで東京と会場を往復したりしていたけど、俺にしてみればメキシコでは当たり前のことだし、メキシコのバスに比べたら楽チンで「これは寝られるなあ」という感覚だった。

ＦＭＷに入団したことで、99年8月にメキシコでお世話になったハヤブサさんと4回だけだけどタッグで対戦することができた。

ケブラーダから何からハヤブサさんの技を全部受け切れたことは「ものすごく格上の人とでも試合はできるんだ」って、その当時の俺の自信につながった。

普段、他の選手にはやらないような技も、俺にはやってきていたから「メキシコでおいしいご飯をご馳走になった恩返しができたかな」って。

でも10月22日の後楽園ホールでハヤブサさんにアクシデントが……。

マンモス佐々木にセカンドロープからのムーンサルト・プレス（ライオンサルト）を見舞った時に足を滑らせて、のけぞる形で顔面からキャンバスに落下してしまい、首に大ダメージを負って、全身が麻痺してしまったんだ。

ハヤブサさんが怪我した時、俺とミスター雁之助さんは試合が終わってシャワーを浴びていたんだけど、フライングキッド市原さんが「英治が怪我した！」って控室で叫んでいる声が聞こえてきた。

冬木さんはハヤブサさんに少し休ませるために森田を早くトップに上げたくて、俺に預けてアメリカとメキシコに行かせていたけど、間に合わなかった……。

冬木さんの思い出、そして別れ…

俺をＦＭＷに引っ張ってくれた冬木さんとの思い出は、当時の俺はみちのくドライバーを使っていたけど「あんな技、意味ねぇよ」って（笑）。

その言葉の意味が、年を取ってきてわかってきたっていうか。

当時は若かったから冬木さんの言っていることが難しくて、よく理解できなかったけど、キャリアと年齢を重ねた今、もっと冬木さんと話をしておけばよかったなって思う。

冬木さんが今のこの時代にプロレス業界に残っていらしたら、変わっていたのかなって思ったりする。昔の冬木さんのインタビューを今読むと「こんな時代に、こんな発想をしていたんだ」って面白いし、いろいろヒントがある。

当時の冬木さんのエンターテインメント・プロレス路線は賛否両論あったが、あの発想と時代がもうちょい嚙み合っていたら、成功していただろう。

ハヤブサさんの怪我があって、２００２年に入ったら１月も２月も２試合ずつしかなくて……２月16日に２度目の不渡りを出してＦＭＷは倒産してしまった。

「お金はないから！　金目の物もないから！」

不渡りを出した時、金村さんから連絡が来て、目黒のFMWの事務所に行ったら、みんないて、債権者もいっぱいいて、冬木さんがそう言っていた。

「それでも決まっている分の大会はやらないといけないから、給料はもう払えないけど、1試合いくらの形で支払うから」って、冬木さんが「冬木軍プロモーション」という形で3月に6大会のシリーズを組んだ。

俺はその条件では厳しいなって思ったけど、3月24日の鶴見青果市場で冬木さん、金村さんと組んで黒田哲広、GOEMON、怨霊と試合できたのはよかったなと思う。冬木さん、金村さんとスーパーパワーボムの合体技をやれたし、冬木さんと絡むことができて、それは俺の貯金になった。

その後、冬木さんは4月に直腸がんが見つかり、引退してすぐに手術して、プロデューサーという形で5月5日の川崎球場で新団体WEWの旗揚げ戦を行った。

俺はこの大会でチョコボール向井と組んで三四郎さん&佐々木貴と対戦したが、その後は会社に何も言わずにメキシコに戻った。

申し訳ないが、川崎大会で残ったメンバー見た時に「これは正直、厳しいな」って思ってしまったんだ。

それでメキシコ戻って、まずパレハに謝罪した――。

CMLLでランクアップ

ＦＭＷが倒産してメキシコに戻る時、日本でネグロ・カサスにＮＩＫＥのスニーカーを買っていって「俺、もう日本に帰らないから、マッチメーカー室に繋いでくれないか」って頼んだら、二つ返事で「よし、わかった！　来い！」って連れて行ってくれて「いろいろとすみませんでした。ごめんなさい！　またＣＭＬＬで使ってください」と謝罪した。

その頃、新日本から竹村、柴田勝頼君、井上亘君がメキシコに来ていて、パレハにあまり試合が入らなくなっていた。やはり日本の大きな会社の新日本から来た選手の方が現地採用のパレハより優先されるんだ。

ただ井上君と柴田君はすぐに日本に帰り、竹村だけが残るという話になって、そうなると竹村ひとりではどうにもならないんで、そこは新日本の力もあったのか、オフィスの方から「どうせやるなら、トリオの方がいい」と言われて、新しい東京愚連隊……レヒオン・ハポネス（日本軍団）というユニットになった。

当時の竹村は可もなく、不可もなくという感じ。今は本名の竹村克司で下関市議会議員やっているくらいだから性格は真面目だった。

だから最初の頃は試合後に揉めることがよくあった。

「真面目に試合やってくださいよ！」

「いやいや、真面目にやってるって（笑）」

エンタメ的なプロレスを理解していないから、ムキになって言ってくる。最初は「何だ、こいつ？」って思っていたけど、日を追うごとにこっち側に染まってきて、結局は人として一番ダメになっていた（笑）。

竹村はカベジュラ戦で負けて坊主になって6月に日本に帰って、8月にまたメキシコに戻ってくるが、竹村がいない時に俺とパレハはシルバー・キングが正体の新日本のブラック・タイガーとトリオを組んで試合をしていて、ポジションが上がっていた。

ＣＭＬＬの中で中盤だった俺は一気に中盤より上にランクアップした。現地採用では有り得ないことで、運が良かったとしか言いようがない。

今の時代なら、新日本の名前を使えば容易いのかもしれないけど、現地採用からアレナ・メヒコのメインに出る人はいなかった。ＴＡＪＩＲＩさんでさえ、メインを取れるのはアレナ・コリセオまでだった。

この時期の俺は「またどこかに行くんじゃないか」と思われていたらしく、会社にパスポートを取り上げられていた。

レヒオン・ハポネス

「ちゃんとまた試合を入れてやるから、メキシコから出るな」って言われたけど、ちょこちょこアメリカの試合も入っていたので、オフィスには「○日から○日まで○○に行ってきます」とか「この期間は試合がないですよね？」とか確認しながら、必要な時だけ申告してパスポートを返してもらっていた気がする。

そんな時、AAAにケンドー・カシンとカズ・ハヤシが来るって噂が出た。それはメキシコの雑誌でもニュースになっていた。

カズ・ハヤシさんはナルシスト？

カズさんとは、すでに面識があった。すげぇ嫌な先輩だって思っていた（笑）。

カズさんは全日本に入る前、アメリカのメジャーのWCWで活躍していたけど、その前はみちのくプロレスを辞めた後にプロモ・アステカに出ていた。

共通の知り合いの日本人に「カズって、とってもいい奴だから紹介するよ」って言われて会うことになったんだけど、初対面の日、俺は3時間も遅刻してしまった。

「遅れてすみません」

「まぁ、座んなよ。……俺、先輩だからさ、普通、初めて会うってなって、3時間も遅れて来ないんじゃないの?」

カズさんはめっちゃキレていて「すみません、道がわからなくて」って謝ったけど、すごく嫌な感じだった。

俺もメキシコに来て、生きるか死ぬかの時代だったから「こいつ、何で海外に来てまで先輩面してんだよ。こっちは別に飯奢ってもらおうとかも思ってもないし、共通の知り合いに言われたからで、結果、ちゃんと来てるんだからいいじゃん、別に。小せえなぁ!」なんて、心の中で思っていた(笑)。

その後、カズさんはWCWと契約してアメリカへ。もう会うことはないだろうと思っていたら、俺が観に行くウルティモ校長の興行をカズさんも観に来るという話を知り合いに聞いて「わーっ、来るんだ。あの人、ナルシストっぽくないですか?」とかって話をしていた。

で、興行の当日、2階席で前座のつまらない試合を観ていたら、変な気配を感じてパッと見たら、カズさんが来た。

「うわー、カッコつけてんのが来たよー」って思いながら、気付いていないふりをして、そのままつまらない試合を観ていたんだけど、近くに来たから「お疲れ様でーす!!」って軽く挨拶すると、俺の横に座ってくる。

そこで立ち上がって急に帰るのも嫌な感じだし、観ている試合もつまらないし、どうしよ

「野沢君、僕ってそんなにナルシストかな?」とカズさん

うって思っていたら、横でカズさんが急に「んっ」とか「はぁ」とか言いながら、背伸びをしたり、足を組み替えたりしだしたから「やっぱ、こいつはナルシストだわぁ」(笑)。

「野沢君、僕ってそんなにナルシストかな?」

痺れを切らしたカズさんにそう言われて「ああ、チクられていた」って(笑)。

思わず俺は大笑いしちゃって「すみませんでした！ そう思ってました」って言ったら、そこから仲良くなったんだ。

それ以来、会うことはなかったけど、ケンドー・カシンさんとAAAに来るってことで再会することになった。

カズさん、カシン先輩とのメキシコ生活

その日は火曜のアレナ・コリセオでのTVマッチで、俺の出番はセミだった。5試合しかないので、3試合目くらいにサンダルにリュックを背負って会場入りしたら、どこかで見たことがあるような日本人がいる。

「来るの遅くない?」って、声を掛けてきたのは初対面の素顔のカシン先輩だった。そうしたら2階席から「今、オフィスに挨拶に行ってたんだけど、今日は来ないのかと思ってたよ」

ってカズさんが降りてきたから「ご無沙汰しております！」。

すぐに試合だったから、着替えながら「どうしたんですか？」と聞いたら、ＡＡＡに出られなくなったから、カシン先輩が新日本でタッグ組んでいたドクトル・ワグナーJr.を頼って、ＣＭＬＬで試合ができないか相談しに来たとのこと。

「大変申し訳ないんだけど、明日◯時にオフィスに行く約束をしたので、もし予定が空いてるようだったら、言葉もわからないから一緒に来てほしいんだけど」とカシン先輩に頼まれたので「自分でよろしければ」って返事をしたら、カズさんが「あれ？　野沢君、時間を守れるんだっけ？」（笑）。

　事情を詳しく聞いてみたら、全日本からＡＡＡで試合があると言われて6月16日のロサンゼルス・スポーツ・アリーナの「トリプレマニアＸ」に行ったところ、予定が変わったとかで試合がなくなっていて、翌日にＡＡＡのオフィスに行って状況を確認しようとしたのに5時間も待たされた挙句、責任者が出て来なくて、それならＡＡＡではなく、ＣＭＬＬに出られるように交渉しに来たということだった。

　それでコリセオの翌日、ＣＭＬＬのオフィスに行ったら、ビザの問題がトラブルになる可能性があるから試合には出せないと言われてしまった。

　ＣＭＬＬもダメだとなると、2人は3週間も滞在予定なのに、やることがない。

俺は昔からケンドー・カシンが好きだったから、アレナ・メヒコの横の屋台で飯を食いながら、カシン先輩に何をしたいかを聞いて「リングシューズを作りたいな」と言われれば、案内したりして、嬉しかった。

パレハはそういうのには付き合わない人だったから、俺が毎日カズさんとカシン先輩の相手をして「この日は休みなんで、アカプルコに行きますか？」ってバスで4時間かけてアカプルコの海に行ったり、ボクシング観戦に連れて行ったり、あちこちに遊びに行っていた。

ある時、急にカズさんとカシン先輩の間で会話がなくなっていたので「何かあったんですか？」ってカズさんに聞いたら「いやー、こんだけ何もやることがないのに、毎日一緒にいたら喋ることもなくなってくるよ」って。

それで「どうにかして試合できないかな」って言われたから、俺とパレハが出場する予定の6月27日のアレナ・ナウカルパンのＩＷＲＧの大会にねじ込もうとしたけど、この団体は中南米版ＥＳＰＮが放映していて、プロモーターのマルコ・モレノにビザの問題を伝えると、やっぱり「ビザがそれだとテレビ放映もあるし、ダメだ」と。

ただ「試合当日、2人には客席の最前列に座ることは構わないと伝えてくれ」と言われたので、言われた通りに客席の最前列に座ってもらった。

案の定、当日の対戦カードに2人の名前はなかったけど、言われた通り客席の最前列に座ってもらった。

ただ観戦してもらうだけでは申し訳ないと思った俺とパレハは……。

俺とパレハは、セミのドクトル・セレブロ&カト・クン・リーVSキックボクサー&トロ・イリソンのタッグマッチに無差別襲撃を仕掛けて、試合をぶち壊したんだ。

当然、試合を壊された4人は俺とパレハに向かってくる。2対4の俺たちの不利な状況をリングサイド最前列で観ていたカズさんとカシン先輩が思わず席を立って、俺とパレハに加勢して大乱闘に発展した。

ここでプロモーターのマルコが出てきて「こうなったら急遽メヒコVSハポンの8人タッグだ。ただし、これは正式な試合ではない」と、非公式ながらも試合を組んだ。

これで、とりあえずカズさんもカシン先輩もメキシコで試合はできた。ただし、正式な試合ではないからギャラは出ない（笑）。おまけにカシン先輩がカトに丸め込まれて負けた。

「ビザがないのにつけ込んでギャラを払わないとは。これを国際問題にしてやる。もう2度とメキシコには来ない。日本の国会議員の馳浩先生に頼んで国交断絶にしてもらう！」って、カシン先輩が言葉も通じないのにカシン節でまくし立てていた（笑）。

2人が帰る日、カシン先輩にダメもとで「マスクが欲しいんですけど……」と言ったら、快くプレゼントしてくれて「野沢君、全日本に出たい？」って聞かれたので「出たいです！」

って即答したら、「全日本ってインディーだよ？」（笑）。

武藤敬司さんいて、川田利明さんがいて、天龍源一郎さんがいて、小島聡さんがいて、馳先生も出ていて、カズ・ハヤシとケンドー・カシンもいて、何でインディーなんだろうって思いながらも、「出たいです！」って言ったら「わかった」と一言。

そして３日後くらいだっただろうか、全日本から正式にオファーが来た。

初めての全日本で愚乱・浪花と意気投合

全日本プロレス初参戦は９月８日からの「王道30周年ファン感謝ツアー」。そのシリーズ中に行われる「世界最強ジュニア・タッグ・リーグ戦」に愚乱・浪花とのコンビで参加することになった。

「メキシコ在住なので、マスクマンでどうだろうか？」

全日本さんはいろいろ気を遣って提案してくれて、俺はどちらでも構わなかったが、メキシコの謎のマスクマン、ダーク・ゲレーラということになった。

正体不明のメキシコ人という設定だから、控室でもマスクを被り、マスコミにも全部スペイン語で押し通した。顔見知りのマスコミの中には「野沢に無視されちゃったよ」と、ぼやいていた人もいたらしい（笑）。

全日本に上がることになった時の気持ちは「全日本に上がれるんだ！」っていう単純な嬉しさと「マスク、売れるかな？」って現実的なこと（笑）。ギャラは外国人選手契約でドル払いだった。

会場に着いてまず驚いたのは、みんなが馳先生、カシン先輩とものすごく練習していたことだ。メキシコでは試合前に練習なんかしない。

「うわー、これはヤバいな」と思ってパッと見たら、イギリスから来たロビー・ブルックサイドがいたので「ロビー、俺たちは走ろう！」って言って、2人で走りに行き、初日はやり過ごすことができた。

そうしたら馳先生が「野沢、ロビー！　明日から一緒に練習に加わっていいんだぞ！」。

「ええ!?」って思いながら「よろしくお願いします！」って返事するしかなかった（笑）。

馳先生は俺たち2人が遠慮して、練習に加わらないで、2人だけで走っていると思ったみたいで、カシン先輩も「やろう！　やろう！」って。

全日本参戦中は、試合前から身体がバラバラになるんじゃないかと思った（笑）。

記念すべき全日本デビュー戦は9月8日、所沢くすのきホール。対戦カードはダーク・ゲレーラ&本間朋晃組対……カズ・ハヤシ&奥村茂雄組!?

メジャーの全日本に初めて上がるのに、その相手がよりによって屋台村時代からの憎き奥村（苦笑）。向こうは俺が全日本に上がる経緯を知っていたから「元気にしてた？」って、掌を返してきたけど、ほとんど会話はしなかった。

タッグパートナーの浪花とは、この時が初対面。お互いヨソヨソしく「初めまして」って挨拶したが、シリーズ中は一緒にいないといけないから、試合が終わると「飲みに行こうよ！」って誘ってくる。そうしたら浪花は本当にデタラメな奴だった（笑）。

「もう、こんなのやってられねぇよ！　身体がバラバラになっちまうよ」と酔っ払いながら文句を言って、ホテルに戻るとフロントで「全日本プロレスの宿泊リスト見せていただけませんか？」って、上からバーッと見ながら「えーっと、渕、４０３……」って、夜中1時過ぎにフロントから電話かけて「天龍だぞ、この野郎！」って。こんなのが毎日（笑）。

同い年だし、すぐに意気投合して、地方でオフの日には昼間から回転寿司で酒飲んで「あと〇日あるのか……」って。

ある夜、ホテルの俺の部屋のドアをドンドン叩く奴がいるから、ドアのレンズを覗くと、浪花が酔っ払って廊下で暴れていた。

「うわー、面倒くせぇな！」って思って、どうしようか悩んでいたら、隣の部屋のドアが開く音がして、出てきたのがカシン先輩（笑）。

浪花はそのまま廊下でカシン先輩に殴られてボッコボコ（笑）。

カシン先輩が部屋に戻ったのを確認してからドアを開けたら「そっちが開けてくれないから、殴られたよ～」。楽しい思い出ばかりだ（笑）。

最終戦の札幌の試合後、浪花と飲んでホテルに戻った時に当時の全日本の社長の馬場元子さんとお会いした。

浪花がロビーで「ヤベぇ、もっちゃんがいるよ！」って言い出して「は？　誰？」と思ったら元子さんがそこにいて「初めまして」ってご挨拶。

「カニ君はまだ同じことやってるの？」って言われて浪花は固まっていた。

あとで何のことか聞いたら「カニ歩きのことを言われたんだよ～」って（笑）。

京平さんの「これが全日本プロレスだから」

浪花以外に全日本初参戦で印象に残っているのはレフェリーの和田京平さん。

当時の俺にとって日本のコンビニはメキシコにないものがいっぱいあるから、何でも珍しくて買っちゃう。カゴを持ってレジに並んでいたら、前にいたのが京平さんだった。

「お疲れさまです！」

「置けよ」

「はい？」

「カゴを置けよ」

そう言われて、カゴを置いたら、会場で挨拶する程度だったのに「これも一緒に」ってレジの人に言って、全部払ってくれた。

「これが全日本プロレスだから」と京平さん。カッコよかったし「いい会社だなぁ！」って思った（笑）。コンビニで京平さんの後ろになると、いつも一緒にお会計してくれた。

でも、まだ当時は京平さんとは食事に行くほどの関係ではなく、この全日本初参戦の時はカシン先輩とカズさん、ジミー・ヤンなんかと食事に行って、カシン先輩がいつも全部出してくれた。浪花は安い所で飲んでいて、そのあとに合流して2人で毎晩飲んでいたな。

リング外のことばかり書いてしまったが、リング上は、ジュニア・タッグ・リーグ戦は優勝候補（？）の渕正信&グラン浜田に1勝しただけで、優勝したカズ&ジミー・ヤンのヤング・ドラゴンズ、カシン&ロビー、土方隆司&宮本和志に負けて、土方&宮本と同点最下位という散々な結果に（苦笑）。

でも9月14日の越谷桂スタジオでマスクを被ったダーク・ゲレーラとしてだけど、小島聡さんとシングルマッチで対戦することができた。身体が大きくて、動きも凄いし、歯が立たなかった。素直に凄い選手だと思った。

この全日本初参戦の時は外国人選手のバスだったし、試合で当たることもなかったから武藤さん、天龍さん、川田さんとは口をきいた記憶すらない。

サモア・ジョー人脈

9月23日の札幌テイセンホールで全日本のシリーズが終わり、すぐにメキシコに戻ると27日のアレナ・メヒコでパレハ、竹村とのレヒオン・ハポネスでブラソ・デ・プラタ&リスマルクJr.&ミステル・ニエブラに勝ち、29日はカリフォルニア州グランデールで行われたEPICという団体の興行に出て、メインでサブゥー、エリックス・スキッパーと3WAYダンスをやった。

この大会でアメリカン・ドラゴン（ブライアン・ダニエルソン）と試合をしていたサモア・ジョーはZERO1の常連で、日本が好きだって言っていたから、すぐに仲良くなって、家に泊まりに行ったこともある。

「ホテル代なんてもったいないからウチに泊まりに来い」って言われて行ったら、CMパンクも泊まっていた。とりあえず家に荷物を置くと「飲みに行くぞ！」って近所のバーに連れていかれて、サモア・ジョーとずーっと飲んでいた。ＣＭパンクは酒を飲まないので、俺ら2人が酔っ払って大騒ぎしてるのを見て、いつも笑っていた。

その後、ＥＰＩＣが潰れ、２００3年夏にＰＷＧという団体が生まれて、俺も出たけど、その時にサモア・ジョー、ＣＭパンク、アメリカン・ドラゴン、フランキー・カザリアン、クリストファー・ダニエルズなんかが一緒で、よくつるんでいた。

そうやって自然にプロレス界での人脈が育まれていくんだ。

アナハイムでウルティモ校長と対戦

この２００2年の11月16日には、ＷＰＷというインディー団体のアナハイムでの興行で、俺＆パレハ＆ミステリオッソ＆ポイズンのカルテットとウルティモ・ドラゴン＆ドランゴ・キッド＆ＣＨＡＮＧＯ＆ザルーコが8人タッグマッチという形でウルティモ校長と対戦した。

その前日、俺も校長もＥＰＩＣの興行に出ることになっていたが、会場に行ったらプロモーターが会場使用料を払ってなくて、中止になってしまった。

当然ギャラも出ないし、交通費も自腹になり完全に赤字。でも、こういうことはインディー団体では珍しいことではないし、エージェントのポールも「まあ、仕方ないですね」とあっさりしていた。さすがアメリカ人だ（苦笑）。

そうしたら校長から電話がかかってきて、校長だって被害者なのにロサンゼルスのおいしいしゃぶしゃぶをご馳走してくれた。

それで「せっかく、こっちにいるなら、出れば？」ってブッキングしてくれたのが翌日のアナハイムでのＷＰＷの興行。コンドッティ修司（近藤修司）、セカンド土井（土井成樹）の闘龍門新世代のＴ２Ｐのコたちも出場した大会だ。

校長には何だかんだと折に触れてお世話になり、本当に感謝している。

どうしても欲しかったテリーのサイン！　その時、サブゥーが

２００２年冬の12月20日、フロリダ州フォートローダーデールで開催されたＭＬＷ「キング・オブ・キングス」という大会にパレハと出た時、ＭＬＷ世界へビー級チャンピオンとして小島さんが来て３カ月ぶりに再会したが、この時にサブゥーの「コジマ、ファッ○事件」が起こった（笑）。

この日、日本から撮影クルーとともにやって来た小島さんにだけ、なぜかレックス・ルガー張りの凄い個室が用意されていて、別に小島さんが悪いわけではないが、他の選手は「何

だ、あいつは？」ってドン引きだった。

　メインでバンピーロ相手に防衛した小島さんは、試合が終わるとすぐに日本の撮影クルーと帰ったんだけど、サブゥーが「コジマは同じ日本人のお前たちの面倒も見ないで帰るのか？　あいつはファッ○だ！」ってぶちキレて、その後にサブゥー、スペル・クレイジー、俺、パレハの4人で食事に行った時も「コジマ、ファッ○！」って騒いでいた。

　年末の12月28日にはサブゥーのブッキングでフィラデルフィアに行って、昼はCZW、夜は3PWの興行に出た。彼はすごく面倒見がいい。

　この当時はアメリカのインディーで多くのレジェンドと会うことができた。サブゥーもそうだし、テリー・ファンク、アブドーラ・ザ・ブッチャー……2000年代になっても各地のインディーでテリー対ブッチャーをやっていて、毎回面白かった。

　翌03年2月15日のフィラデルフィアでの3PW1周年記念興行にもブッキングしてもらってボールズ・マホーニーと組んでダ・ヒット・スクアッド（マフィア&モンスター・マック）と対戦。この日のメインはサブゥー対テリー・ファンクで、その記念Tシャツが発売された。

　俺はTシャツに2人のサインが欲しくて、同じ控室のサブゥーにはすぐに貰えたけど、テリーは試合が終わったらすぐホテルに帰っていて、残念ながら貰えなかった。

　その後、サブゥーとホテルで飲んでいる時に「サブゥーさんにはサインを貰えたけど、テリーさんには貰えなかった。欲しかったんだ」って言ったら、また小島さんの時のように「ファッ○！」って騒ぎ出して、夜中2時過ぎなのにテリーに電話して「ノサワがサインを欲しいって言ってるから、部屋から出てきてくれ」って（笑）。

そうしたら本当にテリーが部屋から降りてきてくれて、サインを書いてくれた。

「お前か、俺を起こして呼び出した日本人は」って冗談っぽく言われて、それからテリーは俺の名前と顔を憶えてくれたんだ。

テリー、ダスティと大切な時間

サブゥーは俺が大好きなラッパーのＩＣＰも紹介してくれた。

彼らはプロレスも好きで、ＷＣＷでバンピーロとダーク・カーニバルというユニットを結成して、そこにグレート・ムタが合流してムタ＆バンピーロがＷＣＷ世界タッグ王者になっているから、武藤さんとも親交がある。

この当時、彼らはＪＣＷというプロレス団体をやっていて、俺は２００3年3月16日のオハイオ州コロンバスの興行でブレイヤー・ウェリントンに勝ってＪＣＷヘビー級チャンピオンになり、翌04年7月18日のガレッツビルでキッド・キャッシュに負けるまで1年4カ月もベルトを持っていた。

もちろん何度か防衛戦をやったけど、アメリカの団体って、防衛戦なんだか、防衛戦じゃないんだか、よくわからない（笑）。

で、彼らが今も毎年やっている、キャンプ場を3日間借りてのフェスに呼ばれたことがあった。その年はオハイオの田舎のキャンプ場で開催されて、試合後にサブゥーが「飲みに行こう」って言うから、近くのバーに行ったらテリーとダスティ・ローデスがいた。

店に入るなり、サブゥーは「あっ！」っていう顔をして、それに気付いたらテリーとダスティに「こっちに来い！」って言われて……俺は嬉しかった。だってテリー・ファンクにアメリカン・ドリーム、そしてサブゥーだからね。

「オレのニックネームはアメリカン・ドリームだぞ！」（ダスティ）

「いや、オレこそがリアル・アメリカン・ドリームなんだ」（テリー）

一緒にビールを飲んでいたら、いつの間にか口論が始まった。

「オレは日本のオールジャパンで売れてどうのこうの」って話から、どっちが金を稼いだかどうかの言い合いをサブゥーと俺は苦笑いしながら見ているしかない。

そうしたらダスティが俺にこう言った。

「いいか、ボーイ、よく聞いておけ。あと5年、10年したら、お前らだって、こういう会話をするようになるんだからな」

そして最後は「オレが払う」「いいや、オレが払う」って、この日の計80ドルの会計をどっちが持つかの言い合いになった。

結局、ダスティが払ったんだけど、そうしたらテリーがウェイターを呼んで、チップで100ドルを渡すというオチがついて（笑）。

「あの2人は毎回あんな感じなんだ。でも俺とお前はあんなふうになっちゃダメだ」

サブゥーはそう言って、苦笑いしていたが、そんな中にもサブゥーのテリーとダスティに対するリスペクトをものすごく感じた。

こんな貴重な時間を過ごせた俺は幸せだ。

レジェンドとのコミュニケーションは大事

この時期の俺は、もちろん自分と同じような格の選手と仲良くしていたけど、そいつらと一緒にいると、十把一絡げで見られてしまう。

でも、俺はサブゥーみたいな大物選手、レジェンドが大好きだから「一緒に写真を撮ってくれ」とか「サインくれ」って、彼らとコミュニケーションを取っていた。

そうしたら周りの人間が俺のこともトップグループの選手だと勝手に錯覚するようになったのに気付いた。

俺に対する接し方だったり、対応が変わってくる。俺には会社という後ろ盾がないから、そういう雰囲気を持つのも大切だと知った。

もちろん下の人間ともご飯を食べに行ったりしていたが、控室なんかはビッグネームがいる方に何となくいるようにしていた。せっかく大物が来ているのに、遠くから見ていたらもったいない。

それでアメリカン・プロレスにハマりだして、昔のビデオとかを観て、そこに出ていた選手と一緒になる大会とわかると、嬉しくて仕方なかった。

名前のある選手と試合ができて、試合で当たれなくても同じ会場にいるから、一緒に食事に行ったり、写真撮ったり、サインも貰いまくっていた（笑）。

そうしたらサブゥーに「お前、ちょっと控室に来い」って呼び出されて「みんな、お前のことを俺のボーイだと思ってるから、お前が写真を撮ったり、サインをくれってうろうろするのが恥ずかしい。サインが欲しいなら、この控室の中でやれ」って怒られた（笑）。

「もう、お前もそんなに下の選手じゃないんだから、みっともないからやめろ！」

そう言われたけど、欲しいものは欲しいから仕方がない（笑）。

それを言ったらサブゥーは笑っていた。

未遂に終わったAAA移籍

2003年、俺は本拠地のメキシコCMLLではセミファイナル止まりの選手だった。ちょくちょくアメリカに行っていたから仕方がないが、チャンスが欲しくて「カベジュラ戦をやらせてほしい」とオフィスのトップに直訴しても聞き入れてもらえなかった。

考えた俺はCMLLのライバル団体AAAの社長アントニオ・ペーニャのところに行った。ペーニャとはCS放送のスポーツ専門チャンネルGAORAの撮影で週刊ゴングの清水勉さんがメキシコに来た時、俺はCMLL所属だったけど、一緒にAAAのオフィスに行って会っていたから面識はあった。

俺は「AAAに移籍したい。トーキョー・バイパーズってマスクマンをやるのはどうだろうか?」と提案してみた。

その時、全日本で被っていたダーク・ゲレーラのマスクを持って行っていたから「これを被って、トーキョー・バイパーをやって、マスク脱いでも構わないし、俺はとにかく有名になりたんだ」と訴えたんだ。

ペーニャは頭の回転が速い。答えを保留することなく「わかった。ビザの切り替えの問題もあるから、まずは明日、ＣＭＬＬのオフィスに行って、ちゃんと辞めると伝えてから改めて来い」と言ってくれた。

翌朝、ＣＭＬＬのオフィスに行こうと思っていたら、朝９時に逆にＣＭＬＬのオフィスの方から「朝10時にマッチメーカー室へ来い」という電話がかかってきた。

「お前、次の日曜日は、どこで試合するつもりだ？」

マッチメーカー室に入るなり、そう聞かれた。

次の日曜のＡＡＡのＴＶマッチでシベルネティコの相手がＸとして告知されていた。その大会はＡＡＡの地方興行で、地元の選手を起用するからＸにしていただけだが、ＣＭＬＬは俺がＸではないかと疑っているようだ。

こうなると駆け引きだ。「まだ決まってないけど」って答えたら「これにサインをするんだ！」と出してきたのが、それまで俺が希望しても却下していたマスカラ・コントラ・カベジュラの契約書だった。

相手はオフィスが売り出そうとしていた、マスクマンのアベルノとメフィストという俺らと同じような格の選手だ。

「そのカードは嫌だ。どうせやるならエル・サタニコとやらせてくれ」

アベルノ、メフィストとやったところで、俺の格が上がるとは思えなかったから、そう直訴したらマッチメーカーが怒り出してしまった。散々問題を起こしても使ってやった現地採用の日本の小僧に意見されたから頭に来たのだろう。

そこに現れたのがネグロ・カサス。マッチメーカー室の不穏な空気を察して「どうしたんだ?」と入ってきてくれたんだと思う。

そうしたらマッチメーカーとネグロが難しいスペイン語の単語に変えて、俺にわからないように会話を始めた。

「ノサワ、ちょっと外に出て待っていろ」

ネグロに言われて、部屋を出てから約10分……再びネグロに呼ばれて部屋に入ると「いいか、〝わかりました〟と言って、ここにサインするんだ」。

「はぁ?」と思ったが、師匠に言われたらサインしなきゃなと思って、契約書の対戦カードを見たらネグロ・カサス&エル・サタニコVSNOSAWA&MAZADAに変わっていたから驚いた。

急転直下で試合が決まってしまったので、ペーニャには謝罪の電話を入れて「なぜか移籍話が漏れていた」と伝えた。

円満に辞めることができれば、ビザもちゃんと切り替えができるし、ペーニャには「お前

師匠のネグロと

はＣＭＬＬの契約選手には違いないが、新日本から来た選手のような契約ではなく現地採用の選手だから大丈夫だ」と言ってもらっていたが、移籍するには、ちゃんと段取りして、慎重に事を進めないとダメなんだなと勉強になった。

そこから1カ月ぐらいネグロ&サタニコと抗争して、5月16日のアレナ・メヒコのメインでカベジュラ戦。負けたけど、3週連続で雑誌の表紙になった。

3週間後の6月5日にはパレハ、竹村とIWRGインターコンチネンタル6人タッグのベルトも獲ることができた。

大舞台でマスカラ戦もやった、カベジュラ戦もやった、CMLLのベルトも獲った、毎日一流の選手と試合やっていて、多い時だと週に11試合もある。

そうなると、俺の格は上がったけど、ひと通り全部やっちゃって、CMLLにいてもやることがなくなってしまった。

だからCMLLには希望通りカベジュラ戦をやってもらったけど、やっぱりAAAの方に惹かれていた。この時期のAAAはアメリカン・インディーのエキスも取り入れていて、本当に魅力があったんだ。

ペイントはレイヴェン公認

8月20日にはテネシー州ナッシュビルでTNAに初めて上がった。いきなり「スーパーXカップ・トーナメント」準々決勝という形でフベントゥ・ゲレーラ（通称フービー）との対戦だったから扱いは悪くない。

以前、ＵＰＷという団体でジュニア・ヘビー級のベルトに挑戦する予定だったＸパックが試合までにアルコール依存症のリハビリ・プログラムが終わらず、挑戦者が不在になった時に「お前、土曜日にロスに来られるか？」と連絡してきたのが、ＸＰＷで知り合って連絡先を交換していたコナン。

それを引き受けてから、そこからちょくちょく仕事を貰っていた。そのコナンがＴＮＡの選手兼メキシカンのブッカーだったから、お呼びがかかったんだ。

この２００３年は夏から秋はＴＮＡ、カリフォルニアのＰＷＧ、フロリダのＭＬＷに出ていた。ＭＬＷの9月19日のフォートローダーデール大会ではレイヴェンとシングルマッチをやれたのは嬉しかった。ＴＮＡでも一緒になって面識はあったけど、彼と俺の格を考えれば、まず対戦できない選手だ。

レイヴェンは、日本のファンが受け入れるには時代が早過ぎたのかもしれないけど、あの独特の雰囲気がたまらない。そして頭がいい。試合運びとかプロレスに対する考え方が他の選手とは違う。

そういえば08年8月6日の金村さんのＸＷＦ旗揚げ戦にレイヴェンを呼んであげた。飛行機は俺のマイルで取ってあげたし、60万円ぐらいの貸しがあるはずだけど……あれは一体、どうなったの、金の字（苦笑）？

それはそれとして、俺が目の下にしているペイントは、レイヴェンの公認なんだ。初めてペイントしたのはアレナ・メヒコの試合で、キャラは「パイレーツ・オブ・カリビアン」のジャック・スパロウ。海賊の格好まではしなかったけど、動きとか雰囲気で変な日本人を表現していた。

そのペイントをずっと続けていたけど、レイヴェンの目の下のペイントを見た時に「かっけぇー！」と思って「真似していい？」って聞いたら「ＯＫ！」って。それで俺のペイントは完成したんだ。

レイヴェンとやった後には9月24日のナッシュビルでのＴＮＡのＰＰＶ大会で、Ｘディビジョン次期挑戦者決定戦５ＷＡＹマッチをジェリー・リン、クリス・セイビン、フービー、カザリアンとやった。この４人はこの当時の〝Ｘディビジョン・トップ４〟で、なぜかそこに俺が入れられていた。

この時期はアメリカでの試合が多かったが、引き続きＣＭＬＬのアレナ・メヒコにも出ていた。ただ、試合順は下の方になってしまった。

カベジュラ戦で3桁の結構な金額のギャラを貰ったから、会社的には日本人に稼がせたくないというか、カベジュラ戦を無理矢理組ませて、対戦相手もゴネたりしたわけだから、そりゃあ干されるわ（苦笑）。TVマッチも呼ばれなくなったし。

でもカベジュラ戦の流れはそれまでテレビで大々的にやっていたから、地方大会のプロモーターからは声が掛かって、ネグロ、サタニコ、俺、パレハの4人はセットでメキシコ全土を回っていた。

2度目の全日本は骸骨マスクで

11月には前年9月以来、1年2カ月ぶりに全日本プロレスに参加した。それも歴史と伝統のある「世界最強タッグ決定リーグ戦」である。

前回はメキシコの謎のマスクマン、ダーク・ゲレーラ、そして今回は……骸骨マスクのパルカ・ゲレーラ（笑）。

これには伏線があって、全日本の社長になったばかりの武藤さんとK―1の石井和義館長、総合格闘技PRIDEを運営していたドリーム・ステージ・エンターテインメントが手掛けた、ファンタジー・ファイト「WRESTLE―1」の第1回大会が前年11月17日に横浜アリーナで開催されて、ここに俺はラ・パルカとスペル・パルカをブッキングした。

そんな関係で全日本から「骸骨コンビを最強タッグに出したい」っていう話があった時に

「実は、もうひとり骸骨がいるんですよ」って言って、俺自身がパルカ・ゲレーラに変身して、ラ・パルカ・オリジナルと組んだんだ。だから半分騙したようなものだ（笑）。

マスクを被ってリーグ戦の本戦に出るから武藤さん、川田さんとも試合ができたけど、まったく相手にされなかった。

この時、プエルトリコのK－DOJOからヤス・ウラノ、H·i69も来ていたけど、武藤さんや川田さんは俺のことをその2人と同じような感じで見ていたと思う。ただマスクを被って、メキシコ人と組んでいるというだけで。

武藤さんや川田さんの時代のトップの人はアメリカ、ヨーロッパの選手との試合が主流で、ルチャの選手とはそんなに絡んだこともないから、しっかりした試合にはならなかったような気がする。

ただTNAで一緒だったジャマールやディーロ・ブラウンがいて巡業は楽しかった。

最終戦の12月5日の日本武道館ではザ・マスク・オブ・タイガーを名乗っていた佐山聡さん、ミスター日本カミカゼに扮した新崎人生さんと試合ができたのは嬉しかったけど、自分の中で承認欲求が出てきちゃって「マスクマンじゃなくて、素顔で来たかったな」って。まあ「マスク被ってきます」って自分で言い出した手前、どうしようもないのだが。

ただ、マスクはすごく売れた（笑）。

ギガンテスの死

この最強タッグ終了翌日の12月６日、とても悲しいことがあった。一緒にシリーズに参加していたギガンテスが急性心不全で亡くなったのだ。

この最強タッグで俺は外国人組の移動バスに乗っていたが、ある時、ギガンテスがデカい段ボール箱を抱えてバスに乗り込んできて、みんなにビールを配り始めた。そして俺とパルカには「お前ら、メキシカンだろ」って、わざわざコロナビールをくれた。

そんないい奴のギガンテスが帰国当日、集合時間になってもロビーに降りてこないから、心配になってみんなで部屋に行ったら、倒れていたという。まだ体温があったから、助かるかもしれないと思って、救急車を呼んだけど、間に合わなかった。

その時、俺はホテルに泊まらずに三遊亭円楽師匠……当時の楽太郎師匠の家に泊まらせてもらっていて、そこから成田空港に向かったから何も知らなかった。

同じ便で帰る予定のパルカが空港で泣いていて「メキシコに帰るのが嫌になるほど、日本が楽しかったのかな?」と思って話しかけたら「ギガンテスが死んだ」って。

ちょっと言葉にならなかった――。

お世話になった三遊亭円楽師匠

22年9月にお亡くなりになった三遊亭円楽師匠には本当にお世話になった。円楽師匠の家に泊まっていたのは、メキシコに師匠の奥さんが来た時に、ウルティモ校長から「日本人女性1人だとメキシコでは危ないから、ボディーガードを兼ねてアテンドを頼むよ」って言われて、お世話をして、帰国される時に「日本に帰ってくる時があれば連絡してね」と言っていただいて連絡先を交換したのがきっかけだ。

最初は帰国してもホテル住まいをしていたけど、ホテルはつまらないから「師匠の家に泊まってもいいですか?」ってお願いしたら……04年に全日本を主戦場にするようになってからはメキシコと日本を行き来しながら、何だかんだ泊まるというより半年近く住まわせてもらった。

俺の部屋は1階の入口からすぐのゲストルームみたいな所で、お風呂とトイレが2階に上がらないとないので、師匠に「ちょっとトイレを……」とか「お風呂も混むといけないんで」とか言ったら、1階にユニットバスを作ってくれて、我が家のように住まわせてもらっていた(笑)。

師匠にはゴルフにも連れて行ってもらって、ゴルフクラブも頂いた。

師匠も奥さんもプロレスが大好きで、その頃は全日本のリングサイドの年間シートを持っていて、よく観に来てくださり、ご馳走もしてもらった。

御恩は一生忘れません！

俺の人生は何をやってもうまくいく！

２００3年の最強タッグの途中で、当時の全日本のマッチメークをやっていた渡辺秀幸さんに「今回はマスクを被って来ちゃいましたけど、本当はＭＡＺＡＤＡとそこそこ売れているんで、次回から素顔で２人セットで呼んでもらえませんか？」と、お願いした。

渡辺さんは、かつて新日本のマッチメーク委員会の委員長。武藤さんと一緒に全日本に移籍した時には猪木さんが「新日本の頭脳を取られた！」と言ったという。

その渡辺さんに二つ返事で「1月はすぐ開幕するから間に合わないけど、２月のシリーズから呼ぶことにするよ」と言ってもらえた。

「俺の人生、何をやってもうまくいく！」

たぶん、この頃の俺はそう思い込んでいた。メキシコでも休みがないくらい試合に出て、アメリカでもインディー団体を総ナメして、ＴＮＡにまで出るようになっていた。周囲を見たら有名な選手ばかりで、感覚的に満たされていた。そこにはファン気分もあるし、最初はメキシコで長い食パンを食べていた現地採用の小僧が、小さな闇試合の会場から大きな会場で試合ができるようになって、アメリカのＰＰＶ大会や、マスクを被ってとはいえ、全日本にも呼ばれるようになって「景色はどんどん変わっていくんだな」って。

「俺には需要がある！」と勝手に思っていた。

第4章 地球規模でプロレス満喫

素顔での全日本第１戦は勝手にハードコア

俺がパレハと素顔で全日本のリングに初めて上がったのは２００４年2月の「エキサイト・シリーズ」。気心が知れているバンピーロと一緒だった。

バンピーロと初めて会ったのは01年5月のＸＰＷのロス大会。スペイン語で「お前、どこで働いているんだ？」と聞かれて「アレナ・メヒコで働いている」って言ったら「あっ、それならまたすぐ会えるな」って、着ていたＴシャツをくれた。

「あっ、いい人だな！」っていうのが第一印象だった。

その言葉通り、翌週の5月29日のアレナ・メヒコで「なっ！　すぐ会っただろ？　俺、今日からここにカムバックするから」って声を掛けられた。

バンピーロは俺がメキシコに住む以前に、ロックスターのキャラでＣＭＬＬでアイドルになり、その後はＵＷＡ世界ヘビー級チャンピオンになったり、プロモ・アステカやＷＣＷで活躍した有能な選手なんだ。

出会ってからはメキシコではＣＭＬＬ、ＡＡＡ、アメリカではＴＮＡ、ＭＬＷ、ＸＰＷ、ＪＣＷで一緒になったし、プエルトリコ、イタリアにも一緒に行っていて、今も連絡を取る

素顔での全日本初登場はバンピーロと共に

くらい仲がいい。腐れ縁だ。

バンピーロと俺の共通点といえば全身のタトゥー。いつからタトゥー入れだしたのかは憶えてないけど、２０００年の初め頃には入れていたと思う。

メキシコで漫画「北斗の拳」を読んでいて「これだ！」って思った俺は、その漫画を持って店に行き、「これと同じやつを入れてくれ」って南斗五車星の雲のジュウザと同じやつを入れてもらった（笑）。

日本だと、タトゥーっていうと変な風に思われるけど、海外で暮らしていたら、普通にみんな入れているから、それが当たり前という感覚になるんだよ。

全日本での素顔第1戦に話を戻すと……2月11日、後楽園ホールで俺とパレハ、このバンピーロのトリオでグラン浜田&保坂秀樹&Hi69と激突した。

メキシコからの逆輸入という形だけど、空中殺法を期待されても違うし「こういうのをやった方が全日本のファンに嫌われるんじゃないか」と思いついたのが、XPWのバトルロイヤルで対戦したことがあるニュージャックがやっていたハードコア。

実際には、俺はアメリカでもメキシコでもやったことはなかったけど、日本に到着してからトラッシュ缶（アルミ製ゴミ箱）を買って、その中にパソコンのキーボードや竹刀、ゴルフクラブ、ギターとか凶器を詰め込んでリングに上がり、やりたい放題にやって、最後は俺がDDTで浜田さんをフォールした。

「普通に試合するよりもインパクトを残せるなら、失敗してもいいいか」って開き直ってやっちゃったんだ。人と違うことをやらないと生き残れないからね。

「爪痕を残すにはどうするか⁉」っていうことをまず考える。それがコネもなく、現地採用で生きていたプロレスラーの感性なんだよ。

京平さんの説法

「てめぇらのやってることはプロレスじゃねぇよ！　全日本に二度と呼ばねぇ！」

試合後、京平さんが控室に怒鳴り込んできて、めちゃくちゃキレられた。

「レフェリーの前で反則を堂々とやって、タッチもしねぇで！　プロレスのルールも知らねぇのか⁉」って、キレられて「ああ、確かに。そうか、タッチはちゃんとしないとダメなんだな」って。ノータッチのメキシコスタイルが完全に体に染みついていたから。

翌日、会場で京平さんに「今日、俺たちの試合のレフェリーをやってください」って言ったら「はぁ？　てめぇ、誰に言ってんだ⁉　何で俺がお前らのレフェリーやんなきゃいけねぇんだ！」って、またキレられた（苦笑）。

「いやいや、違うんですよ。京平さんが昨日言っていたことを頭に入れて試合するんで」

「あっ、そうか」

それから京平さんが俺たちの試合を裁いてくれるようになって、毎日試合が終わるとダメ出しされて……それで京平さんと仲良くなった。

巡業中、一緒に夕飯を食べるようになって「馬場さん、どんな人だったんすか？」とか

「鶴田さんは？」とか、いろいろ昔話を聞かせてもらって楽しかった。

「お前らが物を持ってくるのは全然いいんだけど、いかにレフェリーの目を誤魔化してわからないように使うとか、そういうところをちゃんとやらないと、お客さんは面白さが半減するんだよ」って言われて「なるほど！」って。

あとは「ロープに足を乗せてタッチするな」とか、細かいルールをいろいろ教わった結果、俺たちもタッチロープを握って試合する癖がついた。

「本当はロープから身を乗り出して、サードロープに足乗せてのタッチなんて認めたくないんだよ。それがあるからタッチした、しないだけでも緊張感が出るのに、今の若い奴らはそういうのも知らないし、覚えようとしないから、適当にやるだろ」とか、プラスになることばかり教わった。

だから全日本に出るようになって、だいぶ経験値が上がった。

武藤さんと過ごした時間

このシリーズのどこかの会場のトイレで武藤さんに「おい！」って話しかけられた。毎日凶器を使って大暴れしているから怒られるかなって思ったら――。

「お前ら、面白いじゃん！　次、いつ来るんだよ？」

「武藤さんに来いって言ってもらえれば、いつでも来ますんで」

それでマッチメークを担当していた渡辺さんに話をして、会議でカズさんが「野沢君は女性で国変えてるから面白いですよ（笑）」って話をしたら、そこからレギュラーで呼ばれるようになった。

武藤さんともだいぶプロレスの話をした。

接待とかですごくきれいな女性がいるラウンジみたいなところに連れて行かれて、俺らは女性と話したいのに、武藤さんに「おい、野沢！」って呼ばれて、ずっと武藤さんと話をしないといけない（笑）。

「それでよ、次はいつアメリカ行く？」とか、ずっとプロレスの話をしていた。

「夢のある話をしようぜ」って（笑）。

たぶん、誰と一緒に過ごすかでプロレスラーの人生は変わるんじゃないかと思う。

武藤さんは24時間プロレスのことばかり考えていたけど、それは今も変わっていないんじゃないかな。

新日本のLA道場にも出場

全日本の2月シリーズ終了後は一度メキシコに戻り、3月3日にテネシー州ナッシュビルでのTNAのPPV大会に出て、6日には新日本のLA道場の大会に出場した。

前年の暮れ、すでに2月からの全日本参戦が決まっていたのに「1・4東京ドームで新日本が他団体と対抗戦やるなら、俺たちがCMLL代表としてドームに乗り込んでやる！」って、勝手に新日本ジュニアに宣戦布告したのに、まったく相手にされなかった（笑）。

その時は「カテェな」って思ったけど（笑）、00年から02年前半くらいまでXPWがカリフォルニアのローカルテレビで番組をやっていたから、俺の名前はカリフォルニア地区ではそこそこ知れていて、サイモン猪木さんからメキシコに電話がかかってきた。

「今度、カリフォルニアのテレビで『TOUKON EVENT』って大会をやることになったんだけど」ってオファーされて「ギャラを貰えるなら行きますよ」ということで、全日本に出た直後なのに新日本のイベントに出ることになった。

この大会では中邑真輔がケン・シャムロックとエキシビションをやって、田中稔さんがヒートとしてアメリカン・ドラゴン相手にIWGPジュニアの防衛戦をやった。

俺はパレハと組んでアラン・アギレラ&ジョーイ・ライアンに勝った。アギレラは、のちに全日本で変な人気が出たゾディアックだ。

ＬＡ道場とは言っても、まだ道場は完成していなくて、バーみたいな会場での試合。チャイナの歌のライブもあり、Ｘパックが段ボールにビールいっぱい抱えてチャイナに差し入れしていた。

「へーイ、ノサワ！」って酔っぱらっているＸパックを見たパレハが「ヤバいですね、あれ。ライトニング・キッドですよね？　すげぇショックです（泣）」（笑）。

俺とパレハは会場に着くとすぐに喫煙所に行って「出番、まだですかね？」って言っているようなタイプなので、この時、初めて中邑君に会っているんだけど、あんまり会話した記憶はないいな。

スカウトされてＷＷＥ社会科見学へ

ＴＮＡでは英語で何か言われても、適当にわかったふりをして笑顔で頷いていた。

そうしたらＴＮＡとＷＷＥは別会社だけど、エージェントの横のつながりで、ＷＷＥのトム・プリチャードがＴＮＡの誰かに「ノサワっていうのがそっちにいるけど、彼は英語を喋れるのか?」って聞いて「喋れるよ」って言われたらしく、俺は唐突にWWEに呼ばれた。

プエルトリコからメキシコに戻ったくらいの時期だと思う。

「大変です！ ニューヨークからオファーが来ました！」

普段のやりとりはEメールで、よほどのことがない限りは電話で話をしないエージェントのポールから興奮気味に電話がかかってきた。

WWEの番組にKENSOさんが登場する前で、英語を喋ることができる日本人の選手を探しているということだった。

WWEから貰ったチケットでニューヨークに行ったら、空港に凄いリムジンが迎えに来て、夜だったので、そのまま1泊500ドルはするような高級ホテルに連れていかれた。ツインタワーホテルって名前だったかな？

部屋に入って休もうとしたら、ジョンと名乗る人物から電話がかかってきた。ジョンなんて知り合いはいないから「誰だよ？」と思ったけど「とにかく下に降りてこい。スシ・バーに行こう」って誘われた。

俺は疲れているし、ジョンなんて奴は知らないから、断って電話を切ると、しばらくしてまた部屋の電話が鳴り出した。

「いいから下に降りてこい！」

「疲れているから」って、ガチャン！

一応、ポールに連絡してみた。

「ジョンって奴、知ってます？」

「わからない」

「2回も電話がかかってきたけど、行った方がいいんですかね？」

そうしたら3回目の電話がかかってきて、めっちゃキレてるから「わかった。降りていくから」ってロビーに降りたら、どこかで見たことがある人物が……。ジョニー・エースだった（笑）。

ジョニー・エースの本名がジョン・ローリネイティスなんて知らなかったから「ジョニー・エースって言ってくれないとわかりませんよ」（笑）。

「スシ・バーに行こう」って言うから「アメリカのものが食べたいです」って言って、ホテル内の高そうなピザ屋に連れていってもらったら、WWEのアナウンサーのミーン・ジーン（・オカーランド）もいて、3人で食事をすることに。

ジョニー・エースが「フェイマス・アナウンサー」ってジーンを紹介してくれたけど、俺は「何か見たことあるけど……」みたいな程度で、名前を言われて挨拶されても聞き取れないし、聞き返すのも失礼かなと思って、その時は誰だかわからないままだった（笑）。

食事中に「WWEに誰か知り合いはいるのか？」って聞かれて「レイ・ミステリオを知っている」って答えたら、ジョニー・エースがその場でミステリオに「今、ノサワと一緒にいる」って電話して、代わったらミステリオが「この会社は一旦入れば、とことんテイクケアしてくれるから、一緒にできるなら最高だ。本当に良かった！」って言ってくれた。

ミステリオとの電話が終わったら、今度は「日本人では誰かいないのか？」って言われたので「もちろんTAJIRIは知っている」って言ったら、またエースは電話をかけて俺に代わった。そうしたらTAJIRIさんの第一声は「何で来てるの？」。

「いやいや、俺、自分で来たいと言って来ているわけじゃないです。俺もよくわかってなくて、呼ばれたから来てるだけで」

その冷たい態度には、ミステリオとの温度差を感じた。のちのち十数年経ってから一緒に酒を飲んだ時に、そのことを言ったら「あの時の俺には余裕がなかったんだよ。誰かが入ってくると誰かが弾き出される。そういう世界にいたから」って言われて、俺って意外と脅威の存在だったんだなって思ったりして（笑）。

話を戻すと、なぜ食事に呼ばれたのかもよくわからないまま解散。

翌日、ホテルにトム・プリチャードが迎えに来てくれて、挨拶したら「ん？　お前、あまり英語が得意じゃないのか？」って言うから「俺、英語は喋れませんよ」と答えると「ええっ？」って顔をされた（笑）。

ジョニー・エースは日本に長年来ていたし、日本語を交えながらわかりやすい英語で話をしてくれて、全日本時代のことを聞かせてくれたり、楽しい話をしただけで、ここからが本番のビジネスの話だ。

まずコネチカットの本社に行って、ビンス・マクマホン、エージェントのマイケル・ヘイズに挨拶して、ＫＥＮＳＯさん、奥さんでマネージャーのヒロコ（浩子）さんにも会った。

「俺のパートナーだから」

ＫＥＮＳＯさんにそう言われたが「いやいや、俺、わけがわかんなくて呼ばれてるんですけど、何なんですか、これは？」って。

ＫＥＮＳＯさんは当初、ケンゾー・スズキじゃなくて、リングネームがヒロヒトになる予定だった。俺はそのマネージャー役ということで「スーツに着替えて、喋ってもらう」と言われて、英語がわからないのに、スタッフに10ページもありそうな台本を手渡されてしまった。そして、ろくに喋れないのに結構な数のプロモ映像を撮影した。

その後は当時の「タフ・イナフ」という番組を撮影していた道場に移動することになり、そこにトミー・ドリーマー、スティーブン・リチャーズがいて、初対面のこの２人と５分ずつ試合をたくさんやらされた。そこにＫＥＮＳＯさんも加わったりして、トータルで２時間ぐらい試合をやっていたと思う。

試合後は対戦した2人、プリチャード、KENSOさん夫妻と一緒に寿司屋へ。やっぱり日本人だと寿司屋に連れて行かれるんだ（笑）。

トミー・ドリーマーが「見ろ！　これがECWスタイルだ！」って、ずっとワサビだけ食べていて「何だ、この人⁉」（笑）。

最後にもう一度会社に寄って、500ドルのチェックとTシャツを貰い、社会科見学みたいに会社内を少し案内された。

会社の偉い人に会って、プロモを撮って、道場で試合して、会社を案内されて、お金とグッズを貰って、またリムジンで送ってもらったというのが俺のWWE体験（笑）。

「PPVの『バックラッシュ2004』が終わったら連絡する」と言われたが、連絡は来なかった。

「試合はグッド！　ただ、どうにか英語が喋れないか」とプリチャードに言われたから、たぶん、誰をキャスティングするかの問題だけで、キャラクターは出来上がっていたのだろう。英語が喋れたら、俺はWWEに入れたかもしれない。

英語はいまだにダメ。とはいえプロレスラーだから、簡単な英語というか、ニュアンスはわかる。レスラーとしての感性が近い選手なんかだと、ニュアンスでちゃんと言ったことが伝わっているんだけど、感性が違う選手にはいくら言っても「何で？」という顔をされてしまう。もちろん言葉は大事だが、俺の27年のキャリアから言わせてもらえれば、ニュアンスだけで通じる選手というのは出世すると思う。

邪道さん、外道さんを意識していたが…

この頃、ＴＮＡは水曜日にテネシー州ナッシュビルでＰＰＶをやっていて、５月からは木曜日にフロリダ州オーランドでＴＶショー「ＴＮＡインパクト」の録画撮りが始まって結構忙しかった。

当時、意識していたのは邪道さんと外道さん。海外では邪道＆外道、パニクラの都市伝説みたいなエピソードをたくさん聞かされていた。

少し説明しておくと、パニクラっていうのは邪道さん、外道さんのユニバーサル・レスリング連盟時代のリングネームだ。外道さんがブルドッグ〝パニッシュ〟ＫＴ、邪道さんがクラッシャー〝クラッシュ〟ＳＺだからパニッシュ＆クラッシュで、略してパニクラ。

ＫＴは外道さんの本名・高山圭司のイニシャル、ＳＺは邪道さんの本名・秋吉昭二の昭二のオシャレなやつ（笑）。

2人はメキシコで相当ひどい暮らしをしていたとか、邪道さんは銃で撃たれたのをよけたとか、プライベートでの武勇伝みたいな話も聞いていたし、タッグチームとしての評判も聞いていた。

日本人タッグチームというと、まず邪道&外道の名前が挙がる。インディーから這い上がった成功者というか、パイオニアだから、やっぱり意識した。

その邪道&外道と5月13日の後楽園ホールでの新日本ワンマッチ興行で戦うことになった。メキシコで一緒だった竹村とのつながりで出ることになったが、全日本の6月シリーズに出ることが決まっていたから、そこはちゃんと筋を通して、新日本に出た後に日本を一度出て、アメリカで試合をしてから改めて日本に戻ってきて全日本に出るようにした。

01年8月のW★ING興行でキクと組んでやった時は、W★INGっぽい、凶器持ち込み自由の試合で、ちゃんとしたプロレスルールの試合ではなかったから、これが本当の意味での初対決だ。

「手が届かないわけではなさそうだな。俺らが追いつくのも時間の問題じゃねぇか？　俺らの方が若いんだし、この辺から潰していかなきゃいけないいな」なんて、俺らは天狗になっていた。

試合はセコンドに付いていた竹村になぜか裏切られて、パレハが外道さんのスーパーフライにやられたけど、俺は「汚ねぇよ、バカ！　もう出ないからな、こんな会社。ふざけやがって。使い捨てなんかじゃねぇぞ。俺らの方から出ないからよ！」って、生意気なコメントをしたのを憶えている。

でも、実際には対等にもなっていなかった。違う世界では俺らも上がっていたかもしれないけど、日本に帰ってきて見渡したら、何にも変わってないというか。

この頃の俺は勘違いしていた。

海外に来る日本人選手たちとの温度差

邪道さん、外道さんと試合をしてすぐにアメリカに発った俺は5月19日にナッシュビルでのＴＮＡのＰＰＶ大会に全日本の平井伸和選手、土方隆司選手とのトリオで出場した。

平井、土方は全日本からの会社ブッキングで、俺は個人ブッキング。ＴＮＡのＸディビジョンで「ワールドカップ２００４」という企画があり、出場チームに日本人が欲しくて、ブッキングに関わっていたディーロが全日本から平井、土方を借りてきたわけだ。

試合の相手はアビスモ・ネグロ＆ミステル・アギラ＆ヘビーメタルというルチャのトップどころ３人で、こちらはルチャ未経験者が２人いるから、実質１対５みたいな試合だった。

ただ、俺も自信あったし、逆の発想で、失礼ながら「しょっぱい2人が来てくれてよかった！　これでしばらくTNAで生き残れる！」って。

相手の3人はいずれも対戦するのは初めてだったけど、試合はよく観ていたトップ3人だから、俺はラッキーくらいに思っていた。

でも、対戦相手はAAAの選手だから、この試合に出たことでCMLLからはめちゃめちゃ怒られた。

メキシコに戻ったらオフィスに呼び出されて「これは何だ！　お前は全日本に行っていたんじゃないのか？」ってキレられてしまった（苦笑）。

その後、6月には全日本から宮本和志が武者修行でTNAに来た。俺は会場近くのホテルに泊まっていて、宮本君はディーロの家に泊まっていたから、会場でしか会わなかった。

プロモーターのジェフ・ジャレットに「あいつは何で毒霧をいきなり噴くんだ？　あれは意味がないだろ。オマエが注意しろ」って言われたから、そのまま伝えたけど、それでもまだ繰り返して噴くから、すぐに呼ばれなくなった。それがアメリカ・マットのシビアさだ。

来た当初は一緒に組んでアメリカス・モースト・ウォンテッド（クリス・ハリス＆ジェームス・ストーム）のNWA世界タッグに挑戦したんだけどね。

俺もパレハもメキシコで家を買って、覚悟を決めて生きていたが、日本から来る選手の多くは腰掛けで海外に来て、日本の話をずっとしていたという印象が強い。

俺とパレハからしたら「こいつら、何を言ってるんだろ？」って感じだった。

全日本に出る前なんて、別に日本でのし上がってやろうなんて思ってもいなかったし、竹村がメキシコに来た時なんかも「新日本に帰ってからどうしよう？」なんて考えていたから「そんなんじゃダメだよ！　俺たちはここでのし上がろうとしてるんだから！」って言って、喧嘩になったこともある。

日本に帰る選択肢はなかったし、そんな価値観で必死に生きていたからこそ、天狗にもなれたんだと思う。

日本と海外を往復する日々

6月は23日と24日にTNAで宮本と組み、26日にはサンタモニカに完成した新日本のLA道場の「TOUKON EVENT」でパレハと組んで新日本ジュニアで活躍しているTJP……当時のピノイ・ボーイとリッキー・レイエスのコンビと試合をした。

この時期、LA道場にいた矢野通選手、髙田道場を辞めて猪木事務所入りした浜中和宏選手とよく飲みに行って「チーム矢野」を結成していた（笑）。あの2人はレスリングの先輩後輩だったのかな？

「水曜からTNAがあるから帰るのが面倒なので、内緒でここに泊めさせてよ」とサイモンさんに言って、あの頃はよくLA道場で寝泊まりしていた。

あの頃は全日本のシリーズ終わりでメキシコに帰る前にロスに寄って、LA道場で練習して、サンタモニカでぶらぶら（笑）。

全日本にレギュラー参戦するようになってから6月1～5日のシリーズはカシン先輩とタッグを組んだけど、7月4日開幕のシリーズのために日本に戻ってきた時にはカシン先輩はなぜか全日本を解雇になっていた。

そして5月の新日本のワンマッチ興行で、俺とパレハを裏切ったはずの竹村が全日本に来て、3人でターメリック・ステンレスというチームを結成した。

本間朋晃と宮本和志のターメリック・ストームをバカにして結成したんだけど、そんな悪ふざけをしていたってことは、俺はたぶん、精神的に疲れていたんだ（笑）。

全日本の7月シリーズ開幕戦の4日は後楽園ホールの昼興行、そして夜はTAKAみちのくに騙されて千葉のBlue Field（現・2AWスクエア）で俺の自主興行をやることになり、ダブルヘッダーになった。

TAKAさんとはダラス空港土下座事件からの付き合いだし（苦笑）、全日本で一緒に仕事をするようになったんだけど、要は「K—DOJOの会場を使ってくれ」っていう話で、前日まで海外にいたからプロモーションもできない状態で自主興行をやらされたんだ。

名付けて「NOSAWAボンバイエ〜俺だけの邪道〜」……って、猪木さん、川田さん、大仁田さんに怒られそうな大会名だ（笑）。

大会名のお陰か、100人を超えるお客さんが来てくれて、野沢一茂、マスクマンのダーク・ゲレーラ、そしてNOSAWAの三変化で、ひとりで3試合やった。やっぱTAKAみちのくに騙された！

7月シリーズが13日に終了すると、15日はTNAのオーランドのTVマッチ撮り、16日と18日はオハイオ州ガレッツビルのJCWに出て、18日大会でJCWヘビー級のベルトをキッド・キャッシュに奪われた。

それからメキシコに帰って23日にCMLLのアレナ・メヒコに出て、再びアメリカに戻って25日はサンタモニカでの「TOUKON EVENT」、コナンのブッキングで31日にアナハイムのUPW、8月は11日にTNAのナッシュビルのPPV、14日にフロリダ州ココナッツクリークのCCW、29日にはウルティモ校長に言われてアレナ・コリセオの闘龍門MEXCO自主興行に出た。

校長には「カードはお任せで」って言っていたが、よりによって奥村と組んでの3WAY

マッチだったから試合の途中で帰っちゃった。これが本当の試合放棄（笑）。

でも、特別レフェリーで来ていたタイガー服部さんが「野沢はいいね。悪いことして、逃げる時はサーッと逃げる。昔のレスラーを見ているみたいで、彼はいいよ！」って言っていたと聞いて嬉しかった。

服部さんとはLA道場で会うようになって、「ユーは何なの？」って言われたから「メキシコに住んでいて、出稼ぎに来てるだけですよ」って（笑）。そこから仲良くなったんだ。

全日本にレギュラーで上がるようになってから、シリーズとシリーズの合間にこうしてメキシコやアメリカで試合をしていたから、本当に休みがなかった。

「俺は世界を飛び回る売れっ子だ！」って天狗になってしまうのも仕方ないよね。

天龍さんの逆鱗に触れる

若かったから怖いものは何もなかった。

先輩レスラーに対してリスペクトはあったけど、俺はフリーとして生きてきて、団体内での上下関係とかはないから、生意気だったに違いない。

試合して怖い、ヤバいと思ったのは天龍さんだけ。今でも怖いのは天龍さんしかいない。

もし、天龍さんの全盛期に当たっていたら廃業していたかもしれない（苦笑）。

事の発端は東京スポーツに載った俺の発言だ。

9～10月シリーズでパレハと組んで天龍さん、渕さんのアジア・タッグへの挑戦が決まったから、メキシコでリンゴ・メンドーサとの試合後に「今日の試合のように、天龍のクソジジイ、親父狩りしてやる」ってコメントを出したんだけど、それを天龍さんが読んでしまったからヤバいことになってしまった（苦笑）。

俺とパレハはいつものように開幕直前に日本に戻ってきて、空港に迎えに来た全日本のバスの中で東スポを読んでいたら「名もなき選手が挑戦できるなんて、アジア・タッグは価値がなくなった！」って天龍さんが怒りのコメントを出していて「何だろう、これ？」って。

10月11日、後楽園ホール。天龍さんの入場曲のイントロの雷が鳴った瞬間、鳥肌が立った。「俺、天龍源一郎とアジア・タッグを賭けて試合するんだよなあ」ってすごく興奮したのを憶えている。

でも、天龍さんは本気で怒っているみたいで「たぶん、やられるんだろうなあ……」っていう思いが頭をよぎったが、そこは俺とパレハの悪いところで「どうせやられるんなら、先にやっちゃいますか！」って天龍さんより先に俺がグーパンチをやっちゃった！

案の定、ボコボコにされて、目からも流血しちゃったけど、最高だった（笑）。

天龍さんにボコボコにやられた記念試合

天龍さんにボコボコにやられた挙句に渕さんにもバックドロップを7発もやられた。今思うと「何なんだよ⁉」って思うけど、あれは俺にとって記念。天龍さんがギリギリまだ尖っている時代に当たることができて「間に合ってよかったな」って思う。思い出って言い方はあまり好きじゃないので、やっぱり記念だ。

天龍源一郎に1回やられているって、プロレスラーとしてカッコいいじゃない。「目から血を出してやられたんだ！」って……武勇伝だよ！

試合中はもっと怒らせようと思って、いろいろやったけど、相手にされなかった。こっちのペースでもっと怒らせてやろうと思っても、そこまでできなかったというか、相手にされなかった。視界にも入らなかった、何もさせてもらえなかったんだ。

悔しさと嬉しさが入り混じった大切な記念。

そのあと、巡業中にトイレに行ったら天龍さんと会って、挨拶するとバンッて叩かれて「痛いのはここか？」って（笑）。

あと巡業中の帰りのバスで天龍さんがみんなに酒を買ってきてくれて、俺もゴチになっていたら「おい、野沢！　今度クソジジイって言ったら、ぶっ殺すからな！」ってスゴまれたのは仕方ないが、続けて「おい、正田！　オマエ、福井には時々帰っているのか？」って、同郷のパレハには優しい言葉。俺だけひとりお通夜状態のバスだった（笑）。

それから6年くらい、天龍さんとは疎遠だった。

NOSAWA論外に改名した舞台裏

シリーズ最終戦の10月31日、両国国技館ではAKIRAさんを相手に世界ジュニア王座を防衛したカズさんに挑戦表明して「お前は論外だ！」って言われたけど、実際に俺はこの日、論外なことをしていた。

前日は円楽師匠の家に泊まっていて、師匠夫妻と家の前にある焼鳥屋「大吉」で飲んでいた。師匠が「アジア・タッグで源ちゃんにやられたんだって？」って、天龍さんに電話しようとしたりして、楽しく飲んでいたんだ。

で、朝起きて、両国に行く支度しようとしたら……リングシューズが片方だけない！　二日酔いで苦しみながらも、どんなに探してもリングシューズが片方だけ見つからない。

会場の入り時間が迫ってきたから、とりあえずリングシューズではなく、レスリングシューズだけバッグに入れて、二日酔いのまま会場に行ったら、いきなり馳先生に会ってしまい、軽く挨拶すると「お前、酒臭いな！」。

「大丈夫です、大丈夫です」って言って、そそくさと控室に入り、師匠の奥さんにメールで

「リングシューズ、見かけませんでしたか?」って送ったら「知らなーい」という返事。諦めかけていたら、師匠の息子さんの一太郎君（現在は落語家&声優）から「冷蔵庫の中にリングシューズがあったよ」っていう連絡が（笑）。

前日はK—DOJOの試合に出ていたから、会場に忘れてきたのかもとも思ったが、まさか酔っ払って冷蔵庫の中に入れたとは。

事なきを得て、カズさんに挑戦表明したら、まるで全てを見透かしていたかのように「お前は論外だ!」ってビシッ!

「論外だ!」って言われて、「はい!」ってリング上で言った以上、ちゃんと会見を開いて年末の最強タッグからNOSAWA論外に改名したけど、そこから全日本ファンに受け入れられ始めたという感覚があった。

一生懸命受け身を取っているのが伝わったのかなって。

世界ジュニア戦から論カズを結成!

自分の試合を自己評価するのは好きではないけど、この2004年12月5日に両国でカズさんに挑戦した世界ジュニア戦は記念に残る試合の1つだ。

論カズ！

カズさんはプロレスラーとしては本当に隙がないというか、隙がない中にも遊び心を持っている。相手に合わせて試合をしながら「俺はそっちに合わせても絶対に負けないよ」っていう自信を持って試合している感じ。日本人で世界に通用する数少ない選手の1人だ。

だからカズさんは、めっちゃ損をしているなって思う。欲がない人なのかもしれない。ナルシストだけど（笑）。

本当は最後にもう一度戦いたかった選手だったんだ、カズさんは。

話を戻すと、この世界ジュニアの試合が終わってからカズさんと組みたくなった。

「小島さんとカズさんのコジカズがあるんだから、俺とカズさんの論カズがあってもいいんじゃないですか？」

「何で野沢君の名前が先なの？」

「カズ論じゃ言いにくいんだから、論カズでいいでしょ（笑）」

こうして論カズが誕生した。この時、俺は論カズとして本気でＣＤデビューしたかったから、それが唯一の心残りだ。

05年３月１日、六本木のクラブ「ガスパニック」で論カズ決起集会をやった時にカズさんも「お前がやりたいなら俺はバックアップするよ！　ゆくゆくはタッグ・チャンピオンとしてＣＤデビューだな」って言ってたから、約束はちゃんと守ってもらわないと（笑）。

あの決起集会は俺もカズさんもベロベロに酔っぱらった。

初めはショットグラスにお茶が入っているって聞いていて、いざ会見が始まってカズさんがグラスをグッと飲み干したら、笑い出しちゃった。

俺もグッって飲んだら「ん？」。お茶じゃなくてテキーラ（笑）。

ドンドンお代わりを持ってこられちゃって、上機嫌になったカズさんはろれつが回らなくなって、本当にグダグダな会見になってしまった。それが論カズ！

新展開！　論カズwith T

真面目なことを書くと、論カズを結成した時に「全日本の一員としてＴＡＫＡみちのくの世界ジュニアに挑戦する」って言ったのはいいものの、俺はあまりタイトルマッチが好きではない。
3月1日に決起集会をやって、3月20日の後楽園でタイトルマッチが組まれたのは、需要があったということなんだろうけど、シングルプレーヤーとしては俺は力不足だった。
TAKAさんに敗れた俺は新しい展開として、今度は世界ジュニア王者のTAKAさんも味方に引き込んで〝全日本ジュニア活性化とブードゥー・マーダーズの撲滅〟を掲げて論カズwith Tを結成した。
論カズwith Tをやりながら、武藤さんとタッグを組んだり、フリーではあっても俺が全日本の一員としてやっていく流れは、ごく自然にファンに受け入れられたと思う。
ちなみにwith Tは、サスケさんと高野拳磁さんがCDデビューした時のザ・グレート・サスケwith Tからパクッたもの。みちのくプロレスでギターを弾きながら歌っていたんだ。
論カズwith Tのお披露目大会になった6月14日の新木場の「NOSAWAボンバイエ2」はチケットが即完売。前の年にはTAKAさんに言われて第1回大会をやって、この時は会場人気が出てきたから全日本から「やれ」と言われて。お世話になっているから「はい」としか答えられなかった。単なる名義貸しだから1円も貰っていないんだ（苦笑）。

スペース・論・ウルフは失敗作

論カズwith Tはよかったが、6月15日の東金アリーナでの「アジア・タッグ王座決定トーナメント」1回戦でパレハと組んで負けて、それから関係がギクシャクして、7月28日の代々木で追放マッチをやって……負けた。

パレハからは「また一緒にやろう！」って言ってもらったけど、俺はそれを拒否して、8月からスペース・論・ウルフというマスクマンに変身した。

久々にマスクマンをやってみたくなって「論外」だから、スペース・論・ウルフ。「これはイケるな！」って（笑）。

もちろんイメージは武藤さんのアイドル時代のスペース・ローンウルフ。どこかのトイレで武藤さんから「お前ら面白いな！」って言われた時から武藤さんに憧れもあって、武藤さんの真似をしたくなった。

でも、実際には大失敗だった。ムーンサルト・プレスはできない技ではなかったが、キャラ的に「何か、そうじゃないよな」って。今のノア・ジュニアの選手のように、とにかく技を出せばいいという選手にはなりたくなかったというか。

それと「あんなのは簡単にできる」と思っていたスペース・ローリング・エルボーができなかったのは計算違い。

「全日本のお客さんが受け入れてくれているのに、マスクを被ってみたら、何にもできないじゃん」っていう葛藤があって、やっていて自分でテンションが下がってしまった。

自分の思い描いていたスペース・論・ウルフとは違っていたんだ。

ただ、1回だけ武藤さんとタッグを組めたのは嬉しかった。

8月30日の北海道・旭川での8人タッグで武藤敬司&曙&カズ・ハヤシ&スペース・論・ウルフが実現したんだから、今考えると夢のようなカルテットだ。

横綱がプロレスに本格転向して最初のシリーズだったね。

メキシコではAAAに初登場

日本でNOSAWA論外からスペース・論・ウルフに変身した俺は、メキシコでは9月18日にCMLLからAAAに移籍して、エル・トレオでのビッグショー「ベルノ・デ・エスカンダロ」に出場した。

アトール&スンビートとのトリオでアンティファファス&エル・アンヘル&エストレージャ・

ドラダJr.との６人タッグで、俺たちにはすでに「ロス・クレージー・メンズ」というチーム名が付いていた。

移籍１発目がビッグショーなんて、俺かウルティモ・ドラゴンぐらいしかいない。

実際にはこれ以前にＴＮＡでＡＡＡの選手と試合をして怒られていたし、前年暮れの12月17日、28歳の誕生日にＴＮＡでお世話になっているコナンが久々にメキシコで試合をすると言っていたので、ＡＡＡ系のソチミルコの大会に顔を出したら「お前、乱入しろ！」って言われて、試合はしなかったけど、乱入していた。

そして年明け２００５年１月28日の後楽園ホールでのＡＡＡ日本公演にＴＮＡ代表のＸとしてタイガー・エンペラー＆ＴＡＫＡみちのくとのトリオで出場していたから「またＣＭＬＬのお偉いさんに怒られるのは嫌だな」っていう気持ちがあった。

この時、ＧＡＯＲＡの番組出演でペーニャが日本に来ていて、久々に会うと「ＡＡＡに来ないか？」って言われたから、エル・トレオには以前も出たことがあったけど「超満員のトレオに出られるんならジャンプ（移籍）する」と。

ＣＭＬＬではマスカラ戦で負けて、世界ウェルター級のベルトを獲って、カベジュラ戦をやって、日本やアメリカと行ったり来たりしながらもメインの方でやっていて、ひと通りやりきってしまった感があったし、ちょうどＣＭＬＬが取ってくれていたビザの期限が切れていて。書き換えをしてないから契約上も問題はなかった。

俺がＡＡＡのエル・トレオに出た２日前にはＣＭＬＬがアレナ・メヒコで「アニベルサリオ」（72周年興行）を開催して新日本から棚橋、中邑が遠征に来ていたけど、ＣＭＬＬには奥村がいたから、会っても「俺は裏切り者ですから」って、一言二言の挨拶程度（笑）。田口隆祐も来ていたかな。

あとから聞いた話だと、他の選手たちはみんな、移籍する前にちゃんとＣＭＬＬのオフィスに「移籍します」って言いに行っていたみたいだけど、俺はそんなことは無視していた。日本でペーニャに会って決めて、勝手に移籍が発表になっていて、アトール＆スンビートとのチームもペーニャが勝手に作ってくれていた。だから、俺をちゃんと使おうとしてくれていたのだろう。ここからしばらくＡＡＡには出ないんだけどね（笑）。

８月には全日本のシリーズで北海道にいて、９月はメキシコにいて、10月29日にはコネチカット州ウッドブリッジで開催されたＲＯＨの興行に初めて出た。

キクに出たいって言っていて、ＴＮＡで一緒のカレーマン（クリストファー・ダニエルズ）が、サポートしてくれたんだ。

試合はキク、ナイジェル・マッギネス、ＢＪホイットマーとの４ＷＡＹマッチ。ＲＯＨに出たのは、この１回だけだった。

俺にとってのＩＷＧＰ（苦笑）

11月９日から19日までは、かつてのユニバーサル・レスリング連盟、ＦＵＬＬの代表だった新間寿恒さんの知る人ぞ知る、知らない人は当たり前だが全然知らない、その名もＩＷ★ＧＰ……ＩＷＧＰではなく、ＩＷ★ＧＰという団体（？）に出ることになった。

新間さんとはＦＵＬＬの最後の頃とか、拳磁さんがジャイアント・ドスカラスをやった時にお世話係として会場に行っていたから面識があったし、そのあとメキシコでも会っていたという縁もあって声が掛かった。

ブラソスと新間家がガッチリで、ブラソスとはパレハの方が仲良かったんだけど、同じ日本人ということで俺のこともかわいがってくれていたから、出ざるを得なかったというのが正直なところだ。

全日本では追放されている身だから正体不明のスペース・論・ウルフに変身していたが、団体が違うので、堂々と（？）素顔のＮＯＳＡＷＡ論外で上がった。

団体名が伝説なら、あのシリーズもある意味で伝説になっている。ホテルにお金を払ってなかったり、次は大阪で試合なのに、新幹線のチケットを買ってなかったりとか（笑）。

「お金を出してくれる予定の人に逃げられた」って新間さんとパレハが金策にバタバタ走り回っていて「その間、お前に頼むな」って、選手の面倒は俺に丸投げ（苦笑）。

ホテル代は何とか支払ったものの、延長のお金は払えないから部屋から全員出されてしまった。でも新幹線のチケットを買うお金はまだ調達できていないから、大阪に何時に出発できるかわからない。

ホテルのロビーに集まったメキシコ人、アメリカ人、女子の選手に「ごめん、待ち時間がかなりあるけど、何をしたい？」って聞いたら、「ジム行きたい」って言われた。

「こんな時にジム行きたいって何なんだよ」と思ったけど、言葉もわからない日本に来たのにギャラも貰えないかもしれないという彼らの状況を考えたら、やりたいことをやらせてあげようと希望者3～4人を連れてゴールドジムへ。

当時、俺は全日本からゴールドジムのゴールド会員権を貰っていたから、それでジムに問い合わせて連れて行って、彼らは当然、日本円なんか持ってないから俺が払って。

俺は別に練習したくないからホテルに戻ったら、今度はブラソスたちが「腹減った」って言い出した（苦笑）。

俺もいろいろお金を立て替えていたから「だったら『吉野家』でいいか？」って、5～6人引き連れて近くの「吉野家」へ。

「ここなら好きなだけ食べていいから」って言ったら、「本当か！」って、みんな3杯ずつ食べていた（苦笑）。

メキシコ人はそれでよかったけど、アメリカの女子選手が「牛丼はちょっと……」って言い出したから、彼女たちはファミレスに連れて行って、同じく「ここだったら、好きなだけ食べて」って。

それでもまだ連絡がない。

ただ待つしかない中、グラン浜田さんから何度も「どうなってんだよ！」って電話がある。新間さんとパレハは金策に奔走していて、俺も外国人の面倒を見ていて、現場は大混乱なのに、自宅待機の浜田さんは2時間に1回くらい電話してきては「どうなってんだよ！　俺、行かねぇぞ！」って。

「そんなこと言わず、みんな一生懸命やっているんですから、自宅にいるんでしたら、もう少しお待ちいただけませんか？」って何度もなだめた。

夕方6時過ぎにようやく新間さんから「何とか金を集めて、今から『大黒屋』で新幹線の格安チケットを買うから、お前はみんなを集めて東京駅に連れてきてくれ」と連絡が。

疲れ切っていたけど、何とか東京駅まで全員を連れて行ったら浜田さんがいて、めっちゃ機嫌が悪い。

「おめぇ、これどうなってんだよ！　行くのかよ？　本当に行くのかよ？」

「いやー、浜田さん、みんな一生懸命ツアーを続けようと思ってやっているんですから、まあまあ」

「別に俺は行かなくてもいいんだけどさぁ」

浜田さんがそう言いだしたところで俺がチケットを渡されて配ることになったから「あっ、浜田さんは行かないんですね」って、次の選手にチケットを渡そうとしたら「てめぇ、この野郎！」って叫び出して、俺と浜田さんが東京駅で大喧嘩（笑）。

「あのー、みんな、こんな大変なことになっても我慢してるのに、浜田さんは家にいただけじゃないですか。先輩かもしれないですけど、そんなに文句ばかり言わなくてもいいんじゃないですか？」

「何コラッ！　お前、ちょっと売れてるからって調子に乗りやがって！　埋めるぞ！」

「埋めてくださいよ、早く埋めてくださいよ！」

そうしたら、その様子を見ていたブラソスが俺に加勢してくれたのを新間さんが止めに入って「まあまあ、時間がないからとりあえず乗れ」って。

新幹線の俺の後ろの席がブラソスで「行くか？　行くか？　日本語はわからないけど、俺たちはお前がやってくれたことに感謝しているし、それでお前が怒られるのはおかしい！

俺たちがやってやる！」って言っているところに新聞さんが「お前の気持ちもわかるけど……」って、俺をなだめに来たので「そうですね。俺は後輩なんだから、俺の方から謝りに行きますよ」って言って、浜田さんの席まで行って「すみませんでした。先ほどはイライラしてまして」って謝ったら「いやあ、俺も悪かったよ」って（笑）。

何とか無事に大阪大会をやって、そのあとは九州ツアー。長崎では平日なのにダブルヘッダーだったから信じられない（笑）。しかも会場が2階だからブラソスたちも一緒にリング設営をやってくれて、ツアーは穴を開けることなく回ることができた。

今もWWEで活躍しているナタリア（当時はナッティ・ナイドハート）、あとレベッカ・ノックス、アメージング・コングなんかの女子選手が来ていて、長崎のダブルヘッダーでは俺とパレハの東京愚連隊VSナタリア&アメージング・コングなんていう試合もあった。

最終日、ホテルのロビーにみんな集まったけど、せっかく日本に来たのにギャラを貰えないって女子の選手たちは泣いていた。あとで送金すると言われても、外国人選手が信じるわけがない。俺もギャラを貰えなかったけど、ブラソスだけは「過去にこんなこともあったから」って諦めていた。

俺が「よし、『吉野家』だったら奢ってやるぞ！　これが今ツアーのお前らのギャラだから」って言ったら、みんな大笑いしていた（笑）。

このツアーにはジャガー横田さんとデビル雅美さんも参加していた。

実はこの年の6月12日にお台場で女帝プロデュース興行というのがあって、俺は藤原喜明さんと組んでジャガーさん&デビルさんと対戦して、ジャガーさんのフィッシャーマンバスターで負けていた。

さすがにレジェンドとはいえ、女子に負けたから全日本のマッチメーカーの渡辺さんは怒っていたけど（笑）。

そんな経緯があってのこのツアーで、俺がリングの設営をして、外国人の世話もしてるのもわかっていたジャガーさんは、九州ツアー中に「寿司屋にいるから、今から来て。お腹空いたでしょ？」って誘ってくれた。指定された寿司屋に行ったら、立派な店！

そこにデビルさんもいて、女帝2人に東京愚連隊がご馳走になるという（笑）。

「大変そうだね。好きなだけ食べていいから」ってジャガーさんが言ってくれて、めちゃめちゃ緊張していたら「あんたたち何で緊張してんの？」。

そりゃあ、めちゃくちゃ緊張するでしょ、ジャガー&デビルと寿司を食うって（笑）。

このIW★GPのツアーにマスコミが来たのは後楽園ホールと新宿FACEだけ。トラブルばかりで、浜田さんとも喧嘩して、お金も出なかったけど、でも、何か楽しかった。

何年かしてWWEの日本公演を観に行ったら、ナタリアが俺のことを見つけて、「ノサワ

～！　元気だった？」ってハグしてきた。

ナタリアがシャーロット・フレアーに「何回目かの日本のツアーでとても困った時があって、その時に彼が食事から何からすべてテイクケアしてくれて」って話をして、一緒に写真を撮っていたら、ベッキー・リンチが走ってきた。

「ノサワ！　元気だった？　今日、このあと食事に行こう！　前に来た時にご馳走してもらったから、今度は私が払うから！」

「この人には会ったことないよなあ」って思っていると、一緒にいた高山善廣さんに「会長(高山さんは俺のことをこう呼ぶ)、知り合いなんですか？」と聞かれたから「いや、たぶん、人違いだと思うんですよね」って言って、当然食事も行かなかった。

それで、しばらく忘れていたんだけど、ある時、ＩＷ★ＧＰに来ていたレベッカ・ノックスがＷＷＥの女子スーパースターのベッキー・リンチになっていたって知って「ウソーッ！」って（笑）。

あの時、ベッキー・リンチにご馳走していたんだな

ヨーロッパに初上陸！　イタリアに遠征

11月19日に新宿FACEでIW★GPが何とか無事に終わり、11月26日には初めてヨーロッパ・マットに進出した。イタリアのNWEという団体からオファーを貰って、ナポリで1日2試合やったんだ。

これは最初、バンピーロが持ってきた話で、ナポリまでの直行便がないということで東京―ローマ往復のチケットが届いたから、バンピーロに連絡して「ローマからどうやって行くの？」って聞いたら、「ユーロスター乗って来い」とのこと。

どうやって乗るのか教えてくれないから、自分で駅を調べて、初めてのユーロスターだから、どうせ乗るならちゃんとした席がいいなと思って高い席を買ったら、サンドウィッチとかの弁当付きで、これは快適だった。

ローマから3～4時間――ナポリの駅に着いたら、もう辺りは真っ暗。バンピーロに電話したら「タクシーに乗って、○○ホテルに来い」って言われて「結局、自分で行くんかい」と思いながらも到着すると、選手たちが宴会をやっていて「本当に来たぞ！」「辿り着いたぞ！」って、みんな盛り上がっていた。

ＮＷＥはリキシが仕切っていたこともあって元ＷＷＥの選手が多く、地元の選手の他にテスト、トンガ・キッド、スコット・スタイナーなんかがいた。

イタリアではＷＷＥがテレビで放送されていたから、ＷＷＥ系の選手が出るとものすごく沸く。客入りもよかった。

俺は初日、リキシの従兄弟のサモア系の選手と試合して、２日目はバンピーロとハードコアマッチ。バンピーロには棺桶に入れられて負けてしまった（苦笑）。

翌２００６年1月28、29日にボローニャとディシオの大会にウルティモ校長も一緒に参加したが、校長はプロモーターのロベルトとガッチリになって、その後も頻繁にＮＷＥに遠征してヨーロッパでの活動の場を広げていった。

初日のボローニャでの俺のカードはビリー・キッドマン、ファイヤー・エンジェル、ウルティモ校長がメキシコから連れてきた闘龍門ＭＥＸＣＯのミラーニートコレクションａｔ（現ツトム・オースギ）との４ＷＡＹマッチ。

ＮＷＥ世界王座への次期挑戦権の権利書を先に取ったら勝ちというルールで、ビリー・キッドマンが取ったけど、俺は負けたことに納得がいかないから、「次はシングルだ！」ってアピールしたら、翌日のシングルマッチが決定した。

そうしたらウルティモ・ゲレーロとシングルをやったウルティモ校長が「野沢君、明日はシングル？　俺は今日も明日もゲレーロとシングルなんだよ……」。

「そうなのか、明日はシングルマッチの内容で校長に負けたくないな」って思いながら、翌日、ディシオの会場に着くと、試合開始30分くらい前に、リキシから「ウルティモ・ドラゴン、ビリー・キッドマンVSウルティモ・ゲレーロ、ＮＯＳＡＷＡのタッグマッチになったから」と通達があった。

試合内容を考えたら安定のカードだし、恐らくウルティモ校長のアイデアだろう。カード変更ができるのも政治力だ。

たとえ直前にプロモーターやブッカーに「タッグマッチで行こう」と言われたとしても、何でもやるのがプロ。そうやって対応力が高くなっていく。

実際、試合はめちゃくちゃ沸いた。俺とゲレーロは言葉が通じるから、ヒールチームとして、ウルティモ・ドラゴン＆ビリー・キッドマンを苦しめることがいろいろできて、イタリアのファンを手のひらに乗せることができた。

そんなこんなで俺はリキシには気に入られたし、当時の全日本にレギュラーで上がっていたジャマールがリキシと親戚というのもあって、リキシに「ＮＷＥと全日本のパイプを作ってくれ。全日本の選手も欲しいし、お前がイタリアで若手を育てて、全日本に選手を送ってくれ」と頼まれたが、実現しなかった。

毎大会、海外から10人以上選手を呼んでいたし、俺にしてもギャラはともかく、日本からの飛行機代とか諸々の経費を考えたら、決して安くはない。

移動のバスはチャーターで会場まで直行、大会終了後には食事会が毎回あって、出場する選手には嬉しい待遇だが、ギャラ、ホテル代、国内移動費、飛行機代、食事代……全部出していたら立ち行かなくなっても仕方がない。これがプロレス団体の難しいところだ。

赤鬼・渕さんにキレられる

全日本では2005年末の12月5日の大田区体育館のAKIRA戦のあとに自分でマスクを脱いで「もうベビーフェース気取りはできねぇ。来年はMAZADAとの東京愚連隊で全日本を仕切る！」とかまして、スペース・論・ウルフから素顔に戻った。

年明け06年1月2日の後楽園では、初めてパレハと全日本に上がった時のようにトラッシュ缶に凶器を詰め込んでやりたい放題にやってカズ・ハヤシ&嵐戦に反則負けで復活をアピールしてやった。

「嵐とカズ・ハヤシ？　全日本はもっと伝統を大切にしろ。渕正信にそう言っとけ」「いつになったら俺らにアジア・タッグ挑戦させてくれんのかな？　フロントが悪いな。フロント、素人でしょ？」

渕さんのバックアップでカズさんと嵐が佐々木健介&中嶋勝彦のアジア・タッグへの挑戦が決まっていたから、俺たちは渕さんをディスりまくったんだけど、まずかったのは「酒ばっかり飲んでサボりまくって、クソ野郎！」みたいな発言が記事になったことだ（苦笑）。その記事を読んだ渕さんに1月6日の千葉ポートアリーナ大会の試合前に呼び出しを食らってしまった。

体育館の裏でタバコを吸っていたら、ブルート一生が「あの……」って、固まっている。

「何？　渕さんでしょ？　もしかして怒ってる？」

「めちゃくちゃ怒ってます」

「大丈夫、大丈夫。いやー、俺たちクビかなぁ」

俺とパレハが笑いながら渕さんの控室に行ったら、めっちゃブチ切れられた。

「おい、俺が試合しないで酒ばっか飲んで……って、あれは何だ？　仕事で飲んでるんだよ、こっちは！」

「すみませんでした！　でも、そういうつもりで言ったんじゃないんですけど」

「お前らなんか、全日本プロレスにはいらないんだよ！　なあ、京平ちゃん！」

京平さんが「いや、こいつらは必要ですよ」って言ったら「おっ、そうか？」って（笑）。

そこに武藤さんもいて「あんまりそういうこと言うと、会社批判になっちまうからよ。そんなことより今日のオープニング、お前らで大丈夫かよ?」って言われたから「大丈夫です! じゃあ、そういうことで」って控室からスーッと脱出した。

京平さんに命を救われたし、オープニングも本当はTAKAさんたちがRO&Dタイムとしてやっていいるんだけど、武藤さんがなぜかその確認を俺にしてくれたのはラッキーだった。この頃になると俺は武藤さんとガッチリだったんだ(笑)。

その後、3月に初開催となった「ジュニア・ヘビー級タッグ・リーグ戦」で俺とパレハはブードゥー・マーダーズの近藤修司&〝brother〟YASSHIを決勝戦で撃破して優勝。全日本で初めて結果を出すことができた。

その決勝戦が行われた3月6日の大田区体育館に鈴木みのるさんが殴り込んで来たことで俺らの首がつながった。

当時、面識もなかったのに鈴木さんは全日本に上がるにあたって、仲間として俺らを選んでくれたんだ。

第5章 武藤・全日本でも縦横無尽

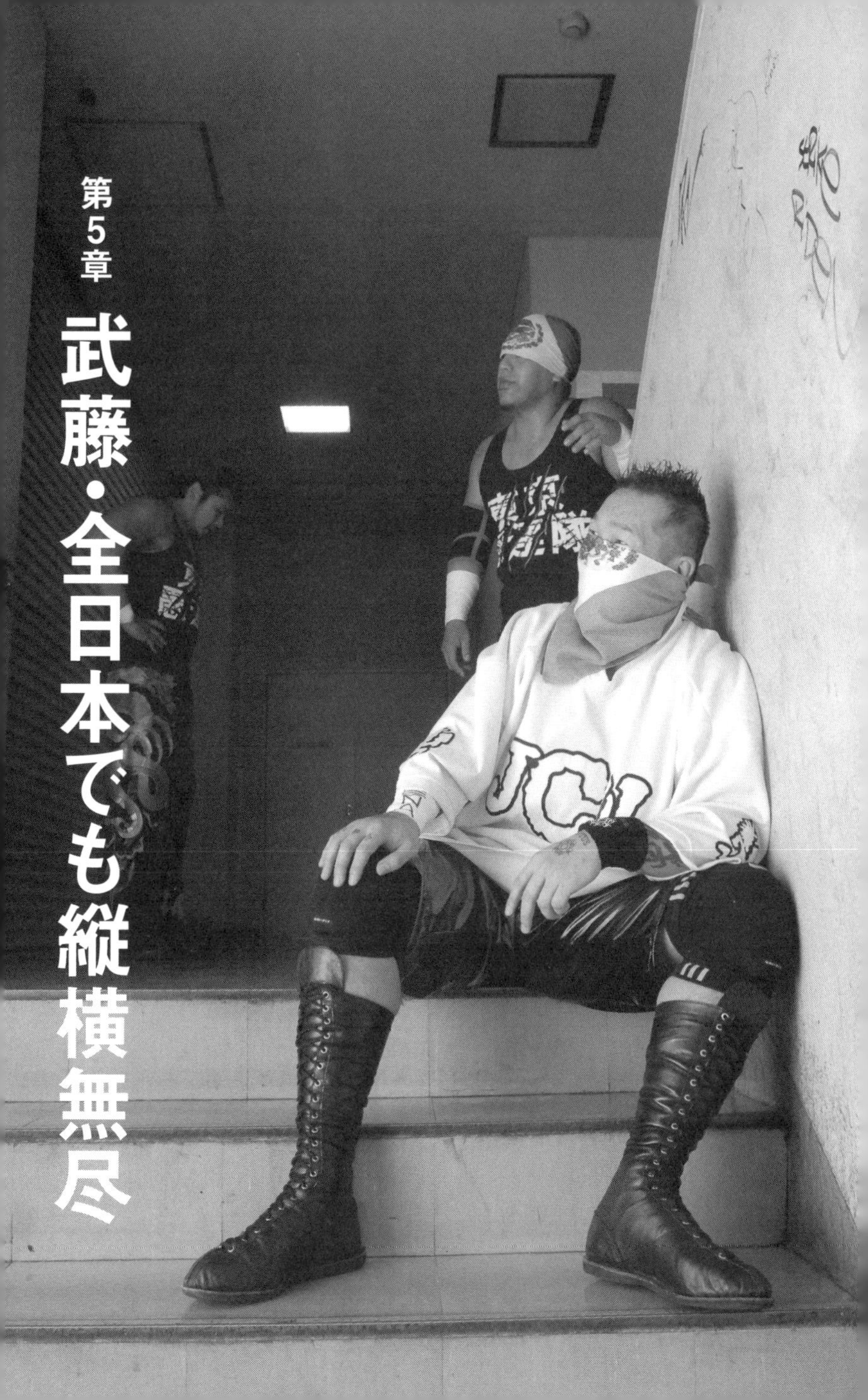

さらばアレナ・メヒコ

2006年5月13日、ウルティモ・ドラゴン校長の闘龍門MEXCOが主宰するビッグショー「ドラゴマニア」に出場した。CMLLの興行ではないが、これが俺にとってアレナ・メヒコでの最後の試合になった。

グレート・ムタが出るというので武藤さんと一緒に行ったが、俺は前年9月にAAAに移籍してしまったから、パコ・アロンソは会おうともしてくれなかった。

これを機にCMLLに復帰しようかとも思ったけど、ダメだった。

当初、「ドラゴマニア」のカードが発表された時、俺の名前が入っていることを知ったCMLLから「ノサワを使うな」というクレームがあったらしい。そこをうまくやってくれたウルティモ校長には頭が上がらない。

試合は俺、パレハ、竹村の東京愚連隊と、オロ&プラティーノのブラソスに闘龍門MEXCOのパッション長谷川が加わっての6人タッグ。

東京愚連隊としてブラソスとアレナ・メヒコでのラストマッチができて、さすがに感慨深いものがあった。試合後、ブラソスも大泣きしていた。

2006年５月13日、東京愚連隊で最後のアレナ・メヒコ登場

この大会を取材に来ていたドクトル・ルチャこと、週刊ゴングの清水勉さんが「今日の大会で一番盛り上がったのは、東京愚連隊の試合だったよ！」と言ってくれた。確かに俺たちに無数のおひねりが飛んできた。そのおひねりはちゃんと6等分した。

4人のマスカラスを登場させたボンバイエ（笑）

「ドラゴマニア」が終わり、5月21日からは全日本のシリーズに参加。そのシリーズ中の8月16日には3回目の「NOSAWAボンバイエ」を開催した。

全日本の主催大会だけど、マッチメークは俺が全部やった。例によって「論外のワンダーランド！　LOCK UPまで待てない」というサブタイトルも付けた（笑）。

基本的には全日本の番外編だが、俺の好きにやっていい興行だからアメリカからサブヴゥーを呼んでサブヴゥーVS金村キンタローのシングルマッチを組み、メキシコからヴィールスを呼んでカズさん＆DDTのMIKAMIのコンビとAKIRA＆ヴィールスというジュニアのカードも組んだ。

サブヴゥーは、日本に呼ぶことが決まった後にWWEと契約してしまったけど「心配しなくても大丈夫だ。日本には必ず行くから。WWEのオフィスにも日本に行く用事があるからと言ってあるから」と、ちゃんと俺との約束を守ってくれた。

メインは俺&パレハ&竹村VS諏訪魔&TARU&ブードゥーマスクの東京愚連隊VSブードゥー・マーダーズというまともなカードで締めたが、一番ウケたのは第1試合の「日墨ルチャ・リブレ・サミット」と題した論カラス、正カラス、竹カラスのカラス3兄弟と菊タロー、菊ジロー（誰だか忘れた）、望ジロー（荒谷望誉）の菊バカ3兄弟の6人タッグ。

一番ノッていたのはレフェリーの京平さん。試合の途中でマスクを被って京カラスに変身して、俺とダブルのフライング・クロスチョップまでやってくれた。

みんなでマスカラスの恰好をしていたのが本人にバレて「あいつは何で俺の身内みたいなものなのに、そんなことをやっているんだ⁉」って激怒しているという噂が耳に入ったので、この頃は連絡を取らずにちょっと距離を置いていた（笑）

鈴木みのるさんと練習漬けの日々

〝世界一性格の悪い男〟鈴木みのると組むようになったのは6月26日に後楽園ホールで開幕したシリーズから。シリーズ開幕前にパレハ、竹村と「パンクラスの道場に3人で行って鍛えてもらおう」と言いながら、俺だけすっぽかして行かなかったというところから、鈴木さんとの関係が始まった。

そして、いざシリーズに突入したら……試合前に練習漬けの日々（苦笑）。

新人の頃に木村浩一郎さん、ホッパーさんと練習していたから、鈴木さんとの練習にも興味はあったんだ。

木村さん、ホッパーさんと練習していた頃は、体力作りと「プロレスラーとはこういうものだ」っていう姿勢を教わっている感じで技術的なものは教わっていない。あの人たちからしてみれば、当時の俺はいきなり技術を教えるレベルではなかったと思う。

それがキャリアを重ねて「こういうのをやってみるのもいいんじゃないかな、いろんなところで揉まれてきたし、やってみたら俺も意外と強いんじゃないかな」って思って、鈴木さんに「1年はやります！」って言って始めたら……この中で俺が一番弱かった（笑）。

でも鈴木さんは何をやるにしても自分で言った回数を自分でもちゃんとやるから、あの奥村とは大違いだ（笑）。同じ時間、きちんと一緒に汗を流してくれた。

だから本番の試合よりも、試合前の練習、スパーリングの方がキツかった。それがあったから佐々木健介さんとの試合も心が折れずに耐えられた。

パレハとは「俺らのやってること、アスリートですね！」って言っていた（笑）。あとはやっていることがわかるようになって、格闘技の試合を見るのが楽しくなってきた。

「今のはガードが甘いね」とか、実は大してわかっていないのに、一丁前のフリというか、錯覚してたんだと思う。

ラ・マヒトラルから腕を取る技を教わったし、やっぱり鈴木みのるは凄い人なんだ。

鈴木さんは友達であり、兄貴であり、親分

巡業の初日に鈴木さんに「おい、ちょっと今日、飯行こうよ」って誘われて「知り合いでもないのに、面倒くせぇな」って思ったけど、いきなり意気投合した（笑）。

拳磁さんの時からそうなんだけど、俺は思ったことはちゃんと言うタイプ。鈴木さんに対しても「俺はこう思います」とか「ここはこうやった方がいいと思います」って言ったら「あ、そう思うなら、そうやればいいじゃん」っていう感じで、勝手に想像していた人物像とは全然違った。

で、2日目の試合が終わったら、また鈴木さんが「今日、何食う？」って（笑）。

「今日も行くってことは、これは毎日行くことになるんだな」と思ったけど、それが嫌じゃなかった。

鈴木さんは俺のことを友達って呼んでくれるので、俺も友達って呼んでいるけど、友達で

あり、兄貴であり、親分であり……もしかしたら鈴木みのるというレスラーと出会って、プロレスに対する考えが変わったんじゃないかと思う。

俺だけじゃなくて、当時の鈴木さんは純プロレスに本格的に入ってきた頃だったから、俺らと話すことがすごく新鮮に感じられたんじゃないかな。

「俺は、ここはこうしたいです」

「わかったよ、それなら明日はそれで1回やってみるか」

そんな感じで、試合後の居酒屋でずーっとプロレスの話をしていた。試合後の居酒屋は反省会と次の試合への作戦会議の場だった。

鈴木さんはプロレスをすごく考える人。だから俺が「鈴木さん、それは違いますね。もっとこうやった方が」って言うと「そうか」ってなるし、逆に鈴木さんに「お前、あそこはもっとこうした方が」って言われて「あっ、そうですね。次はこうします」とか。

いろいろなものを見て、昔は誰もがやっていたのに、今は誰もやってないようなもの……例えばブラインドタッチを取り入れたりした。

鈴木さんと俺らの鈴木みのる軍団が中学校の部活だとしたら、あとから高山さん、太陽ケアさんが入ってきたGURENTAIは高校の部活みたいな感じだった。1年坊がいて、3年坊もいるみたいな感じでバランスがよかったんだと思う。

移動バスの中は、みんなお通夜みたいな感じなのに、俺、鈴木さん、パレハ、それにレフェリーの京平さんの４人はタバコを吸いながら、ずーっとプロレスの話とバカ話をしていて、まるで修学旅行（笑）。

京平さんの席はバスの一番後ろで、悪い先生が後ろに不良を集めて「バスの中でタバコ吸えよ」って言って、優等生はおとなしくしているみたいな（笑）。

鈴木みのるが全日本に来るって聞いた時、リーゼントのイメージしかなくて「うわー、嫌だなあ」って思っていた。試合前の練習なんかもバックレればいいかって思っていたけど、熱い人だった。

それだけ鈴木さんも本気だったんだ。武藤・全日本に来た時には、新日本からノアを渡り歩いて、現実問題として全日本しかなかったのかも。だから必死だったし、いろいろ考えて、常に話題を作っていた。

俺たちは鈴木さんと組むことによって、それまで全日本の中ではジュニアという括りでやっていたのが、健介さん、川田さんとも当たるようになった。

川田さんにはストレッチプラムで本当にひどい捻り方をされた。最強タッグで当たった時には、さらにひどく捻られて、四天王プロレスの怖さを知った。

デンジャラスK

川田さんは俺のことを「マサダ！」って呼ぶ。

それでよかった。無視されるよりは全然いい（笑）。

ある時、移動の飛行機で川田さんの自伝「俺だけの王道」を読んでいたら、川田さんの付き人の石狩太一（現・タイチ）が話しかけてきた。

「野沢さん、本なんて読むんですね」

「飛行機に乗ってると暇じゃん」

それを、あいつは川田さんに喋っていて、そのあと川田さんに会ったら「お前、俺の本を暇つぶしで読むのはやめてくれよ」って（笑）。

プロレス的なことでいうと、川田さんは天龍さんに近いものがある。川田さんと試合で当たった時に「これはヤバいな」って感じたという意味だ。

川田さんとは03年暮れの骸骨の時（パルカ・ゲレーラ）に初めて当たって、その後は川田さんが05年春にフリーになられたこともあって、鈴木さんと組むようになってから2回しか当たってない気がする。

その１回がストレッチプラムで肩を破壊された11月26日の京都ＫＢＳにおける最強タッグ公式戦（苦笑）。まさにデンジャラスＫ！

それでも四天王プロレスを体感できたことに満足している。

健介ファミリー

当時の全日本は武藤さん率いる正規軍、ブードゥー・マーダーズ、俺たちの鈴木みのる軍団、そして健介さんの健介ファミリーが鎬を削っていた。

健介さんは厳しいというイメージが付いているけど、巡業中に「野沢君、みんなでご飯に行こうよ。鈴木みのるも呼んでくれない？」って、声を掛けてくれる気さくな人だった。

健介さんと鈴木さんは若手の頃に藤原組長……藤原喜明さんの藤原教室で一緒に練習し、新日本では天龍さん、高山さんとのカルテットで外敵軍団を作っていた仲だ。

でも全日本では対角線のコーナーに立つようになったから、自分で鈴木さんを誘うのは嫌だったんだろうけど、俺とパレハはよく誘ってもらった。

スペル・クレイジーがいたツアーでも「メキシカンがいるんですけど」って言うと「じゃあ、一緒に来なよ」って呼んでくれて、中嶋勝彦君が焼肉屋の住所を連絡してきて、行くと健介さんが全部支払いしてくれた。

ただ、試合で当たるとキツかった（笑）。

鈴木さんと組むようになってから健介さんと当たる回数がすごく増えて。その攻めが半端ないんだけど、痛いって言うのもカッコ悪いから、何とかやり過ごしているうちに打たれ強くなったし、少しは強くなれたと思う。

健介さんだけじゃなく、デビューしたての勝彦も試合の中で遊びがまったくなかった。でも、リングを降りた中嶋勝彦は謙虚でかわいかった。

それから年月が経って……俺が引退する寸前の中嶋勝彦は「こうも変わるかね？」って感じ（笑）。それは、いい意味でも悪い意味でもね。

1人チャンピオン・カーニバル

あの頃の俺は周りから「鉄人」と呼ばれていた。ジュニアなのに、毎日ヘビー級のフィニッシュホールドを食らって負け続けて、それでも巡業に休まず参加していたから（笑）。

でも、おかしな話で、相手は全員ヘビー級で、こっちは俺だけジュニア。特にその後にケアさん、高山さんが合流してGURENTAIになってからは鈴木&ケア&NOSAWA論外組とか、鈴木＆高山＆ＮＯＳＡＷＡ論外組とか、そんなのばっかり。

カードを確認して「えっ？　あっちにはジュニアはいないの？」みたいな（笑）。

それでも、地方だろうが大都市だろうが、メインに名前が入っているっていうことが俺の自信にはなった。

まあ、身体の小さい選手を１人入れればということなら、誰でもいいんだろうけど、そこに常に入れたっていうのが大事なことだから。

あとは地方でＲＯＺ（ロージー）とかスーパーヘビー級の外国人選手とよくシングルマッチを組まれて「１人チャンピオン・カーニバル」をやっていた。年間を通じて（笑）。

でも、まだ若かったし、プロレスが楽しくなっていた時期に武藤・全日本に上がることができたというのがよかったのかもしれない。

自由にやれた。武藤さんが他人の試合に興味がないから（笑）。

武藤さんは「別にいいんじゃねぇの？」みたいな感じで、何でもやらせてくれた。

そして鈴木さんと組むのも新鮮だった。この時期に鈴木さんと出会えたのはタイミング的にすごくよかった。

全日本ジュニア最強の男

ほとんど無差別級の俺だったけど、ジュニア・ヘビー級としては2006年10月29日に福岡国際センターで近藤修司の世界ジュニアに挑戦した。

何年前かは忘れたが、ウルティモ校長、ミステリオッソと会った時に、校長が連れてきていた若い選手の中に近ちゃんがいた。校長と試合を観ていて「あれ、いいですね」って言ったら、校長も「いいでしょ?」って。そんな記憶がある。

当時の近ちゃんは「全日本ジュニア最強」と呼ばれていて本当に強かった。この時のタイトルマッチは可もなく不可もなくで……まあ、かなわなかった。

のちのW―1の時代には近ちゃんの家に泊まりに行って、庭でBBQをやったり、巡業中にはゴルフに行ったりして遊んだ。

近ちゃんもカズさんと一緒で、攻めの人生ではない。俺みたいな人間から見ると、もったいないなって思ってしまう。

団体の枠を超えて鈴木さん、高山さんと大暴れ

鈴木さんと組むようになってからも全日本の枠に収まらず、一緒になって好き勝手にやっていた。11月8日には新木場で全日本の興行ながら俺のプロデュースによる「NOSAWAゲノム～無茶ワールド・プロレスリング」(笑)。

それまで3回やってきた「NOSAWAボンバイエ」とは別ブランドだ。

テーマが「無茶」だから、俺も体を張って、高山さんの前年8月の脳梗塞から復帰後初のシングルの相手になったけど、ニーリフトを食らって38秒で戦意喪失して試合放棄（苦笑）。で、お客さんから非難の声を浴びて、パレハと鈴木さんを呼び込んで3対1にしようと思ったら……鈴木さんに裏切られて、鈴木&高山VSNOSAWA論外&MAZADAのタッグマッチに。

ここでは鈴木さんのグラウンドでやられ放題、最後は高山さんのエベレスト・ジャーマンに轟沈して「無茶はいけません！」というのがオチだった(笑)。

この大会は俺だけでなく、みんなが無茶なことをやった。

鈴木さんにしても「アイドルレスラーと試合してみたい」ってオッサンさんみたいなこと

を言い出したから、ロッシー小川さんに頼んで風香を借りてきて鈴木みのるVS風香（笑）。鈴木さんは三冠王者になっていたけど、楽しんで試合をしていた。

好評だった「メカVSロボ全面戦争」と題したメカマミー&メカマミーＬｉｔｅVSロボ・ハヤシ&ロボみちのくのロボのコスチュームは、キクの家で俺とカズさんが、すげぇ時間をかけて作った力作だ。

あとは雷陣明を雷陣サンダーアキラーに変身させたが、これは鈴木さんがライガーさんにお願いしてくれて、本物のコスチュームを貸してもらえることになって、俺が新日本の道場まで受け取りに行った。

こうして高山さんの復帰後初のシングル、鈴木みのるVS風香を実現できたおかげで、俺は東スポの１面に載ることができた、鈴木さんの横で小さくね（笑）。

その３日後の11月11日には新宿ＦＡＣＥの「新宿カス野郎プロレス」に鈴木さんとのコンビで出て、柴田勝頼&澤宗紀と対戦した。

この４年前にメキシコで初めて会った時の柴田君はヤングライオンで、ピリピリしていて感じが悪かったが、この頃にはそういうカドが取れて、自信に満ちた選手になっていた。

試合は鈴木さんが澤をスリーパーで仕留めたけど、最強タッグ出陣前だから俺も負けるわけにはいかなかった。

そして11月14日の後楽園ホールでは、プロレス界の統一コミッション設立を目指すGPWAの興行があり、高山&鈴木&NOSAWA論外VS森嶋猛&佐藤耕平&谷口周平。まだ高山さんが全日本に来る前で、これが俺にとって高山さんとの初タッグであると同時にノアとの初遭遇でもあった。

試合は高山さんが谷口をチキンウイング・アームロックで絞め上げて勝ったけど、控室では鈴木さんに「おめー、もっとやれよ！」と言われ、高山さんには「何もしねーで戻ってきやがって！」とボロクソ。でも、おかしいでしょう、俺だけジュニアで。

当時はこんなマッチメークばっかりだったけど、プロレスをめちゃくちゃ楽しんでいたな(笑)。

鈴木さんと「ハッスル」にも！

さらに最強タッグ中の11月23日には横浜アリーナの「ハッスルマニア2006」に鈴木さん、パレハとトリオで出陣して坂田亘&崔領二&お笑い芸人のRGと対戦した。

ハッスルは時代が早すぎたのかもしれない。今やったらウケていたかもしれないね。

俺はこういうのが嫌いではないから。川田さんや安生洋二さんは「ハッスルはプロレスじゃない」みたいな発言をしてたけど、俺からすると、やっぱりプロレスだ。

これもプロレス。これに地上波がガッチリ付いていたら面白かったと思う。今の時代でいえば、ＡＢＥＭＡでもいいと思う。

ただ、有名人……タレントさんが多すぎたのは問題だったかもしれない。その人数をもう少し減らして、もっとプロレスをちゃんとやったら、さらに面白いものが出来上がったんじゃないかなと思う。タレントさんの何人かは凄かったし、ＲＧは面白かったから。

で、やっぱり髙田延彦さんとは試合したかった。髙田総統のオーラは凄かった。

俺に対する鈴木さんの本気

そして鈴木さんと出場した「世界最強タッグ決定リーグ戦」。優勝した天山広吉＆小島聡のテンコジと引き分けただけで、あとは全部負けた。

開幕でカズ＆勝彦に負けて控室に戻ったら「まずは東京ドームを１００周してこい！」という罰が待っていた（苦笑）。

次の公式戦ではケア＆ＴＡＫＡに負けて2連敗を喫してしまった。

「やっぱ最強タッグ、俺とじゃ無理ですよ。高山さんと出ればよかったじゃないですか⁉」

2006年の最強タッグでは１勝もできなかったけど、最後は鈴木さんに背負われて…

そう言いかけたところで鈴木さんのグーパンチを食らって、俺は吹っ飛んだ。痛かった。それだけ鈴木さんは俺と組んで、このリーグ戦を勝ち上がりたかったのかなって。それだけ本気だったんだと思う。

結局、テンコジと30分時間切れが精いっぱいで1勝もできず、12月1日の名古屋で諏訪魔&ROZに負けて終了。

でも、それまでは「自分の足で立て！」と言っていた鈴木さんが、動けない俺をおんぶして控室に戻ってくれた。

もっとも、その後は「スクワット500回だ。正田、『魚民』があったから打ち上げに行こう。お前も終わったら来い！」と置いていかれてしまったが……。

体も精神もボロボロでも、俺は充実していた。プロレスLOVE！

ノア初参戦で感じた嫌な雰囲気

最強タッグでボロボロになったが、2006年の戦いはまだまだ続いた。

最強タッグ終了2日後の12月3日、UWAI STATIONの後楽園ホールでNOSAWA論外&MAZADA VSドン荒川&菊タロー。渋いなあ（笑）。

荒川さんと試合していたなんて、完全に忘れていたけど、これも貴重な経験だ。

そして12月10日には日本武道館でノアに初参戦。パレハとのコンビでいきなり金丸義信＆杉浦貴のGHCジュニア・タッグに挑戦した。

11月17日の後楽園ホールを観に行って、金丸さんに向かってLOVEポーズしたらタイトルマッチが決まっちゃった（笑）。

その後、全日本に戻って京平さんに「ノアに出るんです」って報告したら「ふざけんじゃねぇぞ、てめぇら！　全日本でこれだけよくしてやってるのに、ノアに出るとはどういうことだ⁉」って怒鳴られてしまった。

「京平さん、探しているやつじゃないと思いますけど、よかったらどうぞ！」

京平さんの怒りを鎮めようと、シリーズ中に知り合いから差し入れで貰っていた未開封の焼酎を渡したら「おい、どうしたんだ、これ？」。

当時、京平さんは焼酎の「森伊蔵」を欲しがっていたが、その頃の俺は焼酎を飲まなかったから、知り合いから貰った焼酎がどんな物かわからなかった。

「何だ⁉　これ、『森伊蔵』じゃねぇかよ！　ノアを断っちゃダメだぞ！」って、あっさり許しが出た（笑）。

ノア初参戦の感想は「世界は広いな」。

相手云々ではなく、ノアのリングの中で、全日本のリング上でやっていることが一切通用しなかった。だから、本当に空回り……スタイルの違いとかではなく、雰囲気に呑まれてスべった試合だった。

近年、俺が「ノア・ファンは大嫌い！」って言っていたのは、これ。

「こんな雰囲気でプロレスを観るんじゃねぇ！」「何を観に来ているんだ⁉」っていうのがあったんだ。今はだいぶお客が入れ替わったが、それでもまだ残っている少数の人たちに対して俺が浴びせた言葉が「大嫌い！」だ。

具体的に言うと、よそからどんな選手が来ても絶対に認めないし、受け入れない。「俺は観ないよ」っていう雰囲気がすごく嫌だった。

だからこのノア初参戦の時に「世界は広いんだな。同じ日本のプロレス団体なのに、こんなに違うんだ」って痛感させられた。

「ここでは、俺たちは通用しないな」って思って、一発でノアに出たくなくなった。言い方を変えれば……俺らが逃げたんだ。負けたんだよ、完全に。

何をやっても反応がないっていうのは、俺らからすると一番辛い仕打ち。

まだ「しょっぱいぞ！」って言われる方がマシなのに無反応。試合をしている4人が4人とも何か警戒しちゃって、お客さんを乗せることができなかった。

試合前、高山さんが杉浦さんから「野沢さん、正田さんの2人は、試合前に鈴木選手とスパーリングを毎日やっているから強いんですよね？」って聞かれて「バリバリ強いよ！」って言ったらしくて、余計に変な警戒されちゃって（笑）。

俺らは看板背負ってないけど、最強タッグに出て、ハッスルの横浜アリーナに出て、このノアの日本武道館に出て、年明けには新日本の1・4東京ドームへの出場も決まっていたから、本当に売れっ子で「俺の人生、すべてうまくいく！」と本気で思っていた。

そんな中で、杉浦さんに伸びていた鼻を折られた。キャリアでは俺たちより下かもしれないけど「やってきたこと、通ってきた道が違うと、こうも違うのか」って痛感した。

試合後の杉浦さんの「お客との一体感がなかった」っていうコメントがすべて。

4人で試合をしているわけだから、誰が悪いとかではないけど、俺とパレハは結構ショックだった。ノア初参戦にして、いきなりタイトルマッチのチャンス貰ったのに落ち込んだ。

その後、12月26日の新宿FACEのウルティモ・ドラゴン興行では、まだぺーぺーだったレインメーカー……オカダ・カズチカと試合した。

カードはNOSAWA論外&大原はじめ&野橋真実（現・のはしたろう）VSオカダ・カズチカ&ラ・マスカラ&南野たけし。

でも試合の記憶はほとんどない、ノアの日本武道館ショックで。

オカダが16歳でデビューした闘龍門MEXICOのアレナ・ナウカルパンの興行（04年8月29日）にも俺は奥村と組んで出ているんだけど、今はオカダなんて気軽に呼べないね、オカダさん（笑）！

3度目の激突でも邪道&外道の視界に入らず

新日本と全日本が合同で開催した2007年1・4東京ドームでは、邪道&外道と3度目の激突になったが、今回も俺たちはあの人たちの視界に入っていなかった。

向こうは3日後にIJタッグ王者の望月成晃&ドン・フジイとのダブル・タイトルマッチが決まっているから、俺たちの試合にはIWGPジュニア・タッグのベルトを賭けてくれなくて、売れっ子の自負がある俺たちは「舐めんじゃねぇぞ！」って尖っていた。

2回目（04年5月13日）に当たった時には「そんなに差はない」ってコメントしていたが、改めて「世界は広いな」って実感した。邪道&外道の手のひらの上の試合だった。

試合後、邪道さんに「所詮、あいつらはグッドだよ。グッド止まりだよ。ベター、ベストとは全然違うんだよ、レベルがよ！」と言われたが、その通り。

その当時は理解できなかったけど、言われてすごく嫌なことだから記憶に残っていて、今

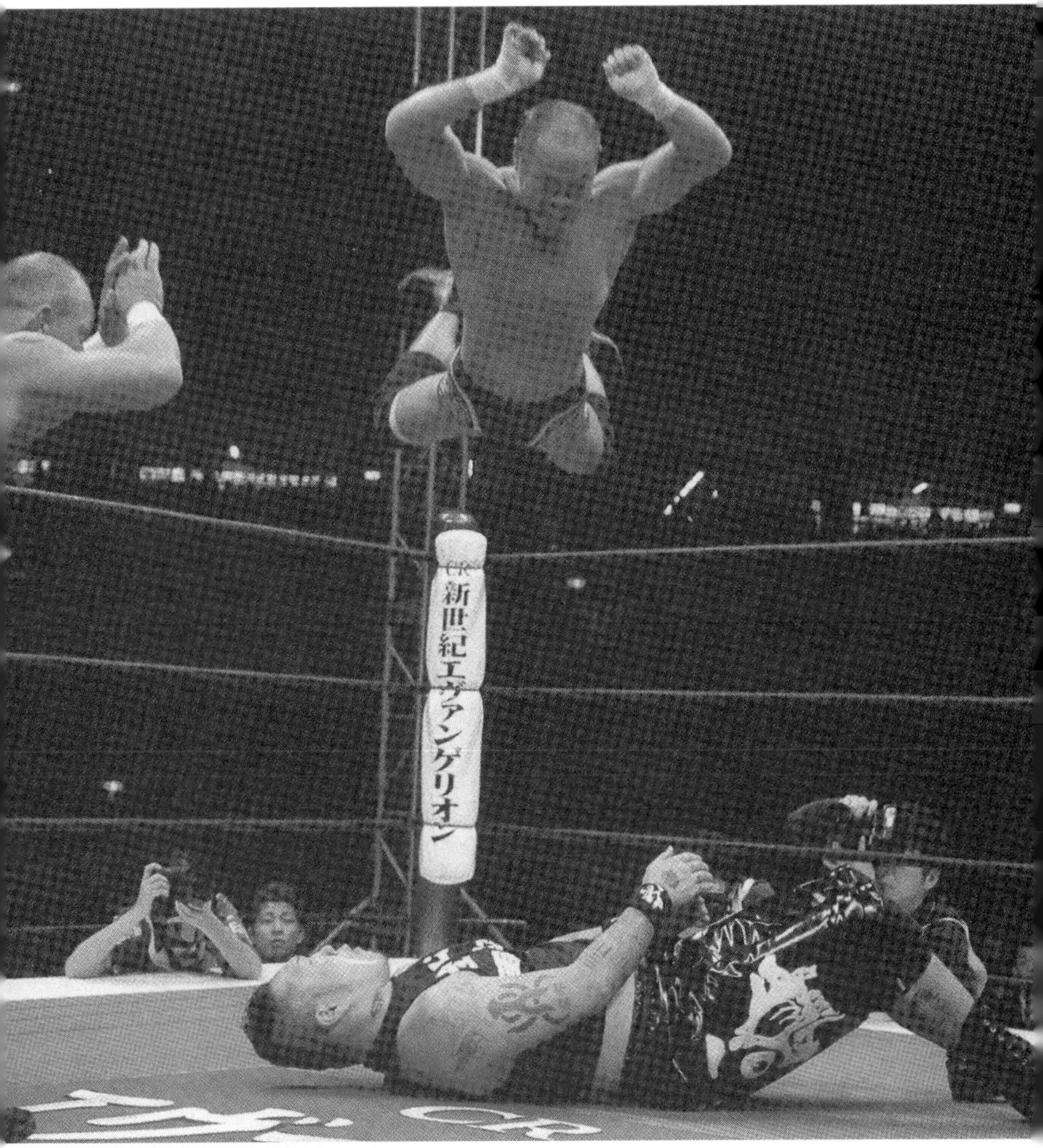

2007年1·4東京ドームで邪道&外道と3度目の対決も…

は「そうだよな、そういうことだよな」って理解している。だから、この時、邪道&外道とやっておいてよかった。

最後、引退試合で対戦した外道さんに「同じ、似たようなレスラーだと思う」って言ってもらえたのが、俺にとっては最高の褒め言葉。グッドだったのがベターになったのか、ベストになったのかはわからないけど（笑）。

振り返ると、あの07年1・4東京ドームは、東京愚連隊としては一番悔しい試合だった。インディーから成り上がったパイオニアは邪道&外道で、それに続くのは東京愚連隊だと思っていたけど、それは俺とパレハが勝手に意識していたことであって、本当は似ても似つかない。まったく違っていたんだろうと思う。

杉浦さんと一緒で、通ってきた道が似ているようで違ったんだ。

この試合は写真を見るたびにいまだに悔しいし、DVDも持っているけど、何だか嫌で1回くらいしか観ていない。

ドタバタだったイギリス遠征

新日本の東京ドームの後は初めてイギリスに遠征、その舞台裏は最悪だった。もともとはキクが持ってきた話なんだ（笑）。

武藤さんが1月にイギリスの1ＰＷに出るという話は、キク経由で前年10月には決まっていた。俺は同じ時期にすでにアメリカでの試合が入っていて、この頃は巡業先で毎日飲みに行っていた武藤さんに「お前、本当にイギリスに行かないの？」って言われていた。

武藤さんは奥さんの久恵さんと夫婦で行く予定になっていて、武藤さんと俺の3番目の嫁は面識があったから「お前も○○ちゃんを連れてくればいいじゃん。新婚旅行に行ってないんだろ？　絶対に行った方がいいぞ。あとで絶対に揉めるんだから」とか言われていた。でも俺の場合はブッキングされていないから自腹で行かなきゃいけない（笑）。

で、嫁と相談して、1月のスケジュールを組み直して、キクに「向こうの団体の都合もあると思うから、嫁の分を含めて飛行機代もホテル代も全部俺が払う。何とか試合だけねじ込んでもらえない？」って頼んで、イギリス行きが決まった。

ところが東京ドーム翌日の1月5日、俺らが行く予定だった1月13日のドンカスター大会が中止になったというメールが1ＰＷから届き、そこから一切連絡が取れなくなった。こんなバカな話はない。

でも、俺は長年、いろいろな海外の団体に上がっているから、最初から怪しい話だなと思っていた。キクにも「飛行機のチケットと、ギャラの半分だけ先払いにしてもらえ」って言っていたが、結局、武藤さんの分の飛行機のチケットも送ってこなかった。

慌ててイタリアのＮＷＥで一緒になったイギリスの選手、ＴＮＡで一緒になったイギリスの選手に片っぱしから連絡して、行く予定だった1ＰＷがどうなっているのか、この時期にどこか上がれる団体はないのかとかを問い合わせていたら、ＲＱＷという団体から1月12日にロンドンのヨークホールでショーを開催するという連絡がきた。

この時点でグレート・ムタがイギリスに遠征することは大々的に報じられていたし、マスコミにも声を掛けて飛行機、ホテルも手配済みだったから、武藤さんを「飛行機代まで払ってくれる所は見つからないので、そこは諦めて、ＲＱＷに出ましょう。今さら〝イギリスに行けなくなりました〟なんてカッコ悪くて言えないし、ここはもう自費で行くしかないじゃないですか」と説得した。

「マジかよ！」って武藤さんは言っていたけど（笑）。

結局、その頃の全日本には武藤さんの飛行機代を支払う余裕がなくて、キクの貯めていたマイルを使って行った。こんな遠征は本当に最悪なんだけど（笑）、それでもイギリスは初めて行く国だったから楽しかった。

イギリスに着いたら、いきなり武藤さんが「チャイニーズに行こうぜ」って言い出して、入った店で「お前も飲むだろ？」って、紹興酒をボトルキープ（笑）。

「武藤さん、こんなの1日で飲み切れませんよ」

「明日も来ればいいじゃん！」

俺はイギリスに滞在した2日間、その店で中華料理を食べ、紹興酒を飲んでいた。イギリス料理も食べたかったな（笑）。

イギリスのプロレスは、その当時だと、何だかルチャっぽかった。獣神サンダー・ライガーの偽者みたいなのがいたり。胡散臭い選手だなって思って観ていたら、意外にいい選手がいたり。イギリスと言えばビル・ロビンソンのイメージだけど、伝統のキャッチ・アズ・キャッチ・キャンをやっている時代ではなかった。

武藤さんが「パリに行きてぇ！」って言っていたから、武藤夫妻とキク、外国人はイギリスの試合後にパリに行く予定に変えてあげて、俺はイギリスからアメリカに行って試合をするスケジュールに組み直した。

俺は楽しみにしていたパリを諦めて、ＰＷＵとＪＣＷの合同興行が行われるペンシルベニア州フィラデルフィアに向かった。

幻に終わった全日本入団

俺が全日本にレギュラー参戦していたのは2004年2月から11年の初めくらいまで。その後も何だかんだと出ているから、日本で最も多くの試合をした団体だ。

フリー扱いだったが、団体対抗戦になると、全日本代表として試合をしたこともある。実際に入団の話もあるにはあった。

「お前ら、ウチに入っちゃえよ」って、京平さんがプッシュしてくれて、武藤さんと当時の九段下の事務所で話をしたこともある。

「ウチに入りたいの？」

「いや、そういうわけじゃないんですけど、給料をたくさんくれるなら」

「いやー、今のままの方がいいんじゃないか？　所属になると自由が利かなくなるし。ずーっと使うんだから、このままの方がいいだろ」

「武藤さん、これくらい払ってくれるなら所属になりますよ！」って、結構吹っ掛けたら、武藤さんは「いやー、お前、フリーの方がいいんじゃない？」（笑）。

メキシコ・アミーゴス誕生

2月の「エキサイト・シリーズ」終了後、全日本から「KAIと大和ヒロシをメキシコでデビューさせたいから付いていってあげてくれ」と言われて、カズさんも誘って2月22日のアレナ・ナウカルパンのIWRGの大会に行き、そこから俺はアメリカのJCWのツアーに参加して3月シリーズを休んだ。

この3月シリーズから全日本に登場したのがミゲル・ハヤシJr.とペペ・みちのくというメキシコ人コンビのメキシコ・アミーゴス(笑)。

メキシコ遠征中の俺とカズさんが発掘して、日本に送り込んだということになっていたけど、もともとは武藤さんと飲んでいる時に生まれたものだ。

「アメリカで試合するのに日本人じゃなくて、中国人としてやりたいんですよね。日本人だとグレート・ムタのイメージが強過ぎて〝ミストを噴いてくれ〟とか〝顔にペイントしてくれ〟とかってなっちゃうんですよ。だったら、彼らから見たら同じアジア系ということで、中国人とかの方がいいかなって」

「それはお前、つまらねぇよ」

武藤さんはとにかく否定から入る人なのだ（笑）。

「じゃあ、メキシコ人ですか？」

「そんなんだから、お前の考えはインディーくせぇんだよ」

でも翌日、また飲みに行ったら、あんなに否定していたのに「お前ら、やっぱメキシコ人やった方がいいな！」って（笑）。

まさに天才・武藤敬司ならではの閃き、悪ふざけだ（笑）。

カズさんだけはまったく乗り気じゃなかった。完全に〝俺を巻き込むなオーラ〟を出しまくっていた（笑）。

肝心のメキシコ・アミーゴスお披露目の時、俺はまだＪＣＷのツアーにいたから、カズさんから毎日メールで「野沢君、ダメだ！　これは失敗だよ」って（笑）。

だから「俺は今、オハイオ州シンシナティにいるので、何もできませんけど、頑張ってください」って返信していた（笑）。

ＴＡＫＡさんはイケると思ったらしいが、１発目でだいぶスベったらしく、やはり「失敗だよ。いやー、これはダメだよ」って、落ち込んでいたらしい（笑）。

ＪＣＷでムタとタッグ結成

日本でカズさんとＴＡＫＡさんがメキシコ・アミーゴスとして悪戦苦闘している中、俺は2月下旬から3週間くらいＪＣＷの「スラムＴＶツアー」を回っていた。

ベッドが６台くらい付いていて、リビングもある、大きいキャンピングカーと大型バスが合体したような車でアメリカ各地を回って毎日試合していたんだ。

ここで00年６月のアメリカ初進出で戦ったトレイシー・スマザーズに再会して、３月１日のミズーリ州カンザスシティで彼が持つＰＷＵハードコア王座に挑戦したり、あとはトレント・アシッドと毎日のようにシングルが組まれた。

日本のファンに馴染みがあるところだとマッドマン・ポンド、ネクロ・ブッチャーなんかともシングルマッチをやっている。

３月14日のフィラデルフィアにはムタも来て、ムタ＆ＮＯＳＡＷＡvsマッドマン・ポンド＆ネクロ・ブッチャーというカードが組まれた。

第３章で書いたようにプロモーターのＩＣＰは、ＷＣＷでムタとバンピーロが結成していたダーク・カーニバルのセコンドをやっていて、武藤さんと親交があったから「ムタを呼んでほしい」って言われて、シリーズの途中だったけど来てもらったというわけ。

試合前日、フィラデルフィアのホテルで待っていたら、武藤さんは到着するなり「ジャパニーズ食うのかよ？　チャイニーズ食うのかよ？」って始まった（笑）。

俺もフィラデルフィアの店はさすがにわからない。そうしたら武藤さんが「いいよ、俺がホテルのババアに聞いてくる」って、フロントに行って、メモを持って戻ってきた。

「おい、これ、なんて書いてある？」

「武藤さん、これ、誰が書いたんですか？」

「俺！」

自分で聞きに行ってメモして、その文字が読めない（笑）。

一緒に来ていた内田（雅之＝当時、全日本専務）さんが「いいよ、武藤さん、もう行こうよ。とりあえず明るい看板がついている店に入りましょう」って車を出して、明るい看板を目指して適当に入ったのがチキンの店。

武藤さんはジャパニーズでも、チャイニーズでもなく、辛いチキンを食べていた（笑）。でも、試合になれば、やはりレジェンドだ。自然に客席からムタコールが発生して、試合タイム17分48秒のうち、ムタの稼働時間は5分くらいだが、それでもお客さんは引き込まれて、満足する。

「17分？　いやー、今日は俺、働いただろ」と、ご満悦の武藤さん。

助けに来てくれないから、試合時間のほとんどは俺がやられていただけなのに（笑）。

この大会にはサムゥも出ていた。サムゥとはＪＣＷでよく一緒になって、いつもよくしてくれるし、ワイルド・サモアンの名前で新日本に出ていたから、武藤さんと仲が良かった。

何でそんなに仲がいいのか聞いたら「新日本の時によぉ、アイツらと俺、いっつも一緒だったんだよ」って。アメリカに行った時もツアーを一緒に回っていたみたいで「コキーナとかよ、サモア人は俺によくしてくれるんだよ」と言っていた。

その後、サムゥは18年８月21日に後楽園ホールでやった武藤さんプロデュースの「プロレスリング・マスターズ」で27年ぶりに日本のリングに上がり、息子のランス・アノアイは今、ノアで頑張っている。

試合の翌日には映画「ロッキー」のロッキー・バルボア像を見に行って、映画好きな俺と内田さんは「ナショナル・トレジャー」のベンジャミンの鐘を見に行き、武藤さんは１人でジムに出掛けた。

武藤さんはどこに行っても必ずジムで汗を流す人。引退した今も「せっかく今まで作ってきた筋肉が減ったら損するじゃん！」と言って、毎日ジムに通っているようだ（笑）。

メキシコ・アミーゴスに合流

3月20日のミシガン州デトロイトのジャスティン・クレディブル戦でJCWのツアーが終了した俺は3月26日、後楽園ホール開幕の「チャンピオン・カーニバル」からエル・ノサワ・メンドーサとしてメキシコ・アミーゴスに合流した（笑）。

3人揃い踏みの記念すべき第1戦の相手は雷神明&土方&平井。俺がラ・マヒストラルで雷神を仕留め、試合後には陽気に「ビバ・メヒコ！」。

メキシコ人なので、試合後もスペイン語でマスコミにまくし立てていたら、たまたま通りかかった鈴木さんが「お前、野沢じゃないか。今日、スパーリングしなかっただろ」（笑）。この「チャンピオン・カーニバル」はヘビー級の大会だから、俺は鈴木みのる軍団じゃなくてメキシコ・アミーゴスに専念した。

全5大会がGAORAで生中継され、そのゲストに日替わりでお笑い芸人さんが来ていたから、俺たちは試合だけでなく、原口あきまささん、三又又三さん、イジリー岡田さん、ダチョウ倶楽部、神奈月さんとオープニングのMCタイムも務めて客席を温めた。メキシコ人なのに（笑）。

伝説の男ジプシー・ジョーと対戦

「チャンピオン・カーニバル」終了後は４月７＆８日の２日間、カリフォルニア州ヴァンナイズで行われたＰＣＷの興行に出た。

そこから11日にウェストバージニア州チャールストンのＩＷＡイーストコーストの興行に行ったが、これはマッドマン・ポンドのオファーによるもの。

「俺が興行をやるから来てくれないか？　日本からの飛行機代は払えないけど、ロスから来てくれるならチャールストンまでの飛行機代、それにホテル代は払えるから」と連絡がきて、移動を考えるとかなりキツいから「嬉しいんだけど、キツいから、対戦相手次第で返事させてくれ」って返事をしたら……。

「ジプシー・ジョー、どうだ！」

「行く！」

もう即答だった。金網のてっぺんから落下したラッシャー木村さんとの金網デスマッチは伝説になっているし、ピストルで撃たれても平気だったとか、いろいろな逸話を持っているヒールのレジェンドだ。

ジョーさんとは一度だけ、プエルトリコで会ったことがある。功労賞だか何かの受賞で呼ばれたとかで一緒にツアーを回った。

その時には「もう試合はやらないよ」と言っていて「まあ、そうだよな。おじいさんだしな」と思っていたか、ポンドに名前を出されたからビックリした。

「ジプシー・ジョーって今でも試合できるの？」

「もちろん大丈夫だ」

「それなら行く！」

俺は偶然っていうのを信じない。絶対に必然だって思っているから、このタイミングでのジプシー・ジョーとの試合は行かなきゃダメだろうって。

この時、ジョーさんは73歳。DDTを決めて俺が勝ったけど、試合内容がどうこうではなく、歴史上の人物だと思っていた選手とシングルができた、そんな人が俺に時間を使ってくれたのが嬉しかった。この試合のDVDは今も家にある。

俺らの年代でジプシー・ジョーとシングルをやっているのは、俺とTAJIRIさんくらいだろう。TAJIRIさんは自分の団体のSMASHにジョーさんを呼んだけど（10年12月）、ジョーさんは電話を持ってなくて、会場近くのガソリンスタンドの電話を使っていたから、コンタクトを取って日本に呼ぶのは大変だったと思う。

超高校級ラ・マヒストラル

俺の代名詞は超高校級ラ・マヒストラル。「超高校級」になったのは２００７年６月だ。それまでの諸々のことから、俺はＣＭＬＬとは絶縁状態になっていたが、メキシコに戻っていた6月14日、ネグロ・カサスがいつも行くコーヒー屋で待っていて、ネグロが来たところで「俺にラ・マヒストラルを教えてください！」ってお願いしたんだ。

ラ・マヒストラルの元祖はネグロ・カサスで、この技にはカサス家に伝わる３つのポイントがある。それがちゃんと決まると絶対に返せないが、この年の１・４東京ドームで外道さんに返されたということは、ポイントがその時点でズレていたということ。それで改めて３つのポイントを教わりに行った。

ここで３つのポイントを説明したら、みんなができるようになってしまうので書くわけにはいかないが、３つのポイントっていうのは本当にある。

３つのポイントを押さえて自分の型を作ったら、どんなに大きい選手でも絶対に返せない。この時、練習相手になってくれた大和ヒロシが「無理です！　無理です！　本当に返せないです！」って言っていた。

「返せると思ったら、本気で返していいんだぞ」

「無理です！　本気でも無理です！」

やられている大和は、何をやられているのかわからない。

「今の何なんですか？」って聞かれたけど「お前、スペイン語がわからないだろ？」って教えなかった。

本当なら門外不出のカサス家の技で、ネグロ本人が人に教えることなんてないんだから、そんな簡単に教えるわけがない。

だから俺はこの技を大切にしていた。

たかだかメキシコに数日間行って、見様見真似でラ・マヒストラルを試合で出す選手がよくいるが、あんなのは全部偽物。

「あっ、違うな」っていうのは観ればすぐわかる。それまで俺がやっていたラ・マヒストラルさえ「あー、全然違った！」って自覚できるくらいだからね。

俺が使うラ・マヒストラルはネグロ直伝で、墓場まで持っていくけど……昨日今日教わったくらいのレベルだから「超高校級」と名付けたんだ。

スコット・ホールと海辺でビール

8月3〜5日にはプエルトリコのＷＷＣに行った。プロモーターのカルロス・コロンに直接電話して「グレート・ムタが試合したいって言っていて、俺も行くんで試合を組んでください」って話をしたんだ。

カルロス・コロンに「お前だけ、少し早く来られるか？」って言われて、俺は武藤さんより少し早く現地入りして3試合、武藤さんはＴＶマッチとハウスショーの2試合だった。先乗りしていた俺の部屋をノックする人がいた。ドアを開けたらスコット・ホール。ＷＷＥ時代の名前のレイザー・ラモンでＷＷＣユニバーサル・ヘビー級王者として当時のプエルトリコのトップに君臨していた。

両手に瓶ビールをたくさん持っていて「カモン！」って言われたので付いていったら、到着したのはビーチ。そこで海を眺めながらビール飲んだ。

「お前、日本人か？」

「ムタのプロモーションで仕事をしています」

「ムタは今日来てないのか？」

「明日来ますよ」

カリブ海を眺めながら、そんな会話をして飲むビールはうまかった。さすがに緊張したけど（笑）。俺の部屋をノックした時点でスコット・ホールは酔っ払っていたし（笑）。

初日の8月3日のサリーナスのノーTV大会ではカルロスの息子のエディ・コロンとシングルマッチ。本当は父親のカルロス・コロンと試合をしたくて、現地に到着してからもお願いしたが、「俺はもう試合はやらないよ」って断られてしまった。

ジプシー・ジョーと試合ができたから、この時も何とかなるんじゃないかなと思っていたけど、その代わりに息子のエディとの試合が組まれたというわけ。

エディはWWEでジョン・シナと抗争を繰り広げてUSやインターコンチネンタル王者にもなったカリート・カリビアン・クルーの弟で、WWEではマタドールの格好をしてディエゴという名前でファイトしていた。

武藤さんは人たらし

このプエルトリコの初日、俺は結婚指輪をなくしてしまった。でも試合が終わって、そのまま武藤さんを空港に迎えに行かなければならず、落としてしまったのか、試合前に外して置き忘れたのかもわからなかった。

　翌日の朝、武藤さんと食事している時に「すみません、グッチに寄ってもらってもいいですか？」って聞いたら「何で？　お前、金持ってんなぁ！」って言われたから、結婚指輪をなくしたことを話すと「お前、それは怒られるよ。離婚だよ」って大笑い。のちに本当に離婚しているんだけど（苦笑）。

　それはさておき。グッチに寄ってもらったら、隣がルイ・ヴィトンの店だった。俺はグッチ、武藤さんはヴィトンの店へ。

　指のサイズを測ってもらって、なくしたのと同じ物はないから、お揃いの指輪を買い、外に出て待っていると、ヴィトンから荷物を持って出てきた武藤さんの機嫌が悪い。

「おめぇのせいで無駄遣いしちまったじゃねぇかよ！」

　自分で「俺、ヴィトン行ってくるわ！」ってご機嫌で店に入っていって、出てきたら怒り出すってどういうこと（笑）？

　でも一緒にいると武藤さんが食事から何から全部払ってくれる。プエルトリコでは昔よく食べていたみたいでイエローライスを「これだよ、これ！」って言いながら食べていた。

　車も武藤さんが運転してくれて、途中でコンビニに寄ったら「悪りぃけど、水買ってきてくれない？」って言うから１〜２ドルの１ガロンの水を買って「このサイズしかないんで」

って渡したら「えっ！　これいくらだよ？」。

「食事をご馳走になっているし、車も運転してもらっているし、いいですよ」

「えっ？　奢ってくださるんですか！」

「たったの2ドルですよ」

そう言ったのに武藤さんは自分の頭を撫でながら「ありがとうございます！」(笑)。

やっぱり武藤さんは人たらしだわ（笑）。

プエルトリコでもムタとタッグ

当時のプエルトリコのプロレス市場がどうだったかはあまりわからないが、ムタが出たこの時はかなりお客が入っていた。

2日目の4日のTVマッチで俺はリコ・スアベという選手とシングルマッチ。彼は02年夏にCMLLにいて、同じ会場になったこともあったから「あーっ！　お前か！」って。クレイジー・シークの名前で00年春頃に大日本プロレスに来ていたはずだ。

そのリコとシングルマッチが組まれて、勝手に自分で「日本人だからヒールだな」って思ってヒールっぽい動きを披露したけど、客の声援が俺の方に来ちゃったから「あれっ？　俺がベビーフェースだった」って（笑）。

最終日はムタと組んで、エディ・コロン&エル・レオン・デ・ポンソとのタッグマッチ。前日と違って俺たちがヒールで、試合はめちゃくちゃに荒れて両者リングアウトで試合終了。そうしたらムタが「お前、マイクで喋ってこいよ」と無茶ぶり（笑）。

「えっ？　俺、何語で喋ればいいんですか？」

「バカ！　日本語とスペイン語で喋ればいいんだよ！」

武藤さんはそういう時、本当に適当なことを言ってくる（苦笑）。言われた通りにマイクを持って日本語とスペイン語のちゃんぽんで喋ったけど（笑）。

闘魂三銃士原点の地

このプエルトリコ遠征には撮影クルーも来ていて、88年7月2日に武藤さん、蝶野正洋さん、橋本真也さんが闘魂三銃士を結成したサン・クリストバル城の要塞にも行く予定になっていた。

ただ、膝に爆弾を抱えている武藤さんに起伏の多い所を長時間歩かせるのはまずいから事前にロケハンに行くというので、俺も同行した。

現地に行ってみたら、駐車場から要塞までかなり距離がある。要塞に辿りついたら、闘魂三銃士がポーズを取っていた大砲のある場所はかなり下ったところにあった。

「これは武藤さんが歩くのは無理ですね。最悪、この場に来たってことで、要塞をバックに撮ればいいんじゃないですか」ということで話は落ち着いた。

ところが次の日、武藤さんを連れて行ったら、テンションが上がったのか「昔、ここに来たな！」って、どんどん突き進んで要塞に入っていっちゃった。

クルーが「大砲はこの下なんですけど、階段が……」って説明している最中に、階段もどんどん降りていっちゃって、チョーご機嫌（笑）。

ふと気がついたら武藤さんいなくて、みんなで探していたら、急に上の方から「おーい、野沢ーーーっ！」って声がして、見たら武藤さん。また階段を登って、塔の上から手を振って、はしゃいでいた（笑）。

「蝶野がさぁ」とか「ブッチャー（橋本）が猪木さんのクレジットカード勝手に使って大盤振る舞いだったんだよ」とか、いろんな話をする武藤さんは心底、嬉しそうだったな。

メキシコ、アメリカ、イギリス、プエルトリコ……武藤さんと海外に行くのは本当に楽しかった。プロレスファンの俺からしたら、ムタとタッグを組んでプエルトリコに行けたというのは、こんな光栄なことはない。

闘魂三銃士がポーズを取っていた大砲の前で武藤さんと

プエルトリコの後はスコット・ホールも一緒にイリノイ州ケイブ・イン・ロックのＪＣＷに行って、この時、俺はスコット・ホールと記念撮影した（笑）。

この興行に出たいと言っていたウルティモ校長も呼んで、校長はアブドーラ・ザ・ブッチャーと写真を撮っていた。校長もプロレスファンなのだ（笑）。

この大会にはグレッグ・バレンタイン、ブルータス・ビーフケーキ、サムゥ、それに8歳の時に骨肉腫で左脚を切断した義足レスラーのザック・ゴーウェンもいた。

ザックは3月に俺が参加したＪＣＷのツアーにも参加していて、よく試合を観ていたから「彼は面白いですよ。ＷＷＥにも出ていたし、まずは観てから判断してくださいよ」って武藤さんに推薦したら、9月に全日本に来ることができた。

彼はデトロイトに住んでいて、それ以降はデトロイトに行くと空港の送迎から何から車の運転手をやってくれるようになった。もう今はプロレスやってないんじゃないかな。

試合は俺とムタがタッグを組んで2コールド・スコーピオ＆ジャスティン・クレディブルとのタッグマッチ。スコーピオは新日本に留学生として来日して野毛の道場に住み込んでいたんで、武藤さんとの再会を喜んでいた。

迷走する偽メキシコ人VS偽日本人抗争（苦笑）

海外の話が多くなってしまったが、日本でのメキシコ・アミーゴスは、パレハも勧誘したものの「お前らは侍魂が足りない。俺が侍魂を持った大先生を連れてくる」と宣言して５月シリーズに「トモダチ」「アリガトー」「コンヤガヤマダ」しか日本語が喋れないＹＡＭＡＤＡを投入して対抗してきた（笑）。

ここからメキシコ・アミーゴスとサムライ・ジャパンの偽メキシコ人軍団VS偽日本人軍団というわけのわからない抗争がスタートした。ちなみにＹＡＭＡＤＡの正体は獣神サンダー・ライガーの中身の人……ではなく、ドミニカ系メキシコ人のサルセロ（笑）。

サムライ・ジャパンは７月シリーズに第２の刺客ＴＡＮＡＫＡを登場させた。このＴＡＮＡＫＡの必殺技は相手の腕にクルッと飛びついて腕十字を極めるミノル・スペシャル……ではなくてＴＡＮＡＫＡスペシャル（笑）。

なかなかの実力者だったが、それもそのはずで、正体はパンテーラだ。

８月26日の両国では遂に３対３の敗者チーム解散マッチ。俺……いや、ノサワ・メンドーサがＹＡＭＡＤＡを超高校級ラ・マヒストラルで仕留めてサムライ・ジャパンを解散させたが、収まらないパレハは新たにサムライ・ニュージャパンの結成を宣言して、さらに邪道さん……じゃなくて新たにＡＫＩＹＯＳＨＩなる新戦力を投入することを予告したから抗争は泥沼化（笑）。

勝った俺たちアミーゴスも、マンネリ化は否めず、6月に新日本で解散したジュニアのヒール・ユニットＣＴＵを連想させるメキシコ・アミーゴス・ブラックに改名してヒール・ユニットに転向。鈴木さんを勧誘するとか、段々とわけがわからなくなってきた（苦笑）。もう完全に新日本のディスり（笑）。ＡＫＩＹＯＳＨＩの正体はケンドーだったんだけど、もう誰でもよかった（笑）。

10月18日の代々木での敗者パスポート公開マッチで、またまた俺が超高校級ラ・マヒストラルでＡＫＩＹＯＳＨＩに勝ったんだけど、迷走する先が見えない抗争に俺も、カズさんも、ＴＡＫＡさんも「もう、嫌だよ！」と疲れ切っていた（苦笑）。

07年は2大会をプロデュース

２００７年はメキシコ・アミーゴス以外には7・6新木場で「ＮＯＳＡＷＡボンバイエ4〜論外が笑えば、新木場も笑う〜」、そして11・8新木場で「ＮＯＳＡＷＡゲノム ＴＨＥ Ｆ

ＩＮＡＬ」の２大会をプロデュースした。

「ボンバイエ４」は猪木さんのパクリ（笑）。ＮＧＦ世界ヘビー級王座決定戦のベルトは２万円で作った（笑）。

カードは菊・アングル、マッスル・レスナー（マッスル坂井）、ジョシュ村キンタローのＮＧＦ３強による３ＷＡＹマッチ（笑）。カート・アングル、ブロック・レスナー、ジョシュ・バーネットを同じリングに上げるというプロレスファンの夢を実現させようかと思ったけど……ジョシュ村だけは完全に金村キンタローだった（笑）。

千葉の住人・キラー菊と魔界の住人・Ｍの一騎打ちは、永田裕志さん仕様の白眼のマスクを被ったキクとデビル雅美さんの一騎打ち。ＩＷ★ＧＰで一緒になったデビルさんに「憶えてますか？」ってジャガーさんを通じてオファーしたら「わかったー。キクちゃんとならいいよ」って（笑）。

この時もまだ全日本の興行だった。俺は自分のプロレス心で面白いことをお客さんに提供できて、出場する選手も楽しんでくれればよくて、興行には執着していなかった。

「ゲノム THE FINAL」のヒット作は、ブルーザー・ミノディ＆タカン・ハンセンの超獣コンビ。これは高山さんがやりたいって言い出して実現したもの。２人ともマニアックなだけに、誰でも真似するところより、細部のこだわりが凄かった。

今のご時世だとどうなのかわからないけど、カズさんとＴＡＫＡさんにはゲイをやらせて、ゲイ・ハヤシJr.とゲイ・みちのく。

男色ディーノ＆〝姐さん〟ことＭＥＮ'Ｓテイオーさんのコンビとやってもらったけど、ついでにレフェリーの京平さんも京子さんになってもらった。結果、５人の悪ノリがひどく、今だったらＮＧでしょう（笑）。

メインは不毛な抗争に決着をつけるべく、エル・ノサワ・メンドーサとＭＡＺＡＤＡのメキシコVS日本頂上対決。

俺の超高校級ラ・マヒストラルで完全決着がついたことで、年末の最強タッグは「メキシコ・アミーゴスさよならシリーズ」になった。

そして全日本の07年ラスト興行、12月16日の後楽園ホールでの「ファン感謝デー」には〝世界一性格の悪いメキシコ人〟の触れ込みのマスクマン、レイ・ミノールが登場。

アミーゴスと組んで試合をしたものの、誤爆の連続にキレてマスクを自ら脱ぎ捨て、怖い鈴木みのるに戻って「来年、ここでやりたいことがあるから迎えにきた。行くぞ、帰るぞ。メキシコ・アミーゴス、解散！」と一方的に宣言。俺が首根っこを摑まれて拉致されてジ・エンド。

何とかアミーゴス案件を収拾できて、気持ちよく08年を迎えられることになった（笑）。

第6章 業界の秩序と垣根を破壊

竹村を呼び込んで西村&征矢と抗争

2008年は東京愚連隊を復活させた。

前年末にメキシコ・アミーゴスは解散して、全日本の新年開幕戦の1月2日の後楽園ホールでは元に戻って、カズ・ハヤシ&TAKAみちのく&NOSAWA論外のトリオVSMAZADA&土方&T28。

ここで俺がカズさん、TAKAさんを裏切ってパレハと結託し、試合をぶち壊して東京愚連隊復活をアピールしたんだ。さらに翌日には竹村も呼び込んだ。

これには伏線があって、前年の11月9日に長野で行われた田中ケロさんのプロデュース興行の試合前、西村修さんが報道陣の前で「お前、いつまで洗脳されてんの？　早く行動を起こせ、バカ！」と、竹村にバケツの水をぶっかけるという事件が起こった。

西村さんはその1カ月前に征矢学を連れて藤波辰爾さんの無我ワールド・プロレスリング（現・ドラディション）を電撃離脱して、全日本に上がっていた。

西村さんは「いつまで藤波さんにしがみついているつもりだ？」と、竹村に水をぶっかけたんだろうけど、これは完全に余計なことをやられた。竹村とはまた一緒にやろうと水面下で動いていたのに。

俺はこの時、西村さんにかなりムカついていた。そして、これで竹村は完全に人間不信に陥ってしまった。

翌3日の後楽園ホールは俺とパレハが組んで西村&征矢とのタッグマッチに変更になったから、前日の夜に「タケちゃん、後楽園に来ない？　西村をやってやろう」って口説いたところ、竹村は乱入！　西村さんの頭からバケツの水をぶっかけるという無茶なことをやってくれた。さすがは東京愚連隊（笑）。

武藤さんも「竹村？　いいよ！」って言ってくれたので、シリーズのカードが変更されて東京愚連隊と無我離脱組の西村&征矢の抗争に突入したけど、西村さんはマジで嫌がっていた。

この抗争は、話題作りはもちろんだが、俺自身がこの頃の西村さんを本当に嫌いだったというのも大きい。何かの機会で飲むことがあって、そこからは良好な関係になったけど、それまではインディーを批判するくせにインディーの大会に出る西村さんが本気で嫌だったんだ。

この抗争でかわいそうだったのは征矢。俺と竹村に毎日試合で泣かされていた。

無我時代は試合数が少なくて経験を積んでないから、俺たちとの試合に組み込まれても、付いてこられるわけがない。でも、付いてこられなければ徹底的に潰していた。俺たちは容赦しないから、征矢は試合が終わるといつも体育館の隅でアザだらけになって泣いていて……。

後年になって征矢に「あの時、嫌だっただろ?」って聞いたら「本当に嫌でした。試合するのも怖かったです」と言っていた。

どこにでも出て業界の垣根を壊す

竹村が俺たちと一緒に活動していくことを決めたのを機に、東京愚連隊をプロダクション化することを1月10日に発表し、竹村を所属選手にした。もちろんドラディションは円満退社だ。俺たちは筋を通すところはちゃんと通していたから揉めることはなかった。

パレハにしてももともとは藤波さんの弟子だし、ドラディションに出る時は本名の正田正彦だったし、竹村は退団後もドラディションの興行に出て、パレハと竹村だけじゃなくて、俺にもオファーをくれた。その後、藤波さんは東京愚連隊興行にも出てくれた。

08年はオファーがあって、ギャラとか交通費の条件が合えば、どこの団体にも出ていた。俺らも強気で「新幹線の移動はグリーンじゃなきゃ行かない」とか「希望するギャラが満額払えないなら、ギャラは少し下げてもいいけど、新幹線はグリーンで」とかっていう交渉をしていた。

移動にはこだわりがあって、今でもグリーンじゃなければ乗らない。所詮はプロレスラーだといっても、売れっ子が狭い席に座っているのを見られたらカッコ悪い。そこのこだわりはすごくあった。

それまでのプロレス業界は「あの団体に出たら、この団体はダメだ」とかいうのがあったけど、俺はそういうのを壊した。

遊牧民だよ。食べるものがなくなったら、次の場所に移動するっていう。

「ここで使ってもらえる期間は短いんだろうから、どうやって食い尽くしてやろうか」「あの団体でやったのと同じことをこの団体でやってもダメだから、違う攻め方でいこう」とかって、頭をフル回転させていた。

どこの団体にも所属していないから、いかにしてテーマを長く持たせるか。

あちこちの団体に出ていたから、同時進行で抗争のテーマがいくつもある。それを頭で整理しながら生きているのは快感であり、プライドでもあった。

プロレス業界の泥水をすすって這い上がったのは、邪道＆外道とＮＯＳＡＷＡ＆ＭＡＺＡＤＡくらいだと思う。あとはみんなエリート。本当に孤独と苦労を味わったのは邪道＆外道と俺たちなんじゃないかって思う。

俺たちが団体間にある垣根を壊し始めたのは07年暮れからだ。

12月28日にドラゴンゲートの後楽園ホールに出て、翌日にはドラゴンゲートのメンバーとは袂を分かった闘龍門系のプロレスリング・エルドラドの後楽園ホールに出た。

一応、筋として両団体に「いいですか？」って、お伺いは立てたが、それでも「出てほしい」と言ってもらえるのは需要があるということだ。

08年に入ってからは全日本の1月シリーズ終了後に1月11日の新木場の吉江豊興行、14日の大阪のVKFに出て、それからパレハ、竹村と3人でメキシコへ。

1月18日にアレナ・メヒコでウルティモ・ドラゴン校長の大会を観戦して「俺らも出させろ！」とアピールして（笑）、翌19日にトラネパントラのAULLという団体の興行に出場した。そして帰国後は25日にエルドラドの新宿FACEに出場。

とにかく自由だった。ウルティモ校長と付き合い、ドラゴンゲートにも出る。当時、それが許される立場にあったのは俺たちだけだ。

3月26日のエルドラドの新宿では俺とパレハのUWA世界タッグ（いつ獲ったのか憶えていない）を飯伏幸太&KAGETORAに獲られたり、6月17日の後楽園ホールの鈴木さんの20周年興行では俺&パレハ&丸藤正道のトリオが実現して丸ちゃんと初めて組み、サスケ

&カズ&TAKAに勝った。丸ちゃんをMARUFUJIにして東京愚連隊に入れようとしたけど、それはダメだった（笑）。

8月30日の蝶野さんプロデュースの後楽園ホールではサスケ&サムライ&タイガーマスクVS東京愚連隊が組まれて、タイガーマスクが「ガムを嚙みながらリングに上がるレスラーは大嫌いだ」とか、「ツバを吐きかけてくるレスラーは嫌だ」とか言ってたから、ツバを吐きかけてやった（笑）。

この頃の俺らは「NOって言われたら、他で仕事をすればいいや」って解き放たれていたから、メジャーとかインディーに関係なく、面白そうで条件が合えば、どこにでも出て行って垣根を壊していった。

年間200試合を目標にやっていたけど、ギリギリ届かなかった。海外を入れても180くらい。150はコンスタントに超えていた。

この年はとにかくいろいろな団体に上がって、話題を総ナメにした。

ただ、この東京愚連隊の需要がプロレス界の秩序を壊してしまった。もちろんいい部分もあったけど、今思うと悪い部分が主流として残ってしまった。仕事のできる選手はどこでも観れると。

小鹿さんをムース呼ばわり（笑）

あと、大日本プロレスにも何度か出て、グレート小鹿さんと遊んでいた。この時は試合までは辿り着かなかったけど「おい、ジジイ！　ムース！」って呼んだら、めっちゃカタくなっていた（笑）。

京平さんから小鹿さんは「ムース」って呼ばれていたって情報を仕入れていて「おい、ムース！」って言っていたら「てめぇ、この野郎～！」って追いかけ回された（笑）。

小鹿さんのことをムースって呼べるのは、馬場さんとかカブキさんとか、日本プロレス時代から小鹿さんを知る人だけだったんだ（苦笑）。

全日本で後輩だった越中詩郎さん、川田さん、若い頃の一時期に大日本に所属していたキクのように小鹿さんが怖かった時代を知らないから「バンビ！」「ムース！」ってめちゃくちゃイジっていた（笑）

実際に小鹿さんと試合をしたのは7年後の15年3月6日、天龍プロジェクトの新木場大会。小鹿&河上隆一VSＮＯＳＡＷＡ論外&リッキー・フジというカードだったが、ジプシー・ジョーと同じで試合をしたことに意義がある。当時の小鹿さんは72歳だったと思うけど、すご

小鹿さんはイジりまくった

く元気だった。

1970年代にロサンゼルス・オリンピック・オーデトリアムでミル・マスカラスと抗争していたんだから、小鹿さんはやっぱりレジェンド。

アメリカを回っていて、その会場に小鹿さんが出ていたと聞くと、アメリカで活躍した日本人のパイオニア的存在なんだなと実感した。現地の人から「昔、誰々が来ていた」とかっていう話を聞くのも、海外での楽しみのひとつだった。

小鹿さんと親しくなったのは、円楽師匠の家の花火大会。そこでお互いに「先輩!」って言いながら、盃を交わしたんだ(笑)。

長州、大仁田との初遭遇で悔し泣き

調子に乗っていた俺が悔し涙を流したのは8月6日、後楽園ホールでの金村さんのXWF旗揚げ戦。長州&大仁田&越中VSNOSAWA論外&MAZADA&TAKEMURAのストリートファイト6人タッグデスマッチだ。

向こうの3人は1カ月前の7月12日にリキ・プロ主催の「ロックアップ」新宿FACE大会でも組んでいたが、大仁田さんがめちゃめちゃに暴れて試合を壊したため、試合後の控室で長州さんと大仁田さんが口論になったらしい。

この日の試合前、長州さんは「今日はちゃんとプロレスをやるぞ！」って言っていたみたいだけど、案の定、長州さんと大仁田さんが揉めて試合はめちゃくちゃになって、パレハが大仁田さんにイスで殴られて大流血。

ほとんど試合が成立しない中で、俺が越中さんのヒップアタックから長州さんのリキ・ラリアット、大仁田さんのサンダーファイヤー・パワーボムのフルコースで負けた。

東京愚連隊の存在感はどこにもなかった。まったく相手にされなかったんだ。

この日が長州さん、大仁田さんとの初遭遇。俺からすると「やっと来た！」っていう感じだった。でも、まったく相手にされていないことが、試合が始まってすぐにわかった。

試合を成立させようとかいう以前の問題で、あの人たちからすると、俺たちが誰かとか、俺たちが試合できるのかどうかなんて、まったく関係ない。その辺の視界に入らない選手と同じ括りで見られたのが悔しかった。

何も通用しないというよりも、同じラインにも立てない悔しさ。

血だらけのパレハが竹村と大仁田さんに詰め寄りに行っている時、俺は後楽園の非常階段でマスコミに「名前があったら何をやってもいいのかよ⁉」ってコメント出しながら、悔しくて大泣きしていた。

最初は大仁田さんの視界に入っていなかったな

所詮、俺は業界の低い位置で売れているだけで、商品価値はないって痛感させられた。

拳磁さん所縁のベルトを鈴木さんと奪取

２００８年の下半期は、太陽ケアさんが俺たちに合流して、鈴木みのる軍団が新たにＧＵＲＥＮＴＡＩになったこともあって全日本に軸を置いた。

そして年明け09年１月２＆３日の後楽園ホール２連戦で「アジア・タッグ王座決定トーナメント」が開催されて、俺は鈴木さんとのコンビでエントリー。

２日の１回戦でヘイト＆〝ｂｒｏｔｈｅｒ〟ＹＡＳＳＨＩに勝ち、３日の準決勝は武藤＆カズに勝った。それも俺がカズさんを超高校級ラ・マヒストラルでフォール。俺もこのトーナメントには気合いが入っていた。

そして２試合置いての決勝戦の相手は渕＆西村。ここは鈴木さんが渕さんをゴッチ式パイルドライバーできっちりと仕留めて、俺たちは第81代アジア・タッグ王者になった。

それまで２回挑戦しているアジア・タッグは、全日本で一番欲しかったベルト。師匠の拳磁さんも巻いた日本最古のタイトルだ。

屋台村、ＰＷＣ上がりでも、このベルトを獲れたことが嬉しくて、当時「ざまぁみろ！」

ってコメントしたと思うが、それは本音だった。

今でこそ、いろいろな人が巻いているけど、この当時はまだ敷居が高くて、辿りつくまでにマスクを被って初めて全日本に上がった時から6年半もかかった。

ようやく受け身を取り続けてきたことが報われたと思ったし、鈴木さんと獲ることができたのが嬉しかった。鈴木さんとケアさんが世界タッグ王者だったから、これでGURENTAIは全日本のタッグ王座を制覇したことになる。

そして、この1月から全日本に来た高山さんがGURENTAIに正式加入した。

方舟の天才に挑戦

アジア・タッグ王者になった後の1月11日、ディファ有明の丸藤正道自主興行で世界ジュニア・ヘビー級王座に挑戦した。チャンピオンはもちろん丸ちゃんだ。

前年9月28日の横浜文化体育館で土方が丸藤に負けて、世界ジュニアのベルトが全日本からノアに流出した。その後、ノアでKENTA、全日本で近藤、再びノアで菊地毅の挑戦を退けた丸藤は、なぜか俺を挑戦者に指名してきた。

これはウソ指名だった（笑）。さすが方舟の天才。

丸ちゃんと

全日本プロレスも俺も完全に手のひらの上で転がされたが……このオイシイ状況を見逃す俺ではなかった。いろいろ難癖をつけてタイトルマッチを実現させたんだ。

至宝奪回を期待されていたわけではないが、所属ではなくても全日本ジュニア代表として、俺はメキシコに行ってウルティモ校長に究極式ラ・マヒストラルを伝授してもらった。

これは相手を追い込んでから出す技なんだけど、考えてみたら、俺はあんまり相手を追い込むことがないから、この技を出すタイミングがないという（苦笑）。

奥の手にしていたが、使うタイミングを間違えてカウント2で返され、ポールシフトで脳天からキャンバスに突き刺されて負けてしまった。

当時、俺とパレハは「イスやホウキが相手でもベストバウトが取れる！」とかって言っていたが、本当にそれをやってベストバウトが取れる現役選手は丸藤くらいだと思う。

彼はやっぱりスーパースターであり、天才。

人間的にも筋がちゃんと通っていて、この人がいるからノアは今まで何度か危機があっても生き残ってきたんだろうなと思う。副社長としての仕事は何もしてないけど（笑）。もっと働いてくれ……。

振り返ってみれば、丸ちゃんとのシングルはこの1回だけ。大切な記念だね。

プロデュース興行の1発目でメインに迎えてくれたし、試合後に「まったく論外じゃなかった」って言ってくれて、それは素直にレスラー冥利に尽きた。

その前からウチの店に共通の知り合いを通じて顔を出してくれていたが、この試合を機に丸ちゃんと仲良くなった。

bar「BONITA」

ウチの店とは、2008年頃から新宿歌舞伎町でやっていたbar「BONITA」(ボニータ)。一応、俺が権利を持っていて、保証金5カ月分の家賃は3日で取り返した。12年に閉店したけど、途中からほぼ営業してなかった。もともとは自分で飲むために始めたんだけど、自分の店で飲むのが嫌になっちゃった(苦笑)。

来たお客さんにボトルを開けてもらって、5000円貰って……って考えながら飲む酒なんておいしくねぇなって。

試合で東京にいる時にはパレハや藤田なんかにも店に入ってもらって、そんなに広い厨房じゃなかったけど、料理が得意なパレハはメキシコ料理を作って提供していた。

家賃が安かったし、酒代なんかも安いから、毎月、その分だけ稼いだら店を閉めて、あとは自分が合コンをする時だけ店を開けていた。

で、途中から自分を配達するようになった。自分の店じゃなくて、近くの店に自分を配達して、自分で金を出して飲んでいたんだ（笑）。

叶わなかった三沢戦

実は丸藤戦の前日、お店にタイガー服部さんが来てくれて、一緒にテキーラをガンガン飲み、二日酔いのままディファ有明に行く羽目になってしまった。

ノアの選手たちと同じ控室は嫌だから、高山さんの部屋に行ったら、高山さんに「まさか飲んでるの？」って言われて「いやー、服部さんが来て朝4時頃まで」って（笑）。

そうこうしていたらわざわざ三沢光晴さんが挨拶に来てくれたんだけど、酒臭いのを隠さないといけないから、小声で「すみません、大丈夫ですから、ちゃんとやります」って返事すると「今日はよろしく」って笑顔（笑）。

三沢さんと会話をしたのは結局この1回だけだったと思う。

丸ちゃんには「三沢さんと試合がしたい」って話をしていて「三沢さんもOKって言ってるから、次のプロデュース興行の時にね」って言われていたが、三沢さんと戦うことは叶わなかった――。

誰も理解できないムタの世界観

全日本では3月14日の両国で三冠王者のグレート・ムタが高山さんと三冠戦をやることになり、そこに向けて3月シリーズはすべてシングルマッチをやることになった。パレハに始まり、征矢、真田聖也（現・SANADA）、KAI、大和ヒロシに5連勝して最後の3月11日の八戸では俺が対戦相手になった。

ムタとはプエルトリコ、アメリカでタッグを組んだが、戦うのは初めて。海外には付き人を兼ねて一緒に行ったとはいえ、日本ではムタと絡める位置にはいなかった。

それだけに俺にとっては貴重な試合だったけど、俺たちの前に試合をしていた高山さんをムタが闇討ち（場内が暗転したと思いきや、毒切りからシャイニング・ウィザード）したから、俺も慌ててリングに駆け込み、そのまま試合開始のゴング。いきなり毒霧を浴びて、最初からムタ・ワールドだった。

ムタの世界観は全然わからない。たぶん、本人しかわからない。誰も共感できる人はいないんじゃないかと思う。

イスを振り上げれば毒霧を噴射され、マイクコードで首を絞めにきたと思いきや、一転してSTF。身動きが取れない俺の額にガブリと噛みついてくる。何とか超高校級ラ・マヒストラルを決めたが、何と毒霧を顔面に噴射されてカウント2で返されてしまった。

そして最後はドラゴン・スクリューからシャイニング・ウィザードだ。

やっていることが常人にはまず理解できない。その発想が理屈に合っていないから、かえって観ているファンを惹きつけるのだろう。

パートナーとして横に立っていても、戦っていても、最後まで理解できなかった。たぶん、俺以外の選手もそうだったはずで、だからキャラクターとしてグレート・ムタは最強なんだと思う。できたら立ち入りたくない世界がそこにあった。

なお、3月14日の両国の三冠戦は高山さんが勝って新チャンピオンになった。それもムタのフェースマスクをイスで叩き割って、最後はエベレスト・ジャーマンだから、高山さんの発想も半端じゃない。

これで高山さんはノアのGHCヘビー級、新日本のIWGPヘビー級に続いて全日本の三冠ヘビー級王者になって史上2人目の3大メジャー制覇を果たしたのだから、まさしく帝王だ。

これでGURENTAIは三冠ヘビー級、世界タッグ、アジア・タッグのベルトを手にして全日本マット最強のユニットになった。

埋まった竹村との14年の空白

３月18日には東京愚連隊として新木場で「ＴＡＫＥＭＵＲＡ　ＡＩＤ」を開催した。この年の１月、試合中に肩を大怪我して長期欠場を余儀なくされた竹村を支援するためにやった大会だったけど、本人には辛かったんだと思う。

ここからタケちゃんとは14年近く音信不通だったんだ。気にはなってはいたが、竹村はパレハと仲が良かったから、２人は連絡を取り合っていると思ったので、俺から無理に連絡を取ることはないかなって。あとは怪我でリングを離れている人間に「この世界でまたやろう！」って、無理に言いたくないなという気持ちもあった。

連絡したのは22年12月20日に後楽園ホールで東京愚連隊のファイナル興行をやる１カ月くらい前。一応、向こうが年上だから「お久しぶりです」って電話して（笑）。「ドクターストップもあって、引退することになって、最後に東京愚連隊のみんなで集まりたいので、よかったら来てよ！」

「もちろんです！　いいんですか？」

二つ返事でOKしてくれた。そうしたら次の日、竹村の方から電話がかかってきた。何か嫌な予感……。

「野沢さんと昨日話をして、僕も藤波さんの大会を下関でやることにしました」

「あっ、それはよかったっすね」

「で、野沢さんも出てもらえますよね？」

「タケちゃん、俺、昨日、ドクターストップで辞めるって言ったよね？　試合数を減らしているっていうのも、昨日、言ったっすよね？」

「いやー、せっかくなので」

結局、押し切られてしまった。バーターだ（笑）。

俺にとっては引退まで無駄な試合はしたくなかったから「藤波さんと対戦できるなら行きますよ」って話をして、12月16日、下関市体育館で竹村が中心になって開催された「藤波辰爾デビュー50周年記念大会」に俺、パレハ、藤田の東京愚連隊で参加した。試合は俺たち3人と藤波辰爾&LEONA&竹村豪氏の6人タッグが組まれていた。

下関なら…フグでしょ！

下関当日、東京愚連隊ははしゃいでいた。控室で俺とパレハ、藤田で「下関に来るのは久々だから、試合後はフグを食べに行こう！」って盛り上がって、藤田に店を調べさせていた。

そうしたら俺たちの部屋に挨拶に来ていた竹村が突然思い出したかのように「野沢さん、皆さん、今日は試合の後に打ち上げがあるんで、もしよかったら皆さんも」って。

俺たちがフグで盛り上がっているのを絶対に聞いていたはずだから、もし打ち上げがフグじゃないなら、誘う時に「すみません、フグじゃないんですけど」って言うのが普通だ。でも、そんなことは言わないから、俺たちは打ち上げでフグが食べられると思って「藤田が調べる店よりも、地元の人が用意している店の方がハズレがないよな！」なんて勝手に盛り上がっていた。

試合が終わって、打ち上げの場所がLINEで送られてきたら……どう考えても焼肉屋の名前（笑）。で、店に行ったら案の定、焼肉屋（苦笑）。

店に入るとすでに藤波さんとLEONAがいた。打ち上げって言っても、その2人しかいなかった（笑）。

「パレハ、フグが来ないですね？」ってネタで言ったら、藤波さんが「えっ？　フグがあるの？」って言い出して（笑）。そんな打ち上げだった。

俺は山口に知り合いがいっぱいいるから、実は前日から山口入りしていた。瓦そばとかを食べて、当日にはいつも送迎してくれる山口在住の大向美智子さんに下関まで送ってもらったんだけど、距離がわからなかったから1時間半くらい運転してもらうことになってしまい、ヤバいことをお願いしたなって。

で、下関には唐戸市場っていうフグで有名な市場があるんだけど「今夜、みんなが久しぶりに揃って、絶対にフグを食べることになるよな」って、みんなに気を遣って我慢。それなのに焼肉だった（笑）。

竹村とはメキシコ時代にはたまに喧嘩もしたけど、あいつは途中から東京愚連隊の水に染まった。本当は彼が一番デタラメだった（笑）。

でも、今じゃ本名の竹村克司として下関市議会議員の大先生だからね。

今はたまに連絡が来るようになったし、タケちゃんも大切な仲間だ。

オーストラリアに初上陸

話を09年に戻すと、5月下旬には全日本のシリーズを途中欠場してオーストラリアに初めて行った。まず5月22日にメルボルン郊外のパッケナムでWW（ウォーゾーン・レスリング）

初めてのオーストラリアも満喫

という団体の興行に出てマット・シルバと対戦。すごく緊張していたな。

シルバは現在、AEWで活躍しているバディ・マシューズ。22年9月にスティングに暴行を加えようとしたところでムタの毒霧を浴びた男だ。当時はまだペーペーで、俺と試合をするのにすごく緊張していたことを憶えている。

翌23日はシドニーのAWFの興行でAWFコモンウェルズ王者のパワーハウス・テオに挑戦。最終日の24日もシドニーのAWFの興行で、スコッティ・クラブというデビュー1年くらいのグリーンボーイとシングルマッチ。全員が地元の選手だった。

オーストラリアのプロモーターは選手を兼ねていて、ZERO1とかドラゴンゲートに来たことがあると言っていたような気がする。

まあ、俺はあんまり英語がわからないから、ちゃんとEチケットが届いたら行くっていうスタイルだったんだ（笑）。

3試合しかなかったけど、せっかく初めてのオーストラリアだから4日早く現地入り。20オーストラリアドル（当時のレートで1500円弱）でゴルフ18ホールを回れるって聞いて、朝早くからゴルフ場に連れて行ってもらったけど、オーストラリアの朝は霧がひどく、どこに向かって打ったらいいのかわからなくて、結局、3ホール目くらいで「やっぱ帰ろっか！」って（笑）。あとは動物園に行ったり。

キッチン付きのホテルだったから、近くのスーパーでカンガルーの肉を買って、毎日食べていた。カンガルーの肉は鶏肉のような感じでめっちゃうまくて、しかも安い。だから毎日カンガルーの肉（笑）。これはハマったね。スーパーに行くのが楽しかった。

オーストラリアのプロレスのレベルはそんなに高くなかったけど、ピンチになると応援されるし、悪いことをすればブーイングが飛ぶという古き良き時代の雰囲気だった。

スタイル的には世界的に流行しているWWEっぽい感じではなく、どちらかというとクラシックな感じに今時のプロレスをプラスして技をバンバン出すハイスパートが多めという感じだったかな。

そんなにキャパが大きい会場ではなかったけど、ちゃんと席は埋まっていて、しかも子供の客が多かった。だから日本より未来はあるのかもしれない。小さい子が観ないと、この業界は無理だからね。

校長とCIMAを同時に東京愚連隊興行に

7月9日には新宿FACEで東京愚連隊興行として「NOSAWAボンバイエ5〜論外ワンナイト・スタンド」を開催。それまで4回やっていた「ボンバイエ」は全日本に名前貸しだったが、この大会から自分たちの興行になり、超満員札止めにした。

この大会には絶対に相容れないウルティモ校長とドラゴンゲートの選手を両方呼ぶという、他の団体では絶対に不可能なこともやった。

校長はサスケさん、スペル・クレイジーとの3WAYマッチ、そしてメインはNOSAWA論外&MAZADA&FUJITA VS CIMA&Gamma&KAGETORAの東京愚連隊VSドラゴンゲート。

さすがに控室は、校長はサスケさんと2人部屋にして、校長とCIMAたちが顔を合わせないように気は遣った。でも、こんなことが許されるのは俺だけだと思う。

俺とCIMAは初対戦だったが、メキシコで意気投合した仲だった。

第2章で書いたように、最初の頃は校長から門下生たちに、俺らみたいなわけのわからない日本人とは付き合っちゃいけないというお達しが出ていたけど、どこか地方の会場で一緒になって、2人で飲んで酔っ払って、野良犬を追い掛け回したり、気が付いたら他人の家の屋根に登って寝ていた(笑)。メキシコの家は低いから、屋根に登れるんだ(笑)。

CIMAは「酒をそんなに飲んだことがないんで」って渋っていたんだけど、「いいから飲もうよ」って(笑)。

メキシコの中でも危ない地域に住んでいる向こうの選手に「飯を食いに来い」って言われ

メキシコで意気投合していたCIMAとも初対戦

て2人で行って、帰りに放置されて、木の上に登って野良犬と戦ったりとか、わけのわからないことがたくさんあった（笑）。

そんな様々な思い出があるCIMAとのリング上での初めての遭遇は……試合でも意気投合することができた！

この時も大ウケだったのは鈴木さんと高山さんの出し物（笑）。07年11月の「NOSAWAゲノム THE FINAL」では鈴木さんのブルーザー・ミノディと高山さんのタカン・ハンセンが好評で、この時も2人はもう1回やりたいと言ってきたけど、俺もムタと絡んだ影響か、少し感性がおかしくなったのか、磨かれたのかわからないけど「違うんじゃないですか？ 今度はクラッシュ・ギャルズの方が」って（笑）。ちょうどクラッシュ・ギャルズ25周年ということで、勝手にお祝いさせてもらって、長与みのる＆ライオネス高山VSダンプ菊＆ブル坂井（笑）。

NGF世界ヘビー級選手権（仮）としてブレット菊ハートVSショーン・アントニオ本田・マイケルズもやったけど、これは俺が入場テーマを聞きたかったというだけの完全な出落ちネタだ（笑）。

「今日で俺たちのようなフリーでやっている選手たちが、やっと報われた感じの大会になってよかったかな」

試合後にそうコメントしたが、ここから東京愚連隊を法人化して、組織としてよその団体や会社といい条件で交渉できるようになるんじゃないかなと思った大会だった。単なるフリーだと足元を見られるというか、向こうの提示する条件を全部飲まないと使われないことがある。そんな中でも好き勝手に散々やって、業界をぶっ壊してきたとは思っていたが、07年年頃から法人化は常に頭の中にあった。

イメージ的には冬木軍プロモーションが近かったかもしれない。冬木軍はFMWだけではなく、FMWと敵対していたIWAジャパン、大日本にも出て、インディー界の再編成を目指していたからね。

前年08年1月10日に東京愚連隊のプロダクション化を発表したものの、法人化はしていなかった。まあ、その後にいろいろなことがあり過ぎて、結果的に東京愚連隊を法人化することはなかったんだけど……。

曙&浜の大相撲コンビに陥落

鈴木さんと獲得したアジア・タッグは3月1日の後楽園ホールで小島聡&KAI、8月22日の札幌テイセンホールで西村&征矢相手に防衛に成功した。この頃の征矢はまだまだ試合後に体育館の隅で泣いていた。

札幌の防衛戦の日は、早起きしてゴルフ18ホール回ってから29分37秒の試合をやっているから、俺も元気だったよ（笑）。

この時期の俺と鈴木さんのコンビは完成されていた。試合直前まで控室でバカ話をしていても、試合が始まればお互いにスイッチが入って、対戦相手ではなく、お互いを食ってやろうっていう気持ちで試合をしていた。

俺はとにかく鈴木みのるより目立ってやろうとしているし、鈴木さんにしても大人気ないから（笑）、俺よりも目立ってやろうとする。それがいい関係を作っていた。

でも、逆に言うと、完成され過ぎて、もう伸び代はなかったかもしれない。

9月23日の後楽園ホールで第64代横綱の曙＆浜亮太の挑戦を受けて、俺が横綱に圧殺されてベルトを獲られてしまった。

横綱にはベルトを獲られたよりも、超高校級ラ・マヒストラルを返されてしまったことの方が悔しかった。

でも横綱のことは人間的にも、プロレスラーとしても大好きだった。

この後から結構、横綱とシングルをやっているけど、エンターテインメントのわかりやすい展開になって、俺は横綱のいいところを引っ張り出していたと思う。もちろん、身体はキ

横綱のことは大好きだった

ツいんだけどね。

横綱が「野沢さんと俺の試合だったら、世界を回れますよ」って言ってくれたのも嬉しかった。だから横綱は16年4月に「王道」を旗揚げした時に俺に声を掛けてくれたんだろう。やっぱり外国人だから、センスというか感性が日本人選手と違って鋭いんだ。

船木さんにはまったく歯が立たず

アジア・タッグを獲られる1カ月前の8月30日の両国で船木誠勝さんがプロレスに戻ってきて、全日本に参戦するようになったが、俺は無駄に地方で船木さんとシングルをやらされていた。ボコボコにされて、身体がバラバラになりそうになって、もう最悪（笑）。

「野沢、今日、船木とシングルなの？」

「はい、どうせ俺はこんな役割ですよ」

ある田舎の体育館で鈴木さんとこんな会話になった。

この頃はまだ鈴木さんとスパーリングをやっていたから、鈴木さんは「お前、わかってるよな？」（笑）。

「わかってますよ！　グラウンドで仕掛けてやりますよ！」

そう啖呵を切って、試合で本当にグラウンドを仕掛けたら、まったく歯が立たない。気付いたら落とされかけていて、気を失う寸前で「ヤバい！」と思ってゴロゴロゴロってリング下に転がり落ちて、パッと上を見たら、２階席で鈴木さんとケアさんがゲラゲラ笑っているではないか。

リングに戻って京平さんの顔を見たら、試合中なのに「どうした？」って聞かれて「俺、落ちかけてましたよね？」って言ったら「おう、もうちょっとだったな」(笑)。

「今度こそ、やってやりますよ！」

京平さんにそう言って船木さんに向かっていったけど、そこからさらにボコボコにやられて……完敗だった。そして控室に戻ったら「ダセェな」って鈴木さんにボソッと言われるっていう(笑)。

まったく歯が立たないとは、まさにこのこと。ビクともしないなんて初めてだった。

スパーリングだったら、鈴木さんは上に乗っていても、下になっている俺たちに返させようとしたりするけど、船木さんはまったくそんな感じがなかった。

あんなに身体を絞っているのに、上に乗られたらすごく重く感じて動かない。「あれ？」って感じ。ポジションなんか１回も取らせてくれない。

でも、船木さんの試合スタイルは、あれなんだなと思う。序盤の１〜２分から目が離せない緊張感があって、観ている者にも、戦っている者にも「もしかしたら、ここで終わってしまうかも」って、思わせるものがある。

船木さんは10年くらいプロレスをやっていない時期があるんで、他の選手と比べると遅咲きだけど、やっと今「とにかくプロレスが楽しい！」って。

当然、鈴木さんと船木さんは仲が悪かった。

この年の最強タッグの時だったと思うけど、2人が同じ控室になった時があって、2人は直接話をしないで、俺を介して会話していた（笑）。

その日、試合が終わって、俺はそのまま新幹線で帰る予定だったから「お先に失礼します！」って控室から出ようとしたら、2人で会話を始めたから、新幹線から鈴木さんに「いいものを見せてもらいましたよ」ってメールを送った（笑）。

俺が思うに、鈴木さんは船木さんのことが大好きなんだ（笑）。部活の延長をしているなって感じかな（笑）。

この頃、俺は西村さんと和解して、巡業中も飲みに行ったりしていたけど、西村さんが船木さんをよく誘うから西村さん、俺、船木さんの3人で飲みに行くことも多かった。

ワインバーに行って、プロレスの話をして。俺はとにかくプロレスが好きだから「あの時のＵＷＦはどうだったんですか？」とか全部聞いて。

「あの時はこうでしたね」とか、船木さんも全部答えてくれる人だった（笑）。次の日、鈴木さんが「お前、昨日、船木と飲みに行ったんだって？」って聞いてくるから「えぇ、楽しかったですよ」って答えると「ふーん」（笑）。

何だかんだ気にしているのがわかるから「鈴木さんも一緒に行きましょうよ」って声を掛けると「俺は行かない」（笑）。2人しかわからない距離感があるんだなと思った。

船木さんとはそこからの縁で、W—1の時はサシ飲みすることもあった。俺の知らない世界を通ってきているから、いろいろなことを教えてくれた。

何かの話をしている時にマスカラスの話になって「船木さん、マスカラスなんて興味あったんですか？」って聞いたら「実はマスカラスが一番好きでしたよ。マスカラスを見て、テリー・ファンクを見て、次にマスカラスじゃなくタイガーマスクを好きになって、新日本に入ったんです」って。

だから14年12月11日の後楽園ホールの東京愚連隊興行にマスカラスとテリーを呼んだ時には船木さんにトリオを組んでもらった。

ただ、船木さんは「パンクラスを始めたら、とにかく勝つことしか見えなくなった。お金じゃなくて、勝つこと……家族すら見えなくなった」って。それを聞いて「俺とは違う道を歩いてきたんだな」って。

青木篤志選手の思い出

アジア・タッグを獲られた4日後の9月27日、ノアの日本武道館に出た。

「第1回ジュニア・ヘビー級リーグ戦出場者決定戦」で、エントリーされていた宮原健斗が体調不良で出られないってことで、俺にオファーがきた。

ノアの日本武道館は06年12月の初参戦の時のトラウマがあって嫌だったが、この年の1月の丸藤戦の時にノアの会場の雰囲気が変わってきているのを感じたから「今、ノアに出たら面白いんじゃないかな」って、OKの返事をしたんだ。

実現はできなかったけど、丸ちゃんが三沢戦を約束してくれたというのも心が動いたポイントだ。「ノアが困っているのなら出なければ」って。

あとはもちろんギャラ(笑)。この頃のノアはギャラがよかったし、ましてやビッグマッチの日本武道館となれば、かなり期待できる(笑)。

それで、せっかく出るなら、まず田上明社長に挨拶に行こうと思って、日本武道館の2日前の9月25日の茨城・神栖市民体育館で田上さんのところに行って「俺が出てやる!」ってアピールしたら「は?」って顔をされた(笑)。

田上さんは俺が出るって知らなかったんだろう。社長なのに（笑）。日本武道館当日は、控室の通路ですれ違った杉浦さんに真顔で「酒臭くないですか⁉」って言われて「うん、いつも」（笑）。

青木篤志選手とは初対戦だったが、二日酔いが功を奏したのか、手が合って面白かった。腕ひしぎ十字固めで負けたけど（笑）。

聞くと青木君はほとんど誰ともつるまないって話だったけど、秋山・全日本にブラック・タイガーⅦで出ていた時、巡業中に「パチンコに行こうよ！」って誘って、6年もやめていたパチンコをやらせたり、夜中に麻雀に呼び出したりしていた。あと巡業先の銭湯にもよく2人で行ったり。

みんなは面倒臭いタイプだって言っていたけど（笑）、ちょっと気難しいところが面白いなって思える、好きな選手だった。

高山隊長との最強タッグ

2009年は5月のオーストラリアだけでなく、全日本の遠征で11月20&21日の2日間、初めて台湾で試合をした。2日目の台北大会から最強タッグがスタートして、俺は高山さんとのコンビで諏訪魔&河野真幸相手に黒星発進になってしまった。

03年はパルカ、06年は鈴木さん、09年は高山さんと、なぜか3年周期で出場している。黒星発進になってしまったけど、高山隊長とはいい意味で遊んで試合をしていた。

鈴木さんとはまた違う組みやすさというか、そもそも鈴木さんと高山さんではサイズが違うので、それがまたやっていて面白かった。

結果は3勝5敗の負け越しだったが、パルカとのタッグでは全敗。鈴木さんとのタッグではたったの1点。つまりテンコジと時間切れ引き分けだけで、1つも勝っていない。だから高山さんとのタッグが最高得点だった(笑)。

この最強タッグには長州&征矢組がエントリーされていて、たまに長州さんと控室が一緒になるんだけど、その瞬間にもう、鈴木さん、高山さん、ケアさん、俺……みんなの目が一斉に合う(笑)。

なぜか征矢は長州さんと組んでいるのに、控室に来ない。探したら通路で着替えていたから「てめぇ、俺たちに押しつけてんのか!」って(笑)。

ただ、長州さんは控室では普通に話しかけてきてくれて、俺と鈴木さんがパチンコの話をしていると、長州さんが「あれ、今日もパチンコ行ったんですか?」って。

鈴木さんが「今日はあんまり出なかったんですけど、長州さんはどうでした?」って言ったら、「いやあ、僕はエヴァンゲリオン！」って（笑）。

08年8月に悔し涙を流した初遭遇から1年以上経っての長州さんとの試合だったけど、やっぱり長州さんの視界に入っているのは高山さんだけだった。試合は成立したものの、俺自身も長州さんを攻めていけなかった。

この最強タッグの最終公式戦は12月5日の四日市オーストラリア記念館で鈴木&ケアとのGURENTAI同門対決になり、思い切りやり合った末に俺が鈴木さんのゴッチ式パイルドライバーで負けた。

そして試合後に高山さんが「この1年、最高の仲間と回って充実していたし、復活させてもらった。この勢いでよそに遊びに行こうかなと。またこっちに来ることもあるよ」と、全日本からの撤退を宣言した。

実は高山さんは、台湾遠征の時に最強タッグのパートナーの俺を最優先してくれて、鈴木さんに言う前に俺に話してくれていた。

台湾に着いてすぐ、鈴木さんが「どこ飯行く?」って言うから「台湾にはトイザらスがあるんで、トイザらスに行ってからだったら合流します」って言うと、高山さんが「会長、俺もお供していいですか?」って言い出したから、鈴木さんはちょっと不貞腐れて「俺、待ってるよ」（笑）。

それで俺と高山さんでトイザらスを2軒回って「そろそろ鈴木さんと合流しますか?」って言ったら「会長、ちょっとそこの公園でコーヒー飲んでいかない?」。

「実は、この最強タッグで俺は全日本終わりだから。ただ、まだ鈴木さんにも誰にも言ってなくて、タイミングを見て俺の口から言うから、それまで黙っておいて」

それを聞いた俺は「隊長がいなくなるなら、最後は調子に乗って、楽しくやりましょうよ!」って。

高山さんは隊長、鈴木さんは鈴木さん、俺は会長(笑)。

GURENTAIは、鈴木さんが長男だとしたら、高山さんは次男のお兄ちゃん。ケアさんは親戚のお兄ちゃん、パレハはパレハ(相棒)だ。

高山さんがマスコミに全日本からの撤退を表明した時、俺は思わず号泣してしまった。

「俺は高山善廣と最強タッグに出られてよかったよ」って、呼び捨てでコメントした。

ドス・カラスと日本で対戦

2009年の年末はドラゴンゲート6大会に出たが、その合間にはカメラマンで東京・水道橋でプロレスマスクの専門店「DEPO MART」を経営している大川昇さんが主催した12月20日の新木場の興行でドス・カラスと対戦した。ドス・カラス&ウルティモ・ドラゴン&グラン浜田VSザ・グレート・サスケ&エル・サムライ&NOSAWA論外というカードはルチャのファン、日本のジュニアのファンにとっては、なかなかの好カードだ。

俺はCMLLジャパンのツアーでマスカラスの付き人をしていて、その時にドスもいたから、マスカラス兄弟とはよく食事に行った。

その頃はまだ言葉もわからないから、片言のスペイン語でちょこっと会話するくらいだったけど、ホテルの送迎もした。

のちにアルベルト・デル・リオの名前でWWE世界ヘビー級チャンピオンになったドスの息子も一緒に来ていて「いつもウチのティオ（叔父さん＝マスカラス）が迷惑かけて申し訳ないな」って（笑）。

大川さんはマスカラスと仲が良かったけど、結局は一族だから、マスカラスだけでなく、ドス・カラスとかファミリー全体とも付き合わないといけなくなる（苦笑）。

俺も東京愚連隊でマスカラスやドスを呼んでいた時に「これ以上、息子とか孫とかがデビューするなよ、呼ばざるを得なくなるから」って思っていたよ（笑）。

1日3大会を飛び回る売れっ子（笑）

2010年早々の2月28日、俺は1日3試合のトリプルヘッダーをやった。

まず午前中にDDTの新木場、午後がノアの日本武道館、夜は佐藤光留10周年大会の新宿FACE。

最初、DDTと佐藤光留の興行が決まっていて、そのあとにノアの仲田龍さんからオファーがあった。

「すみません、その日はすでに埋まっていて12時から新木場なんです。ノアさんの日本武道館は試合開始15時ですから、18時からの新宿に出られなくはないですけど、ノアさん的にはトリプルヘッダーで大丈夫ですか？」

「うん、大丈夫！」

「ちなみに対戦カードは？」

「秋山準、佐々木健介VS丸藤、NOSAWAさんで」

「またまたご冗談を（笑）。まあ、対戦カードは何でも大丈夫ですんで。それでは、よろしくお願いします」

そんな会話でトリプルヘッダーが決まったんだけど、本当にそのカードだった（笑）。

本当は俺のところに入っていたのは谷口周平だったが、怪我で欠場になって、前年9月に宮原が休んだ時に俺が引き受けたから「今、困った時はＮＯＳＡＷＡ論外で」って、丸ちゃんが推してくれたらしい（笑）。

健介さんとは全日本で散々やっていたから、その痛みは身体に染みついているけど、秋山さんとは初対決。エクスプロイダーで負けたが、面白かった。会場入りがギリギリになっちゃって、しかも初対決だから、すげぇ緊張感を持って臨んだのを憶えている。

結局、この日は最初のＤＤＴでパレハ＆藤田との東京愚連隊でＨＡＲＡＳＨＩＭＡ＆大鷲透＆安部行洋からＵＷＡ世界6人タッグのベルトを奪取して、ノアに行って秋山さんにやられて、最後はパレハと組んで佐藤光留＆鈴木さんの師弟コンビと戦って、パレハが正田落としで光留さんを押さえた。

「あのノアさんがトリプルヘッダーでもいいから出てくれっていうくらい、俺には需要あるんだな。俺、売れてるんだな」って、思っても……仕方ないよね！

泣かされたブッチャー

この頃、俺はアブドーラ・ザ・ブッチャーの日本の活動をマネジメントしていた。

初めて会ったのは06年6月17日、XPWのロサンゼルス・スポーツ・アリーナ大会。その後はあちこちのインディー団体で一緒になったし、全日本でも会っているが、オーラが凄過ぎて話し掛けることはできなかった。

それでも日本の会場で頻繁に会うようになってからは、何となく俺のことを覚えたみたいで、外国人用のバスに乗り込む時に「ブッチャーさん、俺が荷物持ちますよ」って声を掛けて、そこからコミュニケーションを取るようになったんだ。

ブッチャーは人種差別の名残なのか、絶対に控室に入らないで、通路とか階段で着替える。アメリカでは普通に控室に入るけど、日本だと入らない。俺なんかにはわからない何かが日本であったのだろう。

ある時、通路のイスにドッカリと座っているブッチャーに「お前とは、いろんな所で会うけど、どこに住んでるんだ?」って聞かれて、当時はメキシコに住んでいたから、ブッチャーの凶器シューズをメキシコで作ってあげたりしていた。

で、08年ぐらいだと思うけど、ブッチャーがまだジョージア州アトランタでレストランを経営している時、飛行機の乗り換えがあって、アトランタで1泊することにした。ブッチャーに「ユーのレストランに行きたいんだけど」って連絡したら「わかった。何時の飛行機で到着するんだ？　空港に到着したら、また電話しろ」って言われて、指定された場所に行くと、ブッチャー自ら車を運転して、迎えに来てくれた。

空港近くにレストランを持っていて、連れて行ってくれたけど、その前に草原みたいな景色の所をグルーッと回って、同じ場所に戻ってきて「全部、俺の土地だ！」って自慢された(笑)。

レストランはBBQスタイルの店で「好きなもの食え！」って言われたので遠慮せずにご馳走になり、「この後、お前は何をしたいんだ？」って聞かれたから「適当にタクシー呼んで、買い物に行くから大丈夫です」って答えると、店の従業員を呼んで「こいつは俺のゲストだから、行きたいという場所に全部連れて行け」。

その従業員がショッピングモールとかトイザらス、ウォールマート、ターゲットとかを回って、フィギュアや服を買うお供をしてくれた。至れり尽くせりだ。

翌日、フライトが早いから、一度レストランに戻って空港方面に向かおうとしたら、やはりブッチャー自ら送ってくれて、何だか立派なホテルの前で「降りろ」。

「俺、こんな高そうなホテルに泊まれないから」って言ったけど、すでにブッチャーが自分の名前でホテルを予約してくれていて、支払いも全部してくれた。

たぶん、日本のファンには「ブッチャーはケチ」というイメージがあると思う。実際にブッチャーは「お前のホームカントリーなんだから、お前が払え」と言って、日本だと1円も払わない。

でもアトランタに行ったら「ここは俺のホームカントリーだから、ここは俺が払う」と言って、絶対に俺に金を出させなかった。

「ありがとうございます。また日本で会いましょう」と言って別れて、部屋に入って休んでいたら、夜中の12時頃に部屋の電話が鳴って「起きてるか？　降りてこい」。

ロビーに降りたら、車に乗せられて、黒人のジャズ・バーに連れて行かれて「俺はいつもここに来るんだ」って。

夜中1時にジャズとピアノの演奏を聴きながら、ブッチャーと2人でウィスキーを飲んで、そこでまた「明日は何時だ？」って言うから「明日は自分で空港行くんで、頼むからもう来ないでくれ」って（笑）。

そんなこともあって、この時期はブッチャーを飼い慣らしていた（笑）。

ドラゴンゲートにもブッキングしてあげて、3月22日の両国のビッグマッチでは俺とパレハ、ブッチャーのトリオで曙&望月成晃&ドン・フジイのオープン・ザ・トライアングルゲートのベルトにも挑戦した。
巡業中はよく飲みに行った。ただ、パレハと口論になってブッチャーが泣いたことがあった（笑）。何か他愛もないことを言ったら、パレハは多少英語を喋れるから「何で、そんなことを言うんだ?」って言い返して、言い返して……何度か繰り返したら、ブッチャーが泣くっていう（笑）。

パレハは、あのブッチャーを泣かした男なんだ（笑）。

第7章 事件

全日本の後楽園をすっぽかす

「俺の人生はすべてうまくいく！」

そう思っていた俺に陰りが見えたのは2010年4月のことだ。

4月3日、久喜市総合体育館での「チャンピオン・カーニバル」開幕戦後、京平さんに「今日、俺、六本木なんだよ。お前も来る？　天龍さんも来るよ」と誘われた。

移動バスに乗らない時には京平さんが車に乗せてくれていたが、この日の京平さんは六本木のダイニングバー「Ｈｉｔｏｍｉ」で1日マスターをやることになっていた。そこに天龍さんが飲みに来るというわけだ。

「行けるわけないじゃないですか」と答えると、京平さんは「ああ、お前、まだ引きずっているのか」。

第4章で書いた通り、04年10月に天龍さんと渕さんのアジア・タッグに挑戦した際に天龍さんをジジイ呼ばわりし、ボコボコにされてからずっと疎遠になっていたんだ。

「お前が来たら、天龍さんも喜ぶよ」

京平さんにそう言われて、意を決してお店に行き、他のお客さんもいる中で天龍さんのところに行って「ご無沙汰しています！」と挨拶したら……天龍さんは立ち上がると、いきなり俺の顔をバチーン！　と張って、耳元で「元気ですかーっ！」（笑）。

京平さんから「お前は個室にいろ」って言われて「だから来たくなかったんだよ」と思いながら1人でいると、京平さんが入ってきて「お前、何で天龍さんがボケてくれたのに何にも反応しないんだよ。猪木さんの真似だろ」。わかるわけがないだろって（笑）。

しばらくして、お客さんが引いたところで、天龍さんが来てくれて「お前には生意気しか印象ないよ。でも頑張っているな。見てるよ」って言われて嬉しくなって、テキーラを飲みまくり、顔に落書きされたりして、気がついたら、翌4日の昼間の全日本の後楽園ホール大会が終わっていた（笑）。

天龍さんがお帰りになった後も、俺は嬉しくて1人でついつい飲んでしまったんだ。

昼の12時の試合なのに、起きたら16時。家に帰ってきた記憶もなくて、携帯を見たら着信が大量にあった。

「ヤベぇ、これスカしたなぁ。でもジタバタしてもしょうがないな」って、着信を1つずつ確認しながら「誰から連絡しよう」って（笑）。

この日、会場では「NOSAWA論外選手が会場に到着していないため、緊急欠場となります。代わりに近藤修司選手が2試合します」とアナウンスされたみたいで、この時の借りは、いまだに近ちゃんに返しきれていない。

寛大だった（？）武藤さん

この時、武藤さんが膝の手術で入院中だったから、病院まで謝りに行った。武藤さんが怒っているという話しか聞いていなかったので怖かった。

病院に到着したはいいが、病室に行く気が起きなくて、気付いたらロビーのイスに30分近く座っていた。ようやく腰を上げて、受付に向かい、武藤さんの病室を聞いて、ナースステーションで武藤さんのお見舞いに来たことを伝えたら「武藤さんのお見舞いですね！　案内しますね！」って、いきなり部屋の前まで案内された。

「あのー、武藤さん機嫌悪いですかね？」って聞いた瞬間、「武藤さん！　お見舞いの方です！」って病室の扉を開けられてしまった。

思わず「この度は、大変申し訳ございませんでした！」って謝ると、武藤さんは「え？　お前、何で来たの？　いいからこれ見ろよ！」と、手術で除去した関節ネズミの入った瓶を見せて「これが俺の膝に入ってたてよ」（笑）。

「武藤さん、そうじゃなくて、後楽園ホールのことで……」

「入院が長くなっちまってよー」

こうしたやり取りが続き、武藤さんはなかなか取り合ってくれなかった。

「まぁ、いいから座れよ。それに、別に俺に謝らなくていいよ」

「でも、武藤さんが社長で、今回は自分が酒を飲んで……」

「それを言ったら俺だって一緒じゃねぇかよ。試合に出られてないんだから」

「いや、俺のはサボりですから」

「俺はいいからさ、現場を仕切っているカズにだけ謝っておけよ。俺に怒られたとか言っておけばいいよ」

武藤さんに言われたのはそれだけだった。

正直、めちゃくちゃビビっていた俺は、お見舞いを持ってくる余裕もなかった。それについても謝ると「それなら何か雑誌買ってきてくれよ」って言われて、すぐに雑誌を大量に買って病室に戻ったら「お前も家まで遠いだろうし、もう帰れよ。じゃあな！」って（笑）。

武藤さんが寛大だったのか、俺の顔を見て手術の話がしたかっただけなのかはわからないけど（笑）、その後、「チャンピオン・カーニバル」4大会を欠場。これは会社からの経済制裁だった。

最終戦の4月11日のJCBホール（現・東京ドームシティホール）で復帰したが、この日は優勝した鈴木さんが試合後にGURENTAIの活動休止を発表した。

たぶん、この日の復帰は、フルメンバーで活動休止を発表したかった鈴木さんが全日本に話をつけてくれたんだと思う。

全日本からの撤退

鈴木さんがいつからGURENTAIの活動休止を決めていたのか、俺は知らない。その決定に盾突く気もないというか、俺は俺で東京愚連隊として自主興行などを始めることの方に意識が向いていた。

全日本は新たに5月シリーズから組み始めた鈴木&船木組に期待していたところもあったと思うし、俺の中では高山さんもいてのGURENTAIだったから、高山さんがこの年の1月に全日本から撤退した時点で「何か他のことをやらなくちゃいけないな」という思いもあった。

1月から自主興行の準備を始めて、ちゃんと東京愚連隊という組織として動き出せると思った矢先に酒を飲んで失敗してしまったと(笑)。

JCBホールから4日後の4月15日、新木場で「東京LOVE～春の陣～」と銘打った東京愚連隊興行を開催し、ここには鈴木さんと高山さんが愚連隊になりきったＳＵＺＵＫＩ＆ＴＡＫＡＹＡＭＡ規格外として愚連隊トライアウトマッチに参加してくれた。

全日本には５月シリーズには出たが、俺は全日本撤退を宣言した。カズさんとのタイトルマッチは手が合ったけど「このままクビになるんだろうな」という空気を感じていたし「別に戻れなくてもいいか」という気もしていた。

パレハはブードゥー・マーダーズ入りして全日本へのレギュラー参戦を続けたが、俺には９月シリーズまで声が掛からなかった。全日本としても社内的に、何かしら俺に制裁を与えないと示しがつかないということだったんだろう。

全日本から独り立ち！

全日本レギュラー参戦が５月で終わった俺は、６月からＣＩＭＡとメキシコに行った。

メキシコにはＷＷＥからのスカウト話の時にニューヨークで会ったＫＥＮＳＯさん、それからドラゴンゲートの戸澤アキラがいて、６月３日のＩＷＲＧのナウカルパンではカルテットを組み、５日のＡＬＬのトラネパントラではＣＩＭＡ＆戸澤とのトリオ、６日のパラシオでのＡＡＡの「トリプレマニア」ではエクストリーム・タイガー、ジャック・エバンス、クリストファー・ダニエルズとのAAA世界クルーザー級の4WAYタイトルマッチに出場した。

この「トリプレマニア」にはノアから潮崎豪&青木篤志がコンビで来ていて、彼らはAAA世界タッグの4WAYタイトルマッチに出場していた。

帰国後はZERO1、ドラゴンゲート、大阪プロレス、DDTなどに出て、6月12日の大阪プロレスの大阪ミナミMoveOnアリーナではパレハ、藤田とのトリオでくいしんぼう仮面&えべっさん&松山勘十郎からUWA世界6人タッグを奪取した。

さらに6月26日のディファ有明では藤田と組んで石森太二&リッキー・マルビンのGHCジュニア・タッグに挑戦したし、7月には再びCIMAとメキシコに行き、日本に戻ってきて7月18日に「ブッチャーが死ぬ前にやってあげよう」ということで、新木場で来日40周年記念の「BUTCHER FIESTA～血祭り2010～」をプロデュースしてメインでブッチャー&鈴木さんVS藤原組長&俺のタッグマッチを組んだ。俺がブッチャーのエルボードロップで大会名通りに血祭りにされた(笑)。

その翌日の19日は後楽園ホールのウルティモ・ドラゴン興行、8月に入って2日に折原さんのメビウスの新宿FACEに出場……と、この頃は全日本がなくてもやれるのがわかって、何だか楽しい時期だったけど、何か物足りない寂しい感覚もあった。

全日本復帰後も好奇心の赴くままに

8月10日には、この年2度目の東京愚連隊興行「SUMMER WARS」を新宿FACEで開催して、メインは全日本に残ってブードゥー・マーダーズ入りしたパレハと勝負をつけるべく、NOSAWA論外&FUJITA&KIKUZAWA&マグニチュード東京（岸和田）VSMAZADA&稔&ヘイト&歳三の東京愚連隊VSブードゥー・マーダーズ全面対抗戦。キクがパレハのラリアットに負けてしまった。

東京愚連隊から解雇通知を出されていたパレハは「こんなクズみたいな興行、2度と出ませんからね」とコメントして去って行った……。

その4日後の8月14日にはベラクルスのAAAのビッグマッチに出て、帰国後は25日に新宿FACEで天龍プロジェクトの興行に初参戦。

天龍さんが「お前、酒飲んで、全日本の試合に行かなかったらしいな。面白いな！」って呼んでくれて「また、パアーッとやろうぜ！」（笑）。

俺は嬉しくなっちゃって、笑顔で「はい！」（笑）。

試合では天龍&関本大介&後藤達俊の世界6人タッグにNOSAWA論外&金村&黒田で

挑戦したが、この時の天龍さんは金髪。本当なら「金髪のクソジジイ」とでも言いたいところなんだけど、あのアジア・タッグ以来だから、イジれなかった(笑)。

この後、健介オフィス、嵐の自主興行、メビウスなどに出て、4カ月ぶりに全日本へ。

9月10日の後楽園ホールの開幕戦でBUSHIとのマスカラ・コントラ・カベジュラに負けて逃走したパレハを俺が捕獲して、翌日から全日本にベビーフェースとして復帰したんだ。問題を起こして干されたのに、まだ人気はあったようだ(笑)。

全日本に戻ってからも、合間にドラゴンゲート、天龍プロに出た。シリーズ終了後の10月3日にはWAVEの後楽園ホールでアジャ・コング&NOSAWA論外VSGAMI&アブドーラ・ザ・ブッチャーなんていうタッグマッチもやった。

10月3日の入間での全日本の「秋祭2010」では久々に曙さんとシングルマッチ。場外に落ちた時にたまたま観戦に来ていた横綱の息子を人質にしたら、横綱が笑い出しちゃうという一幕もあった(笑)。

その3日後の6日には後楽園ホールの「マッスル10」に出場……ではなく、試合はしていないから、ただの登場(笑)。これは完全にマッスル坂井の世界だけど、俺はあの世界観は嫌いじゃないな。あれもプロレスだ。

全日本に戻ってからも、こういう感じで好奇心の赴くままに活動していた。

15年間の集大成

10月8日、後楽園ホールでの俺の自主興行「NOSAWAボンバイエ6～論外のオールスター戦2010～」は、俺にとって15周年興行でもあるから、それまで培ってきた人脈の集大成的な大会を目指した。

海外からはマスカラス、ブッチャー、バンピーロ、パンテーラ、アルカンヘルを呼んで、メインはマスカラス&バンピーロ&NOSAWA論外VSCIMA&ブッチャー&アルカンヘルを組んだ。

バンピーロはAAA、アルカンヘルはCMLLだから、CMLLの奥村からクレームみたいなのが来たけど、関係ない。俺のリングだからできるマッチメークだ。

マスカラスとは1回、メキシコで組んでいるけど、まだマスカラスが俺を認識していない頃だったから、ここで組むことができたのは本当に嬉しかった。

「クロスチョップはお前とはやらない。あの技は兄弟としかやったことがない」と言っていたマスカラスが、いざ試合になったらやってくれた。これも嬉しかった。

CIMAはメキシコや韓国を一緒に旅していたから快く出てくれたし、天龍さんも出てくれた。ジャンボ菊と組んでブルーザー・ミノディ&タカン・ハンセンとの菊龍VS超獣というふざけたカードだったのに（笑）。

04年11月のＩＷ★ＧＰで喧嘩したグラン浜田さんも、何だかんだ言って師匠の１人でもあるので、還暦試合を組ませていただいた。

武藤さんもオファーしていたが、膝の手術で試合できない時期で……というのは言い訳で、たぶん、俺の興行に出たくなかったんだと思う（笑）。

プロレスのクリエイティブ側に

この大会の後に「プロモーターとして、ビンス・マクマホンや亡くなったアントニオ・ペーニャと勝負していきたい」ってコメントを出したけど、その２人の素晴らしい点は「狂っているところ」だ。

ビンスはニューヨークに呼ばれて行った時、挨拶程度しか接する機会がなかったが、ペーニャはお父さんみたいな人だった。

会うと、ずっとプロレスの話で、俺がまだＡＡＡに行くって言ってないのに「お前はこういうのをやったらどうだ？」「ウチに来たら、こういう相手はどうだ？」とかって次々にアイデアが出てくる。そうしたアイデアを俺はメモっていた。

アメリカに行くとブッカーがいて、エージェントがいて、クルーもいっぱいいて、言葉がわからなくても、この人が一番偉い人で、次はこの人だと何となくわかった。

各試合にエージェントがいて、エージェントの言うこと聞かないと、すぐに外されるし、俺たちがしょうもない試合するとエージェントまで首を切られるから、エージェントは自分を守るために、自分が信頼している選手しか呼ばない。

すべての団体にいるわけではないが、XPWなんかでもディレクターがいて、その下のADが「入場したらこっち側向いてくれ」とか全部指示を出す。何か違うことがあると、ディレクターが来て「次はこうしてみろ」とか言われる。

リングに上がったら、どこのコーナーに登って、どのカメラに向かって拝めとかっていう細かい指示があって、スポーツエンターテインメントの素晴らしいショーが出来上がる。

今は時代が違って、すぐパワハラ云々という話になって、上が下に優しすぎるから、下がわがままになって言うことを聞かなくなり、いいショーができないんだと思う。

俺は若い頃からそういうプロレスの仕組みを間近で見ていたこともあって、レスラーをやるよりも考えたり、作り事をしている方が楽しい。

俺の場合、考えるのにいろいろなものを見る。まったく興味がないものも見て「やっぱりつまらないな」と思う時もあれば、「この部分は面白いのに、ここがやり過ぎちゃっているから受け入れられないんだろうな」とか、分析するのが好きだ。

俺は自分がトップに立つような選手じゃないのをわかっていた。それなのにDDTを旗揚げした時に俺が一番若いというだけで、無理矢理プッシュされて、それが嫌で、プロレスが好きじゃなくなった時期があった。「木村浩一郎と試合したら、どれだけ痛いのか。お前ら、やってみろよ」って思いながら、嫌々試合していたんだ。

それでメキシコに行って、試合以外に興行の作り手側も見てきて、そっちのクリエイティブ側の方が面白かった。そうした経験がこの15周年の頃に実を結んだと思う。

今の憧れはエリック・ビショフ。彼がWCWで「マンデー・ナイトロ」を仕切っていた時代、ハルク・ホーガン、バスケットボールのデニス・ロッドマンとかが出ていて、WWEの「マンデーナイト・ロウ」に視聴率で勝った週もあり、「ビショフという人は凄いな」ってずっと思っていたんだ。

19年2月、大阪でのマサ斎藤さんの追悼試合でビショフが日本に来た時に、ちょうどアメリカで仲良くなったサニー・オノオさん（WCW時代、ウルティモ校長などのマネージャーをやっていた日本人）もいて、サニーさんに「どうしても会いたい」って言って、一緒に飯食わせてもらい、ちょうど杉浦軍の参謀役としてノアに出る時期だったから、いろいろ話を

今の憧れはエリック・ビショフ

聞いた。

「他人からどう言われようが、自分が決めたことに対してブレちゃダメだ。スーパースターでも、どんなにしょっぱいレスラーでも、レスラーは全員わがままだから、上からだろうが、下からだろうが〝こうしたい〟とか言われても、それをやっちゃったら、もうダメだ」というのがビショフの持論。それは大いに参考になった。

新日本に進出！ 永田さんと東金愚連隊

11月、俺は新日本に本格進出することになった。11月9日、ディファ有明で開幕の「スーパーJタッグ・リーグ戦」に藤田と東京愚連隊としてエントリーされたんだ。

初日は永田裕志さんとのトリオで棚橋弘至&KUSHIDA&AKIRAとの6人タッグで顔見せ。永田先輩とはそれまでコラソンプロレスで2回一緒になっていて、プライベートでよく飯に行っていた。ああ、永田さんも俺のことを先輩って呼ぶんだよ（笑）。

俺はFC東京のサポーターで、コラソンジャパンを通じてサッカー選手とコラボしたり、オフの日は普通にサポーターと交ざってゴール裏で試合を観に行ったりしていた。

前年の5月9日にミズノフットサルプラザ味の素スタジアム5周年記念として開催された

コラソンプロレスにパレハとFC東京のユニフォームを着て、FC東京愚連隊として出場したし、この年の9月2日の新宿FACEでのコラソンプロレス第2回大会には藤田とのFC東京愚連隊として出場した。その2大会で永田さんと意気投合したんだ。

ディファ有明の時、永田さんに「せっかくだから東金愚連隊をやりましょうよ！」って言ったら、永田さんもノリノリで顔にペイントをしてくれて、3人で青儀軍のテーマカラーのブルーの東金愚連隊のシャツを着て試合。いきなり新日本を楽しめた。

タッグ・リーグ公式戦では、翌11日のディファ有明の初戦でライガー&サムライに勝利。俺がサムライさんを超高校級ラ・マヒストラルで押さえたんだけど、まあ、相手にサムライさんがいたら、俺が勝つ。だって俺のオモチャだから（笑）。

全日本にサムライさんが参戦した時は控室でマスクを隠したり、平気で「マツ！」（本名・松田納）って呼んでいたし（笑）。

サムライさんの靴の紐を全部外して、靴紐と柱を固結びで何重にも結んで、試合が終わって控室に戻ったら、まだ紐が解けずにいた時もあった（笑）。

いや、俺はサムライさん大好きで、何年かに1回キレるサムライさんを見たくて、いろいろやったんだけど、まったく響かなかった（泣）。サムライさん、大好きです！

タッグ・リーグはその後、ラ・ソンブラ&マスカラ・ドラダ、田口隆祐&プリンス・デヴイット、デイビー・リチャーズ&ロッキー・ロメロに負けて1勝だけに終わったけど、新日本に評価されて、すぐに次の出場オファーが来た。

四谷警察署

まずは12月23日の後楽園ホール。この大会は当初、タイチ&X&XXとされていて、ここに俺とTAKAさんが入るんだけど、実は俺は前日まで四谷警察署にいた。

この頃の俺は新日本にまで出られて充実感はあったが、孤独だった。だから酒に頼る。「BONITA」をやっていて、自分も酒を飲んで、ちょっと寝て、試合して……っていうルーティーンを勝手に作っていて、それで何とか精神の均衡を保っていたような気がする。まだ若かったから身体も無理がきいたんだろう。

この頃、つるんでいたメンバーが結婚したり、引っ越したり……東京愚連隊の中でもそうなんだけど、毎日部活をやっていたのが、みんながどんどん卒業していってしまった。

俺だけ相変わらず、取り残されて遊んでいる状況で「この危機感こそが俺を救う」とか「嫌な方に進んだ方が人生楽しい」とかって、強がってカッコつけていたけど、つるんでいた仲間は人生を考えるようになり、大人になっていき、俺は酒に逃げる生活になっていった。

仕事では新日本に呼ばれるようになったけど、心は孤独感に支配されて暗闇に向かい、何も満たされない感覚で過ごしていた。

結果、飲んで、暴れて、四谷警察署に連れて行かれ、5日間くらい入っていた。警察署に入れられるは初めてだから、弁護士とかをどうすればいいとかもわからなかったし、誰にも連絡ができなかった。でも、付いてくださった国選弁護人がすごくいい方で、落ち込んでいた俺を励ましてくれた。

酔って、暴れたってことで連行されたけど、事件の当日の状況は、飲みに連れ回されていて、どこの店で飲んでいたのかも記憶がない。

気がつくと知らない人たちと飲んでいた。その場で居合わせた人と仲良くなって、そのままどこかに行ったようだけど、次に気が付いたら制服を着た人たち相手に暴れたみたいで、その日は留置場に放り込まれて、次の日、酔いが覚めたから「すみません、俺、何かやったんですよね？　暴れたんですか？　どうなっていたんですか？」って聞いたら「ルパン3世みたいだった」って言われて（笑）。

かなり暴れたらしく「8人くらいで取り押さえた」と。

「通報を受けて、現行犯逮捕したから」と言われ、さらに「あんた、有名なんだね」って（笑）。

「この事件は表に出るんですか？」

「出ない！　出ない！　どうなるのかは弁護士さんと相談して」

結局、国に迷惑をかけたということで20万円の罰金刑。

試合の前日に釈放された。

すぐに携帯を返してもらって、新日本の武田有弘さん（現・サイバーファイト取締役＆プロレスリング・ノア代表）に電話して「すみません、携帯をなくしてましして」って（笑）。

俺はこの日から禁酒することにした。

全日本から今度こそ撤退

俺は２０１１年1月シリーズをもって、今度は本当に全日本からの撤退を決めた。

新日本のタッグ・リーグ戦に出た後、11年からのオファーも貰っていて、悩んでいたところで、たまたま武藤さんと会場のシャワー室で一緒になった時に正直に話した。まだ10年中のことだ。

「武藤さん、俺、新日本からオファーが来たんですよ。全日本の倍の金をくれるって言ってるんですよ」

「えーっ！　いい話じゃんか！」

「いやいや、俺、武藤さんが全日本に必要だって言ってくれれば残りますよ」

「バカ！　お前、行ってこいよ！　お前もウチで10年くらいやってるだろ？　1回外に出て、3年でも4年でも新日本で名前上げて、それでまた戻ってこいよ」

そんな会話があって、新日本に行く決心がついた。その時点で全日本から1月までオファーを貰っていたから、けじめで1月シリーズは出るようにして、1月10日の浜北市総合体育館の最終戦でBUSHIと組み、渕さんと中之上靖文に勝って、特にマスコミにコメントすることもなく、静かに全日本に別れを告げた。

そして1月23日、後楽園ホールの「ファンタスティカマニア」にTAKAさんと乱入して田口&デビィットのアポロ55のIWGPジュニア・タッグへの挑戦を表明、1月29日の千葉ポートアリーナでのシリーズ開幕戦から小島聡&タイチの小島軍団に合流した。

11年の新日本1発目の大きな試合の1月30日の後楽園ホールでのIWGPジュニア・タッグ挑戦は、TAKAさんが直前で右肩を脱臼したために、急遽タイチと組んで挑戦（笑）。このアクシデントは、その後のことを予感させていたのかも……。

シリーズ最終戦の2月12日の大阪ではタイチと組んで真壁刀義とハンディキャップマッチをやって「2月20日の仙台サンプラザホールに俺のコネクションで小島軍に元WWEのMV

Pを呼ぶ」と言ったが、その仙台大会の前夜、事件を起こしてしまった。

そう、世間を騒がせ、プロレス界に多大な迷惑をかけてしまったタクシー窃盗事件だ。

これがタクシー事件のすべて

大会前日の19日に仙台入りして、TAKAさんと飲んでいた。年末の事件から2カ月ぶりの酒だった。今になって思うのは、調子に乗っていたということだ。ハイボールを10杯前後飲んでいた。

当時の記録だと、日付が変わって2月20日の午前2時とされているが、もっと遅い時間だったと思う。ホテルに帰るためにTAKAさんと2人でタクシーに乗ったんだけど、携帯を落として、電池が外れて……ふと気がついたら、俺1人になっていて「TAKAさんに置いていかれたんだ」と思った。

明日は試合だし、早くホテルに帰ろうと思ったが、この時点ですでに宿泊していたドーミーインホテルに戻っていた。

ちゃんとTAKAさんと一緒にタクシーで帰っていたのに、酔っていた俺はその記憶が飛んでいて、まだ帰ってないと思い込んで、そこからタクシーを捕まえて「ドーミーインまで！」って運転手に言っていた。

この近辺にはドーミーインが3つもあった。ドーミーインの前で乗車して「ドーミーインまで！」と言われたら、運転手さんは違うドーミーインだと思って当然だ。

それで近いドーミーインに行ってくれたけど、俺が「違う、ここじゃない！」って言ったら「あっ、もう1つのドーミーインですね」って、そこに向かったが、もちろん違う。そこで俺は「ここじゃないよ。それでもプロか？」って言ってしまった。

酔っている上に、金髪で、赤と青の色まで入れている怪しい奴が声を荒げたから、怖くなった運転手さんはタクシーを停めて、お巡りさんを呼びに行ってしまったが、俺は寝てしまって、何かの音でパッと起きた。

外を見たら、ポツンと変な場所で停まっていたので、ここに停めていたら邪魔だろうから動かした方がいいなと思って、運転席に座ったら、自転車でお巡りさんが来て「窃盗だよ！」。

「いやいや、売上げに触ってないし、金目的ならもっといい所行くだろ」

「これは窃盗だから。とりあえず署で話聞くから」

「プロレスの試合で仙台に来ていて、窃盗なんかするか？」

そんな押し問答になって、警察署に連れていかれて「そもそも逮捕状もないのに、俺のことを逮捕できるのかよ？」って言った瞬間、バッと時計を見たお巡りさんに「5時40分、緊急逮捕」って署の中で手錠をかけられた。

後で聞いたら、俺はタクシーを55メートル動かしていたらしい。ただ、ありがたかったのは、このタクシーの運転手さんが被害届を出さなかったことだ。

20日の日曜日の早朝に捕まり、日曜日は裁判所が開いてないから、この日の仙台大会には出場できなかった。月曜日に裁判所に行ったら、被害届も出てなくて、身元保証もあったから罰金刑80万円。

「80万円⁉」って思ったら「あんた、これ、免許を持っていたら200万円を超えているよ。むしろ免許を持っていなくて、酔っていて正しい判断ができなくて運転したから安いんだよ」と怒られた。

でも80万円も急に用意できるわけでもなく「すみません、分割は可能ですか?」って聞いたら、期間以内に納付すれば分割でも大丈夫とのことだったんで、分割で納めた。

「これで新日本プロレスさんとも終わったな」って思った。

所属選手ではないが、無期限出場停止処分が発表された。

急にすべてがなくなった

21日に裁判所で手続きを終え、東京に戻った俺は頭を丸めて22日に謝罪会見を行った。

プロレス活動の無期限自粛、東京愚連隊も無期限活動自粛。4月1日に予定していた新宿FACEの東京愚連隊興行中止、そして「BONITA」を閉める決断もした。酒を提供している側が事件を起こしたわけだから、当然だ。

事件後はいろいろな人から連絡が来て、拳磁さんからも連絡を貰った。

「一茂、元気～？　ニュース見たよ。お前、面白いなぁー。プロレス、やめちゃダメだぞ」って。これが拳磁さんからもらった最後の電話だ。

ただ1人「プロレスラーの武勇伝としては面白いかもしれないけど、これはダメだよ」って怒ってくれたのはハヤブサさんだ。

事件直後の俺は「この先どうしようかな？　海外でも行こうかな？」くらいしか頭に浮かばなかった。それくらい何も考えられなかったんだ。

急にすべてがなくなって「とりあえず、ゆっくりしようかな」って。次に何をやろうかなんて考えていなかった。

お店も閉めたから完全に収入がなくなった上に罰金刑の支払いもある。一緒に暮らしていた女性の完全なヒモ状態。相手にめっちゃキレられたけど、そりゃそうだよなって。

鈴木さん、高山隊長のおかげで日本マット復帰

事件後、5月にメキシコのナウカルパンでマスカラスと非公式の復帰戦をやり、その後の5月17日にパチューカで行われたレジェンドの大会で、レザーフェイス&エクストラ・ラージとトリオを組んでマスカラス&カネック&ビジャノⅣと試合をした。これは年1回の大会で、事件前から決まっていたものだ。

それが終わって日本に帰ると、鈴木さんから呼び出されて「お前が俺たちにけじめつけろよ」って言われて、ありがたいことだったけど「俺と今絡むと、迷惑かけてしまいますから」って言ったら、その場にいた高山隊長が「今さら?」(笑)。

それで6月25日、新宿FACEの鈴木さんのパイルドライバー興行で日本での復帰戦をやらせてもらった。

ありがたい反面、2人には悪いけど、会場に行く時は逃げ出したくなった。

ノアの仲田龍さんから「昔、大熊元司さんはおでん屋の屋台を盗んで引っ張って歩いていたんだから」って笑いながら、励ましの電話を貰ったりしたけど、時代が違うから、何か複雑な気持ちで、リングに上がる前、すごく不安だった。

ただ高山さんに「今さら？」と笑いながら言われたのは、本当に感謝しかない。試合は、まず東京愚連隊のけじめということで、キクとシングルをやり、GURENTAIのけじめということで高山さんとシングルをやり、最後は「俺と全プロレスラーへのけじめだ」と言われて鈴木さんとシングルをやって、1日3試合シングルをやった。キクにはえびす落としで叩きつけられ、高山さんにはランニング・ニーリフトを叩き込まれ、鈴木さんにはゴッチ式パイルドライバーでキャンバスに突き刺されて体はボロボロだったけど、周りのみんなに助けられて、仲間に救われて生き延びているんだなと感じた。

少し大人になって、孤独だって思っていたけど……強がって、カッコつけてやっていても、結局は1人では何もできないし、本当は周りのいろいろな人に支えられていたんだなっていうことを思い知って、柄にもなく周りの人に感謝するようになった。

その前の何年間は「自分を守らなきゃいけない」という気持ちばかりが強くて、仕事の面で、団体に対して、暴君のような振る舞いだったと思うが、そういった棘みたいなものが抜けたんじゃないかと思う。

復帰後は、7月17日の新木場のマスクド・スーパースター引退大会、8月は21日に新宿FACEの天龍プロ、翌22日には新木場のグレート・タケル15周年大会に出た。タケルさんは屋台村時代に一番ちゃんと付き合ってくれた先輩。その人の記念大会に呼ばれたのは嬉しかった。

9月28日には新宿FACEで仕切り直しの東京愚連隊興行。スターダム、ドラゴンゲート、DDT、鈴木さん、高山さん……みんなが来てくれて本当に感謝しかなかった。

そしてブードゥー・マーダーズに行って別れたままになっていたパレハも来てくれて、抱き合って和解して。ここからまたタッグでやっていこうとなったが「俺も大人になっちゃったな」って。でも、そうならなきゃいけないんだよ。

ペリートと最初で最後の試合

この時期はまだ日本であまり試合を入れてなかったので11月にメキシコに行って、ティニエブラスJr.がやっていたFULLという団体のパラシオ・デ・ロス・デポルテス大会でサイコ・クラウンと組んでドス・カラス&アクセルと試合をした。

この時のメキシコではマスカラスの家にも行ったし、昔からの知り合いのダミアンに会ったら「お前、いつまでメキシコにいるんだ？　日曜日にペロス（ロス・ペロス・デル・マール）の興行があるから、お前も試合に出ろ」って言われた。当時、ダミアンはペロスのメンバーだった。

「試合に出るのは嫌だけど、ペリート（ペロ・アグアヨJr.）には会いたいな。もしペリートとやれるなら、出てもいいよ」と答えたら、その場でダミアンがペリートに電話してOKを取りつけた。

思わぬ形でペリートと戦えることになり、ワクワクしながら会場に行ってみたら……俺の試合がない（苦笑）。

とにかくカッコよかったペリート

それでも「コスチュームに着替えて待っていてくれ」ということだから、リング上を観ていたらペロス軍とサイコ・クラウンたちのサイコ・サーカスの試合がぐちゃぐちゃになって終了。すると急に「行け!!　何でもいいからマイクでアピールしろ」と言われて、リングを見たらペリートが1人残っている。

「お前とシングルをやってやる！」って、とりあえずアピールしたらペリートが「殴ってこい！」と挑発してきて殴り合いになり、サイコ・クラウンの曲が鳴りだして、サイコ軍が俺に加勢してくれてペリートをみんなでボッコボコ。

そうしたら今度はペロスの曲が鳴りだして、ダミアンたちが救出に来て、サイコ軍は退散したけど、俺だけ「まだだ！」って捕まってボコボコにされて、またサイコの曲が鳴って、助けに戻って来てくれたんだけど、ふと見たら、ＣＭＬＬに所属していたエクトール・ガルサが現れてビックリ。「久しぶり！」って話しかけたら、殴りかかられた（笑）。

要は、ガルサがＣＭＬＬを辞めてペロスに合流したということらしい。そこでやっとゴングが鳴り、ペロス軍＆ガルサとサイコ軍＆俺の試合になって、結局は無効試合。

これがペリートとの最初で最後の試合になった。

また別の日にはパラシオでサイコ・クラウンと組んで、ドス・カラス＆ニエート・デル・サントとやった。ニエートはスペイン語で孫という意味だけど、こいつは厳密にはサントの孫ではないらしい。この試合は俺とサイコが大暴れして、ニエートのマスクを剥いで、客席に投げてやった（笑）。

若き日の宮原健斗の印象

メキシコから帰国後、11月から翌２０１２年5月は健介オフィス（12年2月からダイヤモンドリングに興行名を変更）を主戦場にした。

メキシコに行く前の10月7日の後楽園ホールで大川さんが「仮面貴族ＦＩＥＳＴＡ２０１１」を手掛けて、俺は選手のブッキングとかの手伝いと同時に試合にも出たが、この時に北斗晶さんに「アンタ、暇なんでしょ？　ウチに出なよ！」って声を掛けていただいた。

「ご迷惑をおかけすると思いますけど」と言ったのだが、それでも呼んでくれたんだ。

健介オフィスはアットホームで居心地のいい感じだった。すごくよくしてもらった。

試合としては、今は全日本でトップになっている宮原健斗ともタッグで2回当たったし、シングルは12年1月20日の沼津でやっている。

今みたいな感じのレスラーになるとは思わなかったけど、センスの凄さは感じていた。付き合いはそんなにないので人間性はわからないが、試合だけで言ったら「凄いな」って思っていた。ああ見えて頭は柔らかいよ。

暗闇の虎Ⅶとして新日本に再登場

２０１２年は5月にメキシコに行く直前までダイヤモンドリングに上がっていたが、実はその間に新日本に出ていた。

ブラック・タイガーⅦとして4月13＆15日の新木場における「ベスト・オブ・ザ・スーパージュニア」の出場権を賭けたトーナメントに出場してＷＮＣの児玉ユースケ（現・裕輔＝フリー）、Ｋ―ＤＯＪＯの関根龍一（現・プロレスリングＢＡＳＡＲＡ）、フリーの円華（現・新納刃＝ＭＡＫＡＩ）に勝って優勝。そこにＴＡＫＡさんとタイチが祝福に来て、鈴木軍のＴシャツを手渡されて鈴木軍に入ったが、正体はバレバレだった（笑）。

この時、新日本の人たちは、何とか俺を新日本に戻そうと動いてくれていたが、株主のテレビ朝日はかなり怒っていた。

タクシー事件で捕まった時、俺はテレビ朝日の「告発～国選弁護人」という田村正和さん主演のドラマに犯人役で出演していて、オンエアが逮捕の4日後だった。

俺は殺し屋の役で、その回の最後のシーンのカットや撮り直しができなくて、テレビ朝日のドラマ班が激怒していたらしい。

「まだ素顔ではまずいから、マスク被ったらどうだ？　パルカでは？」

「ブラック・タイガーがいいです」

俺だということがタトゥーでバレないように指先まで隠れるコスチュームだった。

健介ファミリー&ハヤブサさんとメキシコへ

「ベスト・オブ・ザ・スーパージュニア」の開幕は5月27日だから、その前に1年前から決まっていた5月19日のメキシコシティでの「レジェンド・ルチャ・ファン・フェスト5」に出た。

エクトール・ガルサと組んで、パワー・ウォリアー&カネックと対戦。健介さんとは全日本時代から何回も対戦させてもらったけど、パワー・ウォリアーと対戦できるチャンスはないと思っていたから、これは嬉しかった。

その他、IWRGの試合にも出たが、このメキシコツアーに際してハヤブサさんに「最後にもう1回メキシコに行きたい」と言われて、その話を健介さんと北斗さんにしたら協力してくれて、サムライTVが旅費と滞在費を放映権料という形で出してくれた。そして大川さんと俺でホテルとか現地のことを手配した。

「やっぱり1人では大変だから」と、ハヤブサさんの彼女の友達も来て、勝彦をはじめとした健介オフィスのみんなも協力してくれて、移動では健介さんが「これでみんなで移動しようよ」って、バスをチャーターしてくれた。

みんなで食事をする時は、メキシコ人も入れたら10人以上になるのに健介さんと北斗さんが全部出してくれた。

本当に感謝しかなかった。あとは健介さんとゆっくり話をする機会があって、励ましの言葉を貰い、すごくありがたかった。

このメキシコ遠征後にとんでもないことが起こるのだが、みんなの協力でハヤブサさんを再びメキシコの地に連れていくことができたし、俺にとっても本当にかけがえのない時間だった。

冤罪事件、不起訴でも一生付きまとう事件

5月23日にメキシコから帰国。あの冤罪事件が起こった。

世間を騒がせたのは事実だが、もう語りたくもないので……。

事件後は起訴、不起訴に関係なく、世間を騒がせてしまったし、プロレス界に迷惑をかけ

たという意識が強くて「もうプロレスではダメだろうな」「ここが引き際かな」という思いになっていた。

見た目がこんな俺だから仕方ない。シロだとしてもクロだと思われてしまう。クロでなかったとしてもグレーだ。

それでも生きていかなきゃいけないから、プロレスから離れて何かをやろうと思ったが、こんな見た目もあって、どこも採用なんかしてくれなかった。

面接の時、俺の性格的に隠しごとをしたくないから「こういう事件がありましたけど、不起訴になってます」って先に伝えるんだけど、夜間警備のアルバイトに申し込んでも使ってもらえない。

この時に許せなかったのは、当時の週刊プロレスの佐藤正行編集長だ。ちゃんと取材したのかもしれないが、憶測だらけの記事を読んだ時には本当にキレた。

試合で取材されたこともないし、知り合いでもないのに「スキャンダル」とか「漫画の主人公のような男」とかいう文言を並べて、人間性がどうとか……。

「よう書いたな、こいつ！」って。

釈放された後に取材を依頼してきたので、会って直接文句を言いたかったから、条件付きで会った。そうしたらカメラマンを連れてきて、撮影を始めたから「写真を撮らないで」と伝えたが、それでも止めない。カメラマンも指示されて撮影しているんだろうから、それ以上は注意もしなかったが。

「何で、あんな書き方をしたんですか？　ひどすぎませんか？　ペンの暴力ですよね」って佐藤編集長に抗議すると、翌週、掲載しない約束だったのに、今度はガラッと変えて「無実だった」と掲載した。俺のことを憶測でボロクソ書いていたくせに。

そうなるとプロレスはどうでもよくなって、また孤独感を感じていた。周りの仲間から連絡を貰っても着信には出ないし、メールも返さない。みんなに関わっちゃいけないんだと思い込んだら、過呼吸（過換気症候群）になってしまった。

あの事件は一生付きまとうことだから、否応なしに向き合っていかないといけない。プロレスをやめてからも言われ続けると思っていたし、生きている限り言われるだろうと。

仮に俺がプロレスとは別のことで成功したとしても、これをまた言い出す人が出てくると思っている。一生付き合わないといけない出来事なんだ。

不起訴ということが小さく記事になったけど、それがあってもなくても何も変わらないことを身に染みて感じた。

健介さんが復帰戦の相手を

不起訴が正式に決まった時には一緒にメキシコに行っていた健介さん、北斗さん、ハヤブサさんにだけは報告はした。それ以外の人には連絡しなかった。

「不起訴になったんでしょ？　なら試合しなさいよ」

7月の中頃、北斗さんからそう連絡があった。すごく嬉しかった。

でも健介さん、北斗さん、2人の息子さんの健介ファミリーは、この年の24時間テレビ「愛は地球を救う」でマラソンランナーを務めることが決まっていた。そうなると、俺なんかに関わらない方がいい。芸能界はプロレス界以上に、俺みたいなのと付き合っていると、いろいろ言われるはずだ。

「いやー、もうプロレスは……」って言って電話を切ったが、直後に今度は健介さんから電話かかってきて「ねぇ、プロレスやろうよ！」。

それを言われた時に、もう言い訳が見つからないというか、北斗さんに伝えたのと同じことを健介さんにも言ったけど、それでも「やろう！　やろうよ！」って電話で言われて「最後に1試合だけやろうかな」っていう気持ちで「ご迷惑をかけると思いますよ」と答えたら

「そんなことないからさ！」って。

それで8月3日、埼玉県吉川の健介オフィス道場での試合で復帰させていただいた。

この時の復帰は「これが本当に最後」という気持ちだった。

試合は健介さんとのシングル。健介さんは俺と関わることで、言われなくてもいいことを言われるかもしれない。それでも「やろうよ！」って言ってもらったから、俺も思い切り行ったら……やっぱり楽しくなっちゃった。やっぱりプロレスしかないなって思った。

復帰戦の相手が健介さんじゃなかったら、俺はプロレスをやめていた。

「やればいいんだ。悪いことしてないんだから、堂々とリングに上がろう。堂々とやればいいんだ。真っ直ぐ生きろ！」と健介さんは言ってくれた。

あっ、ヤバい！　引退の挨拶を健介さんと北斗さんにしてなかった（笑）。

北斗さんとはたまにＬＩＮＥのやりとりをするんだけど、あんまり連絡するのも迷惑かなと思って。

でも、本当に感謝の気持ちを忘れたことはない。

あの事件から23年2月21日の引退試合までプロレス人生をまっとうできたのは健介さん、北斗さんのおかげなんだ。本当にありがとうございます。

新日本で実現できなかった鈴木軍トリオ結成

ダイヤモンドリングで復帰させてもらった後、「TAKAみちのく20周年への道第6戦」の相手として9月19日のK－DOJOの新宿FACEに呼ばれ、9月23日にはなぜか1年9カ月ぶりに全日本にパレハと呼ばれて、横浜文化体育館でアジア・タッグ王者決定トーナメントにエントリーされて金本浩二&田中稔のジュニア☆スターズと対戦。

その後は10月7日の後楽園ホールで諏訪魔&カズ&近藤VSジョー・ドーリング&NOSAWA論外&MAZADAというカードが組まれた。

この頃の全日本は内部が荒れていた。W－1ができる前兆で、内部がゴタゴタしていて、現場サイドは「野沢さん、新日本がもうないのならウチで使いますよ」って言ってくれているのに、経営の上の方は「予算が厳しい」と言ってきた。だからこの2試合だけで全日本には出なくなった。

9月26日の天龍プロの後楽園ホールでは、キクと組んでザ・グレート・カブキ&百田光雄という俺にとっては嬉しくてたまらないレジェンドとのタッグマッチが組まれた。やはりカブキさんのアッパーカット、百田さんの平手のチョップは食らっておかないと。

それより以前にカブキさんの息子・舞牙と試合をしているけど、あとで本当の息子じゃないと知ってショックを受けたから（笑）、本人と戦えてよかった。

翌27日はコラソンの新宿FACEで佐藤光留と組んで、相手は鈴木みのる&キク。試合後には「お前のせいで試合がめちゃめちゃになったから飯を奢れ！」と言われて、奢る羽目になった。これも鈴木さん流の優しさ……か（笑）？

それからDDT、K―DOJO、もちろんダイヤモンドリングにも上がったし、10月14日の後楽園ホールでのK―DOJOのTAKAさんの20周年興行では鈴木みのる&タイチ&NOSAWA論外の新日本では遂に実現しなかった鈴木軍トリオが結成されて、TAKAみちのく&FUNAKI（ショー船木）&CIMAと戦った。

「新日本で無理なら、俺のリングでこのトリオを実現させたかったんだ」とTAKAさんは言ってくれた。この時だけは感謝だよ、相棒（笑）。

11月7日は後楽園ホールでウルティモ校長の25周年記念興行。パレハ、ベアー福田と組んでブラソ・デ・プラタ&ブラソ・デ・ボノ&ミラニートコレクションatとのメキシコルールでの6人タッグ。ボノのボディプレスからプラタのダイビング・ボディアタックに俺たち3人が同時にフォールを奪われたが、横綱と久々に試合ができたのは楽しかった。そうブラソ・デ・ボノの正体はアケボノだった。

こうして、とんでもないことがあった12年を、何とか乗り切ることができた。

開き直って2013年へ

2013年は1月16日に新宿FACEで東京愚連隊興行を復活させて、俺とパレハはCIMA&Gammaに勝って初代東京世界タッグ王者になった。

この2年、俺にしてもパレハにしてもいろいろあった。キクは財政難に陥って、生きるか死ぬかという感じだったが、バラバラに活動していても集まった時の力は大きいはずだから、13年は開き直って、みんなでプロレス界の中心に行くことを誓い合った。

2月24日には新木場の「ハードヒット」に出て、久々にホッパーさん（仮面シューター・スーパーライダー）とやって、たったの2分16秒、卍固めで負けたけど「ハードヒット」のルールがよくわからなかった。ルールが複雑なだけで、昔の自分とは違うから怖さは感じなかった。

試合後にホッパーさんが「このルールじゃ難しいよな。プロレスのルールでやりたいよな。リアルジャパンでもう1回やろうよ」と言ってくれて年末の12月12日、リアルジャパンプロレスの後楽園ホールで再戦して、これは10分17秒、腕ひしぎ十字固めで負け。めちゃくちゃ強かった先輩が20年近く経っても頑張っているのは嬉しくもあった。

ダイヤモンドリングはずっと俺を使ってくれて、3月17日の館林市民体育館でも健介さんとシングルをやってラリアットで負けて「更生して真面目にプロレスをやってみろ！　そうしたら、またやろうじゃないか！」って声を掛けられた。健介さんには感謝しかない。

レジェンドのカブキさん、天龍さんと

第8章

レジェンドたちと幸せな時間

マスカラスに代名詞を出させた！

2013年4月11日には俺の18周年記念として新宿FACEで東京愚連隊興行を開催。ミル・マスカラスと初の一騎打ちで、ダイビング・ボディアタックを初めて受けて……これは本当に嬉しかった！

この頃のマスカラスとの関係は、俺がお願いすることに関して、ほぼほぼ「NO」と言ってくることはなかった。孫みたいに思われていたのかもしれない（笑）。

付き合いの中で、マスカラスに嘘はつきたくないから、逆にこっちができないことがあれば「それはできません」と俺ははっきり言うけど、マスカラスはそう言えば「わかった」って理解してくれる。

この時も電話で「一騎打ちをやっていただきたいんですけど、どうでしょうか？」って交渉して、快くOKを貰った。

よく「子供の頃、マスカラスが大好きでした」って言うレスラーがいる。でも、いざ試合をすると「がっかりした」とか言う奴も少なくない。

俺はそういうことを言うレスラーは3流……いや、5流だと思う。時代が違うんだから仕方ない。全盛期のマスカラスだったとしたら、そもそも同じリングに立てないわけで、それでも時が経って、年の差もすごくある中で、今の時代のマスカラスでも対戦することができたら、俺はすごく嬉しい。

こういう偉大なレスラーがいたから、俺たちはレスラーになった部分もあるはずだし、マスカラス、ファンクス、ブッチャー、アンドレ・ザ・ジャイアント……こういった偉大なレスラーがプロレスを支えてくれたのは間違いない。

「いい試合じゃなきゃダメだ」って言うレスラーもいるが、俺からすると、初めてやる選手同士でいい試合になる確率は低い。それにいい試合をしたから人気が出るというわけでもない。そういう選手に限って、客が何を求めているかを理解できていないものだ。

例えばマスカラスで言えば、お客さんはみんなマスカラスの代名詞的な技を観に来ている。フライング・クロスチョップだったり、ダイビング・ボディアタックが観たいはずだ。

俺なんかはむしろ、その技を食らってみたいって思うタイプ。マスカラスの場合は相手によっては出さないからね。

だからこの1発目のシングルは俺の記念。代名詞のダイビング・ボディアタックを出させた時点で俺の勝ちだと思っている。

あと、この試合はマスカラスがＡＬＬＬヘビー級のベルトを賭けてくれたのが、俺にとっ

マスカラスは電話1本で一騎打ちをOKしてくれた

ては重要だった。

俺が生まれた76年から保持していて、日本では78年に全日本でエル・アルコンを相手に一度だけ防衛戦をやっているけど、そんな歴史あるベルトを賭けてくれたマスカラスには本当に感謝。

試合の数日前に69〜70年にロスでアメリカス・ヘビー級王座を巡ってマスカラスと抗争を展開したグレート小鹿さんに「小鹿スペシャル」という技を伝授された。

相手の腕と足を取って、脇腹に膝を落とすという技なんだけど、試合中に一度も出すことなく終わってしまった。

ムース呼ばわりしたり、伝授してもらった技を現役引退するまで一度も出すことがなかったり、小鹿さんには申し訳ないことばかり（笑）。

でも、せっかく因縁の相手だと思って、試合の立会人に呼んだのに、マスカラスは「何で、あいつを呼んだんだ？」って（笑）。

いやいや、小鹿さんには本当に感謝しかない。

大仁田さんと再び遭遇！

マスカラスとシングルをやった翌日の4月12日、新宿FACEで大仁田さんと再び遭遇した。高山さんに呼ばれて、高山&NOSAWA論外&本間朋晃VS大仁田&矢口壱琅&保坂秀樹の有刺鉄線ボード・ストリートファイト・トルネード6人タッグデスマッチという形で対戦したんだ。

この時、高山さんと大仁田さんの電流爆破マッチが決まりそうな雰囲気になっていて、高山さんから「会長（俺のこと）はOKなんだけど、正田さんはダメだったんだよね」って（笑）。

たぶん、大仁田さんは前回試合した時のことを憶えていて、試合後にパレハは控室に殴り込んだけど、俺は非常階段で泣いていただけだから、それで俺に決まったんだろう（笑）。

この試合がきっかけで大仁田さんとの接点が生まれ、8月26日の新宿FACEでの東京愚連隊興行に今度は大仁田さんが来てくれて、俺とキクが組んで大仁田&田中将斗に有刺鉄線デスマッチで挑んだ。

俺がサンダーファイヤー・パワーボムで負けちゃったけど「次は電流爆破をお願いしま

す！」ってねじ込んだ。

それが10月23日の「越後大花火」の大仁田&田中VS高山&NOSAWA論外のノーロープ有刺鉄線〝エベレスト〟電流爆破タッグデスマッチにつながった。

W―1よりも大仁田厚

かつて俺が主戦場にしていた全日本プロレスは、前年11月に新たなオーナーに経営権が移ったことでゴタゴタし、この13年5月31日付で会長職にいた武藤さんが退団して1人で新団体を旗揚げするみたいな報道が出た。俺はすぐに武藤さんに電話した。

「武藤さん、俺も付いていきますよ！」

「えっ？　バカ。お前誘ってねぇよ！」ってガチャン！（笑）

それでも、9月8日の東京ドームシティホールでのW―1旗揚げ戦から呼ばれた（笑）。

この時期、本当はW―1よりも電流爆破がやりたくて仕方なくて、大仁田さんの方に夢中だった。4月に4年8カ月ぶりに大仁田さんと試合した時、前回のイメージとは違って「こういう試合だと、大仁田厚って面白いな」って思えたんだ。

高山さんのオマケだったと思うが、自分で勝手に大仁田厚にハマって「俺も電流爆破を実現させてやろう」という気満々だった。

前の年にいろいろあった中で、健介さんのおかげで「俺にはプロレスしかない」って思えて、何でもやってやろうっていう前向きな気持ちになり、業界に引っ掛かるものは何かを見ていたら「大仁田厚か！」って。

この頃、俺が「大仁田バブル」ってコメントを出したら、それが記事になったほどの、まさに大仁田バブルだった。

高山さんのおかげでその大仁田さんとコミュニケーションが取れるようになったから、W—1からオファーを貰って出ていたが、ただ言われたことをやっているだけの話であって、武藤さんには申し訳ないけど、心は大仁田さんに向いていた。

電流爆破と大仁田厚にハマる

初めての電流爆破マッチは10月14日の新潟・朱鷺メッセでの「越後大花火」のノーロープ有刺鉄線〝エベレスト〟電流爆破タッグデスマッチ。大仁田さんはいろいろトッピングした長い名前を付けるのが好きだ（笑）。

高山さんと組んで大仁田＆田中組とやることになったが、めっちゃ怖かった。

その後、電流爆破は何度もやることに

控室で「今日の我々、会話が少ないんですけど、これはひょっとして緊張してるんですかね」って控室で高山さんに言ったら「俺、ちょっと緊張してるかも」(笑)。

でも、一発でハマった。従来のプロレスとはまったく違うし、しかも相手に大仁田さんがいるから本物だと思った。

俺にとっては初めての電流爆破マッチだったけど、思いのほか試合がスイングした。最後は俺が有刺鉄線に投げられて被弾して、サンダーファイヤー・パワーボムで負けたが、試合していて本当に気持ちよかったし、価値観が変わった。

今までかなりの回数の爆破マッチをやっているが、俺は一度も大火傷はない。大仁田さんはかなりの回数の火傷をしていて、この日も序盤で右手に大火傷を負っていた。

今の爆破マッチは、電流爆破バット&電流爆破バリケードマットが多いから、爆弾を取り付けた有刺鉄線でリング4面を囲った爆破マッチを経験できたのは貴重な経験だ。

この後、何回か爆破マッチをやって、大仁田さんを見ていると、一生消えはしないものの、自分が抱えているものが小さいことに思えてきた。

家で彼女と喧嘩したとか、大きい小さいは別にして、人間は誰しも嫌なことを抱えていて、そういったことが塵のように積もってストレスになっていると思うけど、大仁田さんと戦っている時は、そういう諸々を完全に忘れられた。

「この人よりも長くリングに立っていたい」って思わせてくれるし「この人なら、物で思いっ切りぶん殴っても大丈夫なんだろうな」とか、変な信頼感が芽生えた。

大仁田さんの言っていることはめちゃくちゃだなと思うけど、カッコいい。

初めてナマのプロレスを観に行ったのがFMWで、その時には電流爆破マッチはなかったけど、大仁田さんと言えば、やっぱり電流爆破だし、電流爆破と言えば大仁田さん。

俺は人生でいろいろあったけど、その人と電流爆破をやるところまで辿り着き、爆死して、清々しい気持ちになった。

とはいえ、この頃は大仁田さんと高山さんの戦いがメインであって、俺はオマケとしてそこに付いていきながらW―１に出ていた。

だから自分の大きな勝負として12月４日の後楽園ホールの東京愚連隊興行でマスカラス・ブラザーズを呼んだ。

今度はマスカラス・ブラザーズとのタッグ戦を実現

４月にマスカラスとシングルをやったら、マスカラス＆ドス・カラスのマスカラス・ブラザーズとタッグマッチで戦いたくなった。

それまで、マスカラス＆ドス・カラス＆エル・イホ・デル・サントのトリオや5対5とかで戦ったことはあったけど、純粋なマスカラス・ブラザーズとのタッグマッチというのはチャンスがなかった。

だから東京愚連隊としての初めての後楽園ホールで東京愚連隊VSマスカラス・ブラザーズをやりたかった。隣の東京ドームではボン・ジョヴィが5万人の大観衆を集めて来日100回公演をやっていたけど（笑）。

試合ではマスカラス・ブラザーズの編隊飛行……ダブルのフライング・クロスチョップを食らい、最後は4月と同じようにマスカラスのダイビング・ボディアタックを食らったから俺としては腹いっぱい（笑）。東京世界タッグは奪われてしまったけど、大満足だった。

この試合の直前、ドス・カラスが踵の骨の手術をしたとかで「この試合で引退する」って言っていたけど、いざ試合になったらトペもやったし、思いのほか動けた。

こちらとしてはドスの引退も匂わせつつの興行で、試合が終わってマイクを渡して言わそうかと思って「これからどうするんですか？」って聞いたら、本人は自信を持っちゃったのか「引退しない」って言い出した（笑）。

でも引退を撤回してくれたのは嬉しかった。馬場さんの時代の全日本には兄弟でよく来日していたけど、この頃になると、なかなか兄弟揃って来るということもなくなっていたから、この試合を実現できて本当によかったと思う。

あと、この大会には健介さんも出てくれた。カードは馳浩ならぬ菊浩とのタッグ。馳健ではなく、菊健（笑）。バラモン兄弟に勝った健介さんは「昔の馳健の空気が戻ってきた感じだし、瞬間的に〝久しぶりだな〟と思うこともあれば、瞬間的に〝俺のことをバカにしてんのか⁉〟と思うこともあった」って（笑）。ありがとうございました！

力、LEONA…2世、3世レスラーについて

12月16日には後楽園ホールの「力道山没後50周年記念興行」で〝力道山3世〟の力のデビュー戦の対戦相手になった。

父親の百田光雄さんに言われて、半年くらい前から折原さんと一緒に新木場などでコーチをやっていた。

百田さんとは13年3月5日の天龍プロの新木場でシングルもやっていて、回転エビ固めで負けたけど、かつて大仁田さん、渕さん、三沢さん、川田さんらの全日本の若手の壁として〝6時半の男〟と呼ばれた百田さんとシングルをやれたことが嬉しかった。

海外だと2世、3世レスラーがわりと多いが、力にしても藤波2世のLEONAにしても、

俺らにはわからない、何か背負っているものがあるのを感じる。

ＬＥＯＮＡには「お父さんと一緒にやってたって、時代そのものが違うし、やってきたことにはかなわないんだし、周りもそう見ちゃうんだから、1回離れて、今の時代を生きた方がいいんじゃない？」って話をして、ノアに引っ張ってきたが、それは藤波さんへの恩返しでもあると思っている。

俺はよく知らないが、18年にノアに上がっていたみたいで、試合中に怪我をして、そのままフェードアウトしたようだが、本人に聞いたら清宮海斗と一緒にいつも小川さんに教わっていたらしい。だから今も試合前に率先して自分から小川さんに教わりに行っている。

大事なのは環境。ＬＥＯＮＡがキャリアを重ねた時、藤波さんのＤＮＡと小川さんの技術が合わさった、いいレスラーになる可能性を秘めている。

あとはいろいろな経験を積むことだ。だからノアでは乱入したり、今までやってきていないことに挑戦しているんだろう。

俺がＬＥＯＮＡに言ったのは「どうせ何をやったってＳＮＳでいろいろ書かれるんだから、そんなのはいちいち気にしないで、やりたいことを思い切ってやれ」ということだ。

W―1に対するスタンス

翌２０１４年はW―１を活動の軸にして、天龍プロジェクトにレギュラー参戦。あとは大仁田さんとの爆破マッチという1年になった。

W―１に関しては、旗揚げの時にちょうど大仁田さんとやっていたり、東京愚連隊の興行もあったりで、言われたことに対して「何でもやります」っていう感じで、そんなに入り込んでいなかった。

13年9月8日の旗揚げ戦は、参戦選手のほとんどがXというカードだった。何でそうなったのかは、俺は所属選手ではなく呼ばれて行っただけなのでわからないが、お客が映像を見てカードが変わったりとか、アイデアは悪くないと思った。

でも、それをやるには作り込みが足りず、アメリカンプロレスの見様見真似の域を出ていなかったというのが正直なところだ。

方向性が定まらずに、みんながみんな、違う方向を向いていた。だから、まとまりがないというか。やたら会議ばかりやっていたけど、会議が多い会社ってダメなんだ。

W―１での武藤さんは、しんどかったと思う。まだ武藤・全日本時代には小島さん、川田さんがいたりして、張り合いがあったと思うが、W―1になったら最前線で一緒に戦っていた仲間がいないし、武藤さんと下の選手の年齢差もあって、コミュニケーションもちゃんと取れていなかったように感じる。

あんなに素晴らしい人はいないんだけど、武藤さんは365日・武藤敬司だから、下の人間は嫌だったんじゃないかな、プロレスに対する価値観が違いすぎて。

それと派閥。それも上の方が派閥を作るんじゃなくて、若いのが派閥を作っちゃう。しかも自由にやらせちゃっているから、コントロールできない。

旗揚げ1年半後の15年5月5日の後楽園ホールからDDTの社長の三四郎さんがCEOに就任したけど、部外者の俺はまったく知らなくて「三四郎さん、何でいるの?」って(笑)。

それよりも急逝したペリートの追悼セレモニーを前の月の4月1日の後楽園ホールでパレハと遺影を持ってやらせてもらったことの方が印象深い。

17年4月に社長が武藤さんからカズさんに変わって、武藤さんは会長、近ちゃんは副社長、高木さんは相談役になったけど、俺には関係のないことだった。

14年に話を戻すと、W―1は言われた通りに試合に出ていただけで、その合間を縫って、4月7日の新宿FACEの東京愚連隊の興行に藤波さんを呼んだ。

藤波さん、組長、ワグナー…レジェンドたちと

藤波さんを呼んだ興行では、藤波&AKIRAVSNOSAWA論外&CIMAのタッグマッチを組んだ。対戦してみた藤波さんは隙がないし、遊びもない。でもドラゴン・スリーパーは食らってみたかった（笑）。

天龍さん、長州さん、カブキさん、百田さん、藤原組長……俺が絡める昭和のレスラーで唯一やってない選手が藤波さんだったんだ。

レジェンドの人たちと試合できるっていうのは夢のような時間。ドラディションにも出ていたけど、藤波さんと戦えるようなポジションにいなかったから、自分の興行で実現できたのは嬉しかった。

5月4日の茅ヶ崎市駐車場での「茅ヶ崎大花火」では電流爆破バットの関東初登場として大仁田&矢口&保坂VS高山&藤原組長&NOSAWA論外のノーロープ有刺鉄線電流爆破&最強爆破バットW地獄デスマッチ。試合名がやっぱり長い……（笑）。

それにしても高山さん、組長と組んで電流爆破をやる日が来るなんて。やっぱりこの頃は大仁田さんと試合がするのが楽しくて仕方なかった。

組長には直接電話して出場をオファーしたり、打ち上げで一緒に飲んだりしていたし、控室でもよく話をしていた。

この茅ヶ崎の後も電流爆破でタッグを組んでいるが、試合中に気付くと俺にストンピングをしている時があって「組長！　俺、仲間！」っていうと「あー、そうだった！」って。そんな魅力的な方なんだ（笑）。

7月7日の七夕には新宿FACEで東京愚連隊興行を開催して王者のMAZADA&HUBに望月&光留、NOSAWA論外&ドクトル・ワグナーJr.が挑戦する3WAYの東京インターコンチネンタル・タッグ戦。

ワグナーから「もう8年くらい日本に行ってないから呼んでくれ」って連絡がきて、ワグナーのギャラはめっちゃ高いから「俺、そんなに払えないよ」って最初に言って、それでも「行く」って言ってくれたから呼んだんだけど、この頃は大仁田さん効果でメンタルが前向きになっていて「すべては可能」って言っていたほど。

新しい目標として20周年興行を両国国技館でやることを目指していた。

マスカラスとテリーの揃い踏み！

この年の暮れの12月11日、後楽園ホールの東京愚連隊興行「TOKYO DREAM 2014」にはミル・マスカラスとテリー・ファンクの2大レジェンドの揃い踏みを実現することできた。

その仕込みは夏からやっていた。この年の24時間テレビ「愛は地球を救う」のマラソンランナーを務めたTOKIOの城島茂さんがマスカラスのファンということで、完走の直後の番組「行列のできる相談所」（当時は「行列のできる法律相談所」）のサプライズゲストとして頼まれてマスカラスを呼んだ。

それで日本テレビに会見をやりたい旨を伝えると、番組が終わったあとならばOKということだったから、翌9月1日に東京・飯田橋のホテルメトロポリタンエドモントで金屏風の前で仰々しく記者会見を開いて大会の告知をした。24時間テレビは国民的番組だから、これはパブリシティ効果があったと思う。

一方、テリーの来日はドタバタだった。日本に出発する前日、テリーの家があるエリアをハリケーンが直撃して、飛行機が全便欠航。地方空港だから空港そのものが閉鎖されてしまったんだ。

ちょうどその頃、俺はカブキさんの店でテリーの日本の友人たちとどうするか相談していて、テリーと電話で連絡が取れたんだけど「アイム・ソーリー。日本に行きたいけど行けなくなった。飛行機が飛ばないんだ」。

こればっかりは仕方ないと思いながら話していると「大丈夫だ。お前をぶん殴る用意はできている。後楽園で会おう！」と力強い言葉。乗る予定の便は欠航になったが、大会当日に日本に到着できる早朝の便に空きがあったという。

大会当日12月11日の14時過ぎに成田空港に到着し、そこからホテルで少し休憩してから会場入り。テリーの会場入りは試合開始時間の18時30分を少し過ぎた頃だった。

カードはマスカラス&テリー&船木誠勝VSＮＯＳＡＷＡ論外&藤原組長&カズ・ハヤシ。以前、船木さんと飲んだ時に2人のファンだったと聞いたからトリオにしたら、船木さんは「俺、死ぬんですかね？」って言うくらい興奮していた（笑）。

組長がマスカラスと試合をするのは2回目。10年10月11日に新木場で俺、アルカンヘルとトリオを組んでマスカラス、天龍さん、エル・パンテーラと試合をしているが、その時は天龍さんとガンガンやり合って、マスカラスとの絡みはなし。「俺はマスカラスに1回も触ってねぇや」と言っていたから、俺らのチームに入ってもらった。

相手側の入場の時のお客さんの熱狂ぶりは凄かった。

俺たちが先に入場して、相手チームの入場を待っていて、まず船木さん、次に「スピニング・トーホールド」が鳴り響いてテリー、最後に「スカイハイ」に乗ってマスカラス登場。

興奮したお客さんが押し寄せ、悲鳴が起こったのを憶えている。

「俺、来年はあっちかな……」

相手チームの入場の熱狂ぶりに、組長がそう呟いたのを俺は聞き逃さなかった（笑）。

試合はマスカラスのフライング・クロスチョップで吹っ飛ばされ、メキシカン・ストレッチで絞め上げられ、テリーにはイスでぶん殴られ、遂にスピニング・トーホールドもやられた。そして最後はマスカラスのダイビング・ボディアタックが……。俺にとっては、まさに至福の時間だった。

結局、テリーの日本での試合はこれが最後になった。

この時テリーは70歳。さすがにアメリカでもほとんど試合をしていなくて、翌年10月にテネシー州ジャクソンでジェリー・ローラーとシングルをやって、あとは17年9月にカロライナで2試合やっただけだと思う。

テリーとギリギリのタイミングで試合ができたことは俺にとって大事な記念だ。

この14年はその他、11月3日に熊本で鷹木信悟と爆破マッチ（大仁田&田中将斗&鷹木VS高山&NOSAWA論外&金村）をやり、11月9日の横浜の鈴木さん&中村あゆみさんのコラボイベントで鈴木&TAKA&タイチVS高山&NOSAWA論外&MAZADAの鈴木軍VSGURENTAIをやった。

この年の悲しい出来事はPWC、DDT黎明期にお世話になった木村浩一郎さんが10月28日に肺炎で亡くなったこと。まだ44歳だった。

12月8日の新木場での追悼興行では、高木&NOSAWA論外&MIKAMI VS佐々木貴&GENTARO&橋本友彦の追悼マッチが行われた。三四郎さん、俺、そして三上……DDT旗揚げメンバーがトリオを組んだのは、これが最初で最後だった。

大仁田厚の世界観に呑み込まれる

2015年は大仁田さんの超戦闘プロレスFMWと天龍さんの引退が俺の柱だった。超戦闘プロレスFMWはハヤブサと高橋英樹部長から連絡が来て「面白そうだな」って。俺が動く基準はいつも面白いか、どうかだ。

4月21日の青森でのプレ旗揚げ戦ではモンスターレザー&モンスターフレディーとモンスター軍を結成し、4月27日の新宿FACEの旗揚げ戦では金村キンタローと合体してW★INGモンスター軍になった。

W★INGとはまったく関係ないって？　いやW★INGには憧れがあったんだ。「W★ING」ってロゴに星が入っていてカッコいいから（笑）。モンスターの方は鶴見さんの国際プロレス・プロモーションに上がっていた時、中身をやっていたし（笑）。

大仁田さんとは敵対関係だったけど、地方巡業で暇な時間にパチンコ屋で打っていると、後ろから「おい、出てる？」って声を掛けられて、缶コーヒーの差し入れをくれたりする。敵に塩を送ってくれる人だった（笑）。

大仁田厚は、人前に出る時は常に本気。泣いている時だって、本気で泣いているから、惹かれるものがある。

だから試合の中で俺と大仁田さんでしかわからない、変な信頼関係というのが生まれて、思いっ切り殴れるし、思いっ切り殴られてもいいとか、この人の技を食らっても立ち上がってやるとか、我慢比べだった。

いい試合だとか、凄い試合だとかの次元を超えていたけど、でも「これもプロレスなんだ！」って。

武藤さんはよく「作品を創らなきゃ」って言うけど、俺は大仁田さんとは唯一作品を創れた気がする。俺の中で本当に納得できる作品を残せたのは、たぶん、大仁田さんだけなんじゃないかなと思う。

俺は最初、大仁田厚の世界観をぶっ壊そうと思ったけど、ぶっ壊すどころか完全に呑み込まれちゃって、気が付いたら「あぁ、面白いな！」って。

大仁田デスマッチあるある

大仁田さんのデスマッチは正直、ルールがまったくわからなかった。だからリングに上がってみて、改めてリングアナのルール説明を聞くけど「あれ？　事前に発表されていたのと違うな」っていうことが頻繁に起こる（笑）。

事前に貰った資料には「電流爆破バット4本」と書かれているのに5〜6本あったり、有刺鉄線ボードが急に増えていたり（笑）。

でも、その中で「これをどう使おうかな？」って、その場で考える楽しさはあった。デスマッチ・アイテムは闇雲に使用しても意味がないし「これはどう組み立てようかな？」とか、臨機応変にやらないとダメ。

テストを受けているみたいで。それで「あっ、これだよな！」って、答え合わせをその場でするような感覚だった（笑）。

オファーを貰った時に言われたルールと、会場に入ってから言われるルールが違うのは〝大仁田デスマッチあるある〟だ（笑）。

だから俺は、途中から「何でもいいですよ」って。ルールだけじゃなくて、6人タッグが

８人になっていたり、メンバーが変わっているのも日常茶飯事。

でも、これは前座の試合を見て、メインのメンバーと入れ替えたりとか、大仁田さんがプロデューサーとして、自分の感性を信じてやっていたものだ。

天龍さん&ドリーとトリオを結成！

ＦＭＷで大仁田さんとデスマッチをやる一方では、天龍プロジェクトの5月30日の大阪で天龍さん、ドリー・ファンク・ジュニアとトリオを組むという至福の時間も過ごした。

最初は天龍さん、テリー、俺のトリオの予定だったのが、テリーが来日前に肺炎にかかってしまい、ちょうど全日本に来日中のドリーが代わりに出場したんだ。

ドリーとは、08年2月のドリーの全日本引退記念シリーズ中の2月18日の福島でパレハ&竹村との東京愚連隊でドリー&ジョー・ドーリング&西村という形で1回だけ当たって、スピニング・トーホールドで負けているが、まさか組めると思わなかった。

天龍さんが脊柱管狭窄症の手術をして12年12月に復帰する前、新木場のリングを借りて密かに練習している時に俺も一緒に行っていたこともあって、呼んでくれたんだと思う。

この時は嬉しくて、控室で天龍さんのコスチューム姿、ガウン姿との2ショット、ドリー

控室で写真を撮りまくったな

を含めた3ショットなど、写真を撮りまくった。

昔、アメリカのインディー団体の会場でレジェンドの人たちと写真を撮っていた頃と何ら変わらない（笑）。

対戦相手は諏訪魔＆佐藤光留＆青木篤志の全日本のエボリューションだったけど、ドリーが張り切って諏訪魔相手にもガンガン行って面白かった。

「NOSAWA論外がこんなにプロレスが巧いとは思わなかったよ」

試合後に天龍さんから最高の誉め言葉を頂いたのは感激だった。

天龍さんの引退ツアー……天龍さんの引退前の最後の大阪で、天龍さんと絡めるどころか、組めると思ってもなかった。同じコーナーに立ったのも最初で最後。

この試合のDVDは大事に保管している。

小川さんとの初遭遇&カシン先輩との再会

そして天龍プロ9月2日の後楽園ホールで小川良成さんと初遭遇。

喋ったこともないのにタッグを組んで、相手はケンドー・カシン&新井健一郎。後楽園に行ったら控室も別だし、俺はずっと喫煙所にいた記憶がある。

そんなだったから、試合で仲間割れするのも当然だ（苦笑）。

小川さんは謎の人だった。掴みどころがないというか。そもそも会話もない（笑）。

思ったことは、試合をコーナーから観ていて「俺より10歳も上なのに凄いな」って。

ケンドー・カシン……カシン先輩とも疎遠になっていて、この時に久々に会った。

俺はカシン先輩に全日本に呼んでもらったのに、俺がメキシコに戻っていた04年6月末に勝手にやめちゃって、そこから一切会う機会はなく、11年ぶりだった。

その後、ノアで一緒になるが、カシン先輩は武藤さんとの軋轢で全日本をやめていて、疎遠になっていた俺のことを勝手に武藤一派だと思っていたようだ。

最初、俺と試合するのは嫌だと言ったらしいが、天龍プロの嶋田紋奈代表が「お父さん（天龍さん）の引退ツアーだから」って説得したらしい。

いざ、会ったら「久しぶり！」って感じだったけど「うわー、嫌だなぁ。怖いなぁ」っていうのがあって、やられる覚悟はしていた。

でも、試合をしたら面白くて、やはり憧れのケンドー・カシンだった。

俺にとってケンドー・カシンというのは、自分の若手時代から新日本の中での憧れの存在。

やっぱり尖っている選手がカッコよく見えて憧れていたんだ。

折原さんもそう。あの人たちの尖っているステージと、俺の尖っているステージは全然遠くに感じられた。

そういうのに惹かれるのは高野拳磁の弟子だからしょうがない（笑）。

プロレスを24時間考えるということ

この後、９月21日のＷ―１後楽園ホールでムタ＆ＫＡＺＭＡ ＳＡＫＡＭＯＴＯと組んで天龍さん、越中さん、河野真幸のトリオと戦った。俺にとっては天龍さんとのラストマッチだった。

天龍さんのグーパンチとチョップを結構食らった……というよりも、俺から貰いにいったというのが正しいかもしれない（笑）。

ムタと天龍さんがいて、その同じ試合、同じ空間に俺が入っているというのは、何だが胸がジーンと熱くなるものがあった。

天龍さんとムタはまさに千両役者。もしかしたらプロレスって対戦カードが決まり、入場したら９割方終わっていて、勝つのか、負けるのか、引き分けるのか……結果というのは残りの１割だけなんじゃないかと思う。

でもこの試合は、その残り１割がすべてを引っくり返した。

天龍さんがムタにキスして、口の中の毒霧を吸い取って、それを噴射するなんて……そんな誰も想像もしていなかった結末が待っていたんだ。

「口移しは昨日寝ないで考えたんだよ」って天龍さんは言っていたが、本当に寝ないで考えた感じがした（笑）。

天龍さんにしても、武藤さんにしても、大仁田さんにしても、常にプロレスのことを本当に何だかんだと24時間考えているんじゃないか思う。

そういう尊敬する先輩たちと仕事していて、武藤さんに「こういうのはどうですか?」って提案して「インディーくせぇよ」って言われながらも、常に何か考えるってことが習慣づいたというか、癖になった。大袈裟でなく24時間、プロレスのことを考えている。

ドラマや映画を観ていても「これ、プロレスで使えるな」とか思ってしまう。バラエティーでさえも「これ面白いな」「これ試合でできないかな」とか。

武藤さん、天龍さんの側にいることができたら、やっぱ似てきてしまう。会話もプロレスばっかりになってくるけど、そういう時間も宝物だ。

この天龍さんとムタの攻防も、俺は一番近くで観ていた。

どんなに高いチケットを買っているお客さんよりも近く。しかもそこに直接参加できているのだから最高だ。

もしかしたら邪魔になっているかもしれないけど、天龍さんも武藤さんも、こうした大事な試合に下手な人を入れないと思うから、やっぱり嬉しい。

こういう先輩方がいるから、俺たちはプロレスをできているのであって、試合でも、普段の生活でも触れるのにギリギリ間に合ったという感じだ。

事件を起こしても、巻き込まれても、マスカラスやテリーが来てくれて、常に近くに武藤さんの存在があり、大仁田さんも天龍さんもいてくれて、俺は幸せだった。

ECWを新木場で再現

10月10日には東京愚連隊興行として新木場で「東京　ONE　NIGHT　STAND」を開催した。これは05〜08年にWWEが元ECWのメンバーを年に1回集結させた「ECW　ONE　NIGHT　STAND」のパクリ（笑）。

単純にECWの雰囲気が好きで、何となく東京愚連隊に似ているなと思っていたから、以前からやりたい大会だった。ECWの雰囲気が出るように会場は新木場にした。

サブゥーとトミー・ドリーマーを呼んで、お金をかけたんだ（笑）。それにECWで活躍した日本人選手としてTAJIRIさん、田中将斗さんに出てもらって。

メインはサブゥー&トミー・ドリーマー、田中将斗&葛西純、NOSAWA論外&FUJITAの3WAYダンスによるハードコアマッチ。

この時がトミー・ドリーマーとは初対決だったけど、アメリカではWWEのスカウト話の時に「タフ・イナフ」の道場で5分間の試合を何度もやっていて、それをトミーが憶えてくれていたことが嬉しかった。

もう1つ書いておきたいのは、この「東京 ONE NIGHT STAND」の第1試合ではDOUKIが日本で初めて試合をしたこと。

彼も俺たちのようなメキシコの現地採用レスラー。CMLLに入れなくてIWRG、闘龍門MEXCO、ペロスの興行、あとはヴァテマラ、アメリカのインディーなどで5年間頑張っていたから、日本で試合をさせてあげたかった。

その後、新日本で地道に頑張って、今ではSANADA、TAKAさんたちとのユニットJust5 Guysで活躍しているのは嬉しい限りだ。

天龍さんの引退興行でカシン先輩に連れ回される

11月15日、両国国技館で天龍さんの引退興行。俺は5試合目でアラケン（新井健一郎）と組んで小川良成&ケンドー・カシンという面倒臭い（笑）、曲者コンビと対戦した。

今思うと、夢のような試合。カシン先輩に連れ回されて、両国の客席を上っていって、そのままロビーまでなすがまま（笑）。

これぞプロレス……やっている人間がどんな試合になるかわからないなんて、あんまりないことなんだ。こういうカードを組んでくれるのが天龍さんのセンスだと思う。

俺はある程度、試合をコントロールしたいタイプなんだけど、この日はやる前から諦めていた。「あの人たちの空間でやった方が面白いんだろうな」って。

これは対戦カードが決まって、入場した時点で、もう中身がどうなろうが100%完成された試合。この時、まさか現役をやめる時までカシン先輩にガッチリ遊んでもらえるとは思ってなかったな。

天龍さんの引退

天龍さんのオカダ・カズチカとの引退試合は……俺、泣いた。最後の「負けたーっ！」っていうアレで。

藤田ミノルと一緒に観ていて、2人して泣いていた。こういうこと書くと、また天龍さんに「あいつ、いいとこ売りやがって！」って言われそうで嫌だけど、本当に何か心打たれた。この２０１５年、天龍さんと練習もちょこっとだけど一緒にやらせてもらって、試合も呼んでもらって、この年は天龍さんの近くに結構いたんだ。

カッコよかった。俺にはできない生き方だ。

控室で「今、活躍しているけど、金は貯めろよ」って言われたけど、でも使っちゃう。京平さんもそうだし、天龍さんとかの先輩の武勇伝に触れた人間は、その場に下の人間がいたら自分が支払うようになってしまうんだ（笑）。

20周年も豪華カードで

12月1日は後楽園ホールで俺の20周年記念興行。オープニングは俺、武藤さん、ハヤブサさんの３ＷＡＹトークショーだったんだけど、武藤さんが遅刻（笑）。

最初はもちろん試合に出てほしいと言ったんだけど、Ｗ―1でも10月から試合をしてなくて「膝のコンディションがよくねぇからよ」って返事で、たぶん、俺の興行には出たくない言い訳だったと思う。「医者から止められてるんだよ」って笑っていたから（笑）。

それでハヤブサさんと３人でトークをやることにしたら、渋滞に巻き込まれたとかで遅刻。

武藤さんが到着したのはハヤブサさんとのトーク終了後だった。

しかも第一声が「申し訳ない！　交通渋滞に巻き込まれちまって。俺、小便すげー我慢してんだよ！」(笑)。ナチュラルボーンマスターには勝てない……。

メインはマスカラス＆ドリー＆カブキ＆船木VSＮＯＳＡＷＡ論外＆藤原組長＆ＣＩＭＡ＆カズ・ハヤシの８人タッグという我ながら豪華カード。

この１年前のマスカラスとの２回目の対決でも藤原組長は「またマスカラスを触らないで終わっちゃった」と言っていたから３回目の対戦を組んだんだけど、また触らなかった。ある意味、凄い(笑)。

この日、狂い咲いたのがドリー。なぜかカウボーイハットを被ったまま試合をするから、奪い取って被って、踏みつけたら……ビュンビュン！　シュンシュン！　って凄い音を出しながら鞭を振り回して、当たるとめちゃくちゃ痛い！　さすがテキサスのカウボーイ！

ドリーにテキサス魂を注入された挙句、またしてもマスカラスのダイビング・ボディアタックを浴びて負けるという光栄な結末だった。

有刺鉄線バットを手にした船木さんに戦慄

2016年のオープニングは1月10日、W—1後楽園ホール。パレハ&KAZMA SAKAMOTOとのリアル・デスペラードとして武藤さん、横綱、TNAから帰ってきた真田との6人タッグだったが、この年も俺がどっぷり浸かっていたのは大仁田厚の世界。それも大仁田さんと組む流れになったのは、ちょっと嬉しかった。

6月21日の超戦闘プロレスFMW後楽園ホールで佐野巧真さんと初遭遇。佐野さんと言えば、メキシコで畑浩和さん、ウルティモ・ドラゴン校長と6人タッグのベルトを獲ったりしているからルチャっぽいことがやれるかなと楽しみにしていたら、ノーロープ有刺鉄線8人タッグだったので、ルチャどころか普通のプロレスでもないという（笑）。

カードは大仁田&NOSAWA論外&リッキー・フジ&矢口壹琅VS船木&高山&長井満也&佐野……FMW軍とUWF軍がデスマッチで全面対抗戦をやるという、とんでもない試合だった。「ノーロープ有刺鉄線の中で、U系の人たちと何をやればいいんだ？」って。

大仁田さんは確固たる自分というものがあって、相手がどんなスタイルだろうが、誰だろうが、大丈夫なんだろうけど、他のメンバーは何も考えてないから。

あの船木さんが有刺鉄線バットを手にしたのを見た瞬間に「これはヤバい！」と思って、逃げ出したのは憶えている。あの一瞬、戦慄を覚えた。

ああいう人たちにあんなのを渡しちゃダメだろう（笑）。

有刺鉄線バット持った時の船木さんの表情がすごく活き活きしていた。ただでさえ人間凶器なのに、オモチャを持たせたら、ダメ、絶対！（笑）

野獣・藤田和之がFMWに出現！

その後の7月8日の新木場のパンディータ興行も緊張が走った。

マスクを被ってパンディータに扮した大仁田さんがケンドー・カシンに勝ったのはいいが、突如として猪木さんのテーマの「イノキ・ボンバイエ」のオーケストラバージョンが鳴って「あれ？　これ、何だ？」って思ったら……野獣、現る（笑）。

俺が藤田和之に会ったのは、この時が初めてで「わー、ヤバいのが来たわ！」って。

いや、本当にヤバいと思った。「大仁田さん、守らなきゃ！」って。

これはすべてカシン先輩の仕掛けだ。だからやっぱりケンドー・カシンは凄い。一瞬で緊張感を生み出すんだから。

「これは大仁田さん守らなきゃ!」って、本気で思ったのに藤田さんもカシン先輩もスーッと帰ってしまった。これまた凄い(笑)。

カシン先輩はとにかく読めない人だ。翌年4月、FMW東北ツアーでカシン先輩の故郷の青森で試合があったんだけど、電流爆破のリングに上がったら「元気?」って声を掛けてきたのが、なぜかレフェリーシャツを着たカシン先輩。

ちゃんとボディ・チェックもやってレフェリーになりきっていたのに、試合の終盤で爆破バットを振り回して大仁田さんを爆破! 試合後、どこに行ったのか探したんだけど、もういなかった(笑)。

幻に終わったテリーとの一騎打ち

この年の東京愚連隊興行は4月4日の新宿FACEに前年12月に引き続いて鞭を持ったドリーを呼び、8月25日の新宿FACEではテリーを呼ぶ予定だった。

前年11月15日の天龍さんの引退試合にスタン・ハンセンとともに花束を持って駆けつけたテリーに「次はシングルでやりたいんですけど」と言ったら「こんな年寄りの俺を呼んでどうするんだ?」と言いながらも、「いつでもお前をぶん殴る用意はできている」っていうレジエンド・ジョークを貰っていた。

だが来日直前に腹壁ヘルニアでドクターストップがかかって来日できなくなり、急遽、曙さんと6年ぶりにシングルマッチをやることになった。

横綱の息子を監禁して、思わず横綱が爆笑してしまった10年10月3日の入間大会以来２度目のシングルマッチだ。

テリーの欠場が発表になったのは大会３日前。望みをつないでギリギリまで待ったんだけど、やはり日本に来るのは無理ということで、横綱に代打を打診したが、急なオファーで、それもテリーの代打となれば、普通なら「えっ？」ってなると思う。でも、横綱は二つ返事でOKしてくれた。頂点を極めた人はハートの強さが違う。「やっぱり横綱は凄いな」と思った。

試合はシャイニング・論ザードから超高校級マヒストラルを仕掛けたけど、カウント２で返されてチョークスラムからのランニング・ボディプレスで圧殺されてしまった。

強烈な張り手で鼓膜も破れちゃったけど、横綱にめちゃくちゃにやられたことで、テリーを呼ぶことができなかったモヤモヤした気持ちが吹っ飛んだ。

この大会から現在GLEATを運営しているLIDETの前身のエス・ピー広告が大会の運営をやってくれるようになった。

やっぱりテリーを呼ぶとなると、お金が最初にすごくかかってしまう。俺は興行で赤字になったことがないから、その実績で運営を引き受けてくれた。

もちろん赤字になったら俺が責任取るつもりでいたけど、自信はあったから。

俺自身、興行で儲けているって周りから思われたくなかったのと、ちょうどエス・ピー広告が大会のスポンサーではなく、大会そのものをやってみたいということだったので、運営をお願いした。この繋がりがいずれ俺をノアに導くことになる。

メキシカンのすげぇ先輩チャボ・ゲレロ

東京愚連隊興行翌日の8月26日はディファ有明で大仁田さんのファイヤープロレス旗揚げ戦。超戦闘プロレスFMWとはまた違う団体なんだけど、メンバーは一緒（笑）。

かつてNWAインターナショナル・ジュニア王座を争った大仁田さんとチャボ・ゲレロが34年を経てタッグを組むということで、そのメンバーに入れたのは嬉しかった。

カードは大仁田&チャボ&NOSAWA論外&保坂VS黒覆面F&カシン&鈴木秀樹&将軍岡本。この試合も会場に着いたら普通のプロレスからノーロープ有刺鉄線&バリケードボード・ストリートファイト・デスマッチに変わっていた（笑）。

チャボが控室で「俺は40年以上も試合しているけど、ボブワイヤー（有刺鉄線）は初めてだ」って言っていて、俺はスペイン語がわかるんで「どうしたらいいんだ？」って聞かれて何だか嬉しい気分になった。

それが縁で11月28日の東京愚連隊の後楽園ホールに出てもらってチャボ&藤原組長&西村VSドリー&カブキ&船木というクラシック・レスリングをテーマにした6人タッグに出てくれたけど、結果的にこれがチャボの最後の試合になってしまったようだ。

結構連絡を取り合っていて「今度は息子（WWEクルーザー級王者として活躍したチャボ・ゲレロJr.）と一緒に日本に行きたい」って言っていたのに、翌年2月11日に肝臓がんで突然亡くなってしまった。

確かにすごく酒を飲む人だったから肝臓が悪かったんだろう。試合前からずーっとビールを飲んで、控室ではペッ！　ペッ！　って唾を吐いて。もう、どこでもお構いなく、ビール飲みながらペッ！　ペッ！　って（笑）

試合前から酔っているから、リングシューズの紐が通せないこともあった。

一緒にカブキさんの店に行った時には「頼むから、ここでは唾を吐かないでくれ」って頼んだら「わかってる」って言ってたけど。

「やっぱメキシカンの先輩はすげぇな！」って思った昭和の匂いがプンプンするレジェンドだった、チャボさんは。

屈辱だった学院卒業生たちとの試合

W―1は2015年10月から、プロレスに関するあらゆる技術習得に特化した専門学校として「プロレス総合学院」というのをスタートさせて、約1年経った16年9月頃から、この学院出身の若い奴らと試合をさせられるようになった。

俺は使われている身なので仕方ないが「何で俺がこいつらと試合するの?」って、自分がやってきたことを全否定されている気分だった。

「お前みたいな奴はこの業界にいらねぇんだよ」

「身体もなければ、センスもねぇ、あんな素人みたいな奴らがリングに立って、同じプロレスラーだと思われるのが本当に嫌だ」

当時の俺は彼らに対して、マスコミに対して、そんな言葉を吐いていた。

今、学院出身で頑張っている選手、チャンピオンになっている選手もいるから、全否定はしないけど、やっぱり修羅場を潜ってきていないから緩い。

お金を払って習うという意味では闘龍門と同じだと思われるかもしれないが、CIMAたちを見てきた俺に言わせれば全然違う。

メキシコという異国の地に連れていかれて、言葉も違うし、まず生きていくのがサバイバル。生きていくために、まずは言葉を覚える。試合が欲しいからプロレスを覚える。そもそもやることもないから、とにかく練習するしかない。外部の雑音がない環境でルチャしかなかったのが闘龍門のコたちだった。

まあ、これは時代だから仕方ないのかもしれないが、新人なのに最初からそれなりのコスチュームを作って、いっぱしのプロレスラーのように出てくる。そこにサクセスの過程が見えづらいからお客さんからの支持も得られない。

ＷＷＥでも最初からキャラクターがあって、コスチュームもちゃんと作られた新人が出てくるけど、ＷＷＥにはＷＷＥなりの基礎がある。

でも俺には学院出身の連中に基礎、基本がなかったように思えた。当時は彼らの相手をしなければいけないことは屈辱だった。

キャリアを積んだ選手なら、下の人間に試合を通して伝えることとかがあるけど「俺が今まで苦労して、自分のお金でやってきたことを、何でこいつらにタダで教えなきゃいけないんだよ？」っていう気持ちだった。

「ここで俺の技術だったりを１００％見せる必要はないな」って。

そんな試合をやらされている一方で、大仁田さんとガッツリやれることが嫌なことすべてを忘れさせてくれた。

当時の精神的支柱は大仁田厚。大仁田さんという存在があったから、その後もプロレスを続けることができたんだ。

2度目のECW祭りの主役はダグラス

東京愚連隊興行はドリーを呼んだ4月、テリーの代打で横綱に来てもらった8月の次は10月1日の新木場で1年ぶりのECW祭り「東京 ONE NIGHT STAND2」を開催して、今度はシェーン・ダグラスを呼んだ。

ダグラスとはロスのXPWで一緒だったし、TNAでエージェントみたいなことをやっていたが、試合をする機会はなかった。

「シェーン・ダグラスに会いたいなあ。一緒に試合してみたいなあ」って連絡を取り、オファーしてみたら、二つ返事で日本に来てくれた。

ダグラス&NOSAWA論外、ドリーマー&田中、葛西&KAIのハードコア3WAY。93〜94年にECW王座を巡って抗争を繰り広げたドリーマーVSダグラス、98年に現地で実現しているダグラスVS田中が観られるカードを考えた。

試合は俺がドリーマーのテーブルの上へのデスバレーボムで負けてしまったが、お客さんが観たいだろうと思うものを提供できれば、俺はOKだ。

マスカラスと2度目にして最後の一騎打ち

そして11月26日の後楽園ホールの「TOKYO DREAM 2016」ではマスカラスと13年4月11日以来の2度目のシングルマッチ。

前回はALLLのベルトに挑戦したので、今度はIWA世界ヘビー級に挑戦した。

IWAは75年にアメリカ北東部で発足した団体で、マスカラスが初代王者になり、団体消滅後もマスカラスが個人的に世界ベルトとして持って独自に防衛戦を続け、82年には天龍さんの挑戦も受けている。

その時、俺は東京ドームホテルに泊まっていて、後楽園ホールに行こうと思ってロビーに降りたら、天龍さんにバッタリ会ったから「天龍さんが挑戦した34年後に俺が挑戦するのか……」って、何か運命的なものを感じて鳥肌が立ったのを憶えている。

天龍さんと一緒に練習している時に「論外はもう一歩、上の人に踏み込まないといけない」って言われたことを思い出して、このマスカラス戦に挑んだ。

マスカラスと試合をする時は「この試合で何かをしたい」っていうのがなくて、そこが天龍さんに言われた「一歩踏み込まないと」っていうことなんだろうけど、やっぱり踏み込めなかった。人を踏み込ませないオーラがある。

地味なんだけど食らったことのないジャベをやられて、怖さも感じた。そしてフライング・クロスチョップからダイビング・ボディアタック！

これがマスカラスにとって、最後のシングルマッチだったかもしれない。

自己満足かもしれないけど、少なくとも日本での最後のシングルマッチの相手を務めることができたのはレスラー冥利に尽きる。

昔からマスカラスを熱狂的に応援しているファンの方からの「何でNOSAWAなんかが呼ぶんだ?」とかっていう声も聞こえていたが「俺が呼ぼうが、マスカラスが観られるんだからいいじゃん。何で高い金払って呼んでいる俺が文句言われなきゃいけないんだよ」って思っていた。

この時は「もしかしたら、これでマスカラスを呼ぶのも最後かもしれないな」と思ったけど、2年3カ月後の19年2月にもう1回呼ぶことになる。

マスカラスにはあの悪魔仮面カシンも…

マスカラスが来日した時はいつも一緒で、朝飯に付き合って、夕飯も付き合って……「浅草を観光したい」と言われて、一緒に行ったこともあった。

本当に俺のおじいちゃん。親父ではない。おじいちゃん（笑）。

この２０１６年の８月４日には馬場元子さんのバックアップで横綱が旗揚げした「王道」の弘前大会でディック東郷さんと組んでマスカラス＆カシン組と対戦したが、この時も東京からずっと一緒だった。

東京から一緒に新幹線で移動して、宿泊したホテルのレストランで食事用のマスクを被ったマスカラスと魚や煮物の郷土料理を食べて、ソフトクリームも食べて……あと横綱、ケアさんも一緒にねぷた祭りを見に行った。

あの時は試合前に様子が気になったので控室を覗いたら、マスカラスがカシン先輩に「マスクの紐を結べ」って言っていた。マスカラスはカシン先輩がどんな選手なのか、わかっていなかったんだ（笑）。

慌てて「俺がやりますよ！」って部屋に入っていったんだけど「いや、俺がやる。こんな

ねぶた祭りで記念撮影

光栄なことはない」って、ニコニコしながらマスカラスのマスクの紐を通す悪魔仮面ケンドー・カシンを目撃したのが弘前の思い出（笑）。

試合の翌日、横綱＆マスカラスと一緒に市役所を表敬訪問したら、市の職員の方が入口に揃っていて、大拍手で迎え入れてくれて……俺は胃が痛かったけど、楽しかった。

W―1と全日本を掛け持ち

2017年はW―1と全日本プロレスの掛け持ちがベースで、そこに大仁田さん、武藤さんが始めた「プロレスリング・マスターズ」、自分の興行が入るという形だった。

全日本にブラック・タイガーⅦとして上がるようになったのは前年16年10月から。気楽なバイト感覚だった。

選手がいないから出てほしいというオファーを貰い、久々にブラック・タイガーⅦをやってみたかったというのがあったし「これはマスクが売れるな」って（笑）。実際、だいぶ売れた（笑）。

W―1に出ながらグレート・タイガーのパートナーとして最強タッグにも出場して、年が明けてからも全日本ではブラック・タイガーⅦ、W―1ではNOSAWA論外として、使い分けて掛け持ちしていた。

4月4日の新宿FACEの東京愚連隊興行にはW―1勢だけじゃなく「俺が全日本に出てるんだから、お前もこっちに出ろよ」って諏訪魔を呼び、4年ぶりに諏訪魔と近藤修司のチーム・ディストラクションを復活させた。全日本とW―1をごちゃ混ぜにして、引っ掻き回せるのは俺しかいなかった（笑）。

この時期は試合の中で諏訪魔と遊んでいた。俺からすると遊びなんだけど、諏訪魔がマスクをビリビリに破きやがって。今からでも請求してやろうかな？

その後、全日本では5月21日の後楽園ホールで佐藤光留の世界ジュニアに挑戦したし、8月27日には両国国技館ブラック・タイガーⅦとしてTAKAさんとアジア・タッグを獲った。

俺の正体はバレバレだったから、武藤・全日本を観ていたファンには、俺とTAKAさんのコンビは懐かしかったんじゃないかなと思う。

この時は小橋さんがカタくなっていた。ベルトを獲った時にテレビの解説席に座っていたから「次、お前が挑戦してこい。次は小橋&菊地組だ」って言ったら、ムッとされた(笑)。俺、小橋さんが冗談通じない人だって知らなかったんだ(笑)。そうしたら本気でカタくなられるっていう(笑)。

小橋さんを引っ張り出せなかったのは心残り。現役中に戦ったことがなかったので、試合したかった選手の1人だ。

小橋さん、ちょっかい出してすみませんでした。

武藤さんと「プロレスリング・マスターズ」

2017年にやった新しいことは、2月8日の後楽園ホールからスタートした武藤さんプロデュース興行の「プロレスリング・マスターズ」。

当時の武藤さんはW―1でほとんど試合をしてなくて「ゴルフのマスターズみたいなのをやりたい」って言っていて、W―1の親会社としては武藤さんを稼働させないといけないから〝プロレス版マスターズ〟をやってみようということになった。

武藤さんとは全日本の頃からプライベートでも飲みに行くような関係で「レジェンドというか、達人というか、そういう人たちを垣根を崩して集めたい」ということだったから、人脈をフルに使って藤原組長、小鹿さん、佐野さん、高山さん、ウルティモ校長、ウルトラセブン、サスケさん、タイガー戸口さん、大矢剛功さん、リッキー・フジさん、メキシコからケンドー、アメリカからはワイルド・サモアン……サムゥなどをブッキングした。

あと維新力さんも。俺がガキの頃に住んでいたのが大鳴戸部屋の近所だったから、維新力さんのことは、まだ力士だった頃から知っていた。

母親が働いていたスーパーが大鳴戸部屋に品物を届けていて、何かのきっかけで付いて行った時に維新力さんがいて、キャッチボールをやって遊んでもらったりしていた。小学生の頃の話だ。

だからプロレスを始める時も維新力さんを訪ねに行ったし、その後も吉祥寺にある維新力さんのお店に時々顔を出していたから、その流れでマスターズにもお願いした。

武藤さんとカシン先輩の関係

「プロレスリング・マスターズ」で武藤さんに参加を提案したけど、実現しなかったのがケンドー・カシン。

その当時はメキシコと日本を往復していたから、カシン先輩がどういう経緯で全日本をやめたのか知らないけど、武藤さんは「カシンはダメだよ」って。「同じ会場で試合するのも嫌だよ」って。

でも、長州さんプロデュース「パワーホール」の18年12月28日の後楽園ホールの控室でカシン先輩が「野沢君、さっきトイレに行く時に武藤さんとすれ違ったんだけど、つい昔の癖で〝お疲れさまです〟って言っちゃったら〝おう！〟って返事されちゃったよ」って、めっちゃ喜んでいて「顔合わせちゃうと挨拶しちゃうよな」って、ずっとご機嫌だった。

そんなことがあったから、俺がノアに杉浦軍として上がった時に、武藤さんVS杉浦軍の8人タッグマッチという形で武藤VSカシンが実現したし、21年3月7日に横浜武道館でカシン先輩が拳王のナショナル王座に挑戦した時、武藤さんと一緒に観ていたら、武藤さんは「カシンもちゃんとした試合ができるんだから、ちゃんとやればいいのになぁ」って言っていたから、何だかんだと気にはしていたみたいだ。

大仁田さんの晴れ男伝説

9月と10月は大仁田さんの引退ツアーに参加したが、ここで俺は大仁田さんのある伝説を目の当たりにした。

9月16日に博多スターレーンで「大仁田引退ラスト2カ月前」というシリーズが開幕して、そのまま第2戦の試合地の熊本に移動したら、町のスピーカーから「大雨注意報発令により、外出は避けてください」って案内が流れるくらいの大雨。

一緒にいた保坂さん、リッキーさんなんかは「大雨になったら、いくら明日は入場無料だからって、客は誰も来ないよ」って言うし、一緒にスナックに飲みに行った。

翌日、朝起きたらやはり大雨。とりあえず体育館に向かったら鍵がかかっている。体育館の職員すら来ていなかった。

仕方なく俺たちは車に戻って、中止の連絡を待っていたんだけど、そこに大仁田さんがやる気満々で現れて、「大丈夫だよ、晴れるよ！　早く準備しちゃおう！」って。

そしたら、本当にみるみるうちに空が晴れ渡って、町民５００人以上押しかけて、大盛り上がりに。大仁田さんの晴れ男伝説は本当にヤバいんだ。

悔し涙が感極まった涙に

大仁田さんの9月の引退ツアーは16日＝博多、18日＝熊本、そして21日の新木場での最終戦では俺と大仁田さんの最初で最後のシングルマッチが組まれた。

でも当時の俺は、燃え尽き症候群じゃないけど、精神的に本当に疲れていた。

前の年の12月には金の字が引退……あの凄いプロレスラーだった金村キンタローが最後はボロボロになってしまって「インディーのガキ大将みたいだった人が、こんなんになるんだ」って思って愕然とした。

「レスラーは潰しが効かないぞ」っていうのを見せつけられた。

そして今度は大仁田さんの引退が間近に迫ってきたから、自分だけ取り残された気分になって、テーマがなくなった。戦う理由がなくなってしまったんだ。

お金が欲しい、モテたい、有名になりたい……どんなことでもよかったんだけど、本当にモチベーションがなかった。

でも、この大仁田さんとのシングルマッチの6日後には東京愚連隊興行を新宿ＦＡＣＥで開催することになっていた。

メインは俺が望月成晃に挑戦する東京世界ヘビー級戦。モッチーは俺より7歳も年上で先輩なんだけど、当時のドラゴンゲートのドリームゲート王座との2冠王でもあり、テンションもモチベーションもすごく高かった。

でも俺はW―1では相変わらずだし、全日本もバイト感覚だったたし、自分の弱さが原因なんだけど、このあたりから自分のプロレスラーとしてのキャリアの管理は難しいなと感じ始めていた。

自分でこういうキャラクターにしてしまっているからいけないんだけど、プライベートでもNOSAWA論外を演じなきゃいけない自分がいた。

例えば飲みに行って、そこのお客の中に俺を知ってくれている人がいると、NOSAWA論外になって「まあ、俺が1杯ご馳走するから！」ってやってしまう。やらなくてもいいのに、やらないといけない自分がいた。

そうやって演じているのがしんどくなってきたし、身体もキツくなってきていた。そして大仁田さんが引退するっていうので、柄にもなくセンチメンタルな気持ちになっていた。

とにかくNOSAWA論外でいるのが嫌になっていた。そんな中で大仁田さんとのシングルマッチを迎えた。

でもリングに上がったら、様々なネガティブな感情が吹っ飛んだ。

俺がデビューした時、大仁田厚は雲の上の存在。挨拶したって眼に入らないような存在だったのが、二十数年を経て、最後にギリギリ間に合ったのかなって。

普段はタッグばかりだったけど、シングルマッチだから周りに気を遣わないで殴り合えた。なかなかシングルマッチをやらない大仁田さんが俺を相手に19分も試合してくれた。

作品ができるのは嬉しくて、俺、気付いたら試合中に笑っていたんだ。

そして試合後には「まだまだプロレスができる気がしてきた」とコメントしていた。

大仁田さんとの初遭遇では悔しくて泣いたのが、心の底から感極まった涙に変わったから、これはこれでドラマなのかなって。

本当にこの人と試合している時だけ嫌なことを忘れられた。まったく忘れられるんだ。

何なんだろう、この人。大仁田厚っていうのは。

汗付きオープンフィンガーグローブ

9月27日の新宿FACEでの東京愚連隊興行での望月戦は負けてしまったが、もう少しプロレスをやろうかなという気持ちになれた。

10月に入ってからは、９日にお台場の大仁田興行で藤田さん＆カシン先輩と「はぐれＩＧＦ軍」として電流爆破マッチで大仁田＆矢口＆保坂に勝った。

同じ日の夜には後楽園ホールのＡＡＡ興行でＦＵＪＩＴＡ（ここからは藤田和之さんと混同してしまうといけないので横文字表記にしよう）との東京愚連隊でサイコ・クラウン＆パガノに勝った後にメインのバンピーロVSミル・ムエルテスに乱入というダブルヘッダーをこなしているから、まだ俺も気が張っていたんだと思う。

翌10日の「ルチャ・ワールドカップ」にカシン先輩とはぐれＩＧＦインターナショナル日本代表チームとして出場してバンピーロ＆ムエルテスとの1回戦には勝ったが、続くサイコ・クラウン＆パガノに負けて優勝できず、カシン先輩が「日本国民に謝らないといけない」とコメント出していたのが印象深い（笑）。

そして10月29日の名古屋国際会議場で青柳館長＆ミノワマンと組んで大仁田＆ＫＡＩ＆ヨシタツと電流爆破マッチをやった後に、カシン先輩から預かった藤田さんの汗付きオープンフィンガーグローブを大仁田さんに手渡した。

これ、大仁田さんが長州さんとの電流爆破マッチをアピールしていた99年に新日本の永島勝司企画宣伝部長が「これが長州のメッセージ代わりだ」と、長州さんの汗付きＴシャツを手渡したことへのオマージュ。

パクリではなく、オマージュ（笑）。俺、藤田和之、ケンドー・カシンの大仁田厚に対する敬意の表し方だった。

「明後日の引退試合……思い切り殴ってください。俺も思い切り殴りますから」

俺はそう言って、大仁田さんにオープンフィンガーグローブを手渡した。

大仁田さんは引退したら翌18年4月の佐賀県神埼市長選挙に立候補するつもりでいたから、この名古屋大会の時に「俺が神埼市長になったら佐賀に引っ越しして来いよ。市役所前で電流爆破やろうよ！」って言われたけど……引退したら、レスラーじゃないんだから電流爆破はやれないんじゃないのって（笑）。

大仁田厚引退の代償

10月31日、後楽園ホール。とうとう大仁田さんの引退の日になってしまった。

カードは大仁田＆KAI＆鷹木VS藤田和之＆カシン＆NOSAWA論外。俺は「これが最後なんだ！」と本気で思っていたから、これに関しては「大仁田さん、俺の涙を返してください」って感じだ（笑）。

でも、まあ7回目の引退とはいえ（苦笑）、大仁田さんの引退試合の相手を務めて、ある意味で作品を残すことができたから、もう大仁田さんに関しては言うことがない……というより発する言葉がない。

ということは、俺が邪道を継承しているんだよ、きっと。

でも代償は大きかった。この時、大仁田さんが引退していなかったら、俺はまだ元気だったかもしれない。

大仁田さんとの出会いによって救われた俺だけど、その大仁田さんが引退して、振り回されっ放しの恋が終わった感じがした。

緊張感がなくなり、身体がぶっ壊れているのに気付いた。

身体が「もう終わりだよ」と言っているような。

大仁田ロスなのか、１人でいるのが嫌で、征矢学と稲葉大樹とオフの日も毎日一緒にいた。

この２人には本当に感謝している。

素晴らしき東洋の神秘の世界

それでも大仁田さんが引退した後も俺はやらなければいけないことがあった。年内引退を発表していたザ・グレート・カブキとの一騎打ちだ。

日本内外を問わず、同じ時代にリングに上がるレジェンドと可能な限り対戦を実現させてきた俺としては〝東洋の神秘〟としてアメリカで、日本で大ブームを巻き起こしたカブキさんとも、どうしてもシングルマッチで手合わせがしたかった。

それまでカブキさんとは何度かタッグマッチで当たっているが、シングルマッチにこだわったのは、その時間は誰にも邪魔されずにカブキさんを独り占めできるからだ。

カブキさんの店に行って、酒を飲みながら「すみません、どうしても俺とシングルやってください」って酒飲みながら口説いたんだけど「論外とならできるから、全然いいよ」って、その場でOKが貰えた。

カブキさんは12月22日のノア後楽園ホールで引退試合をやることが決まっていたから、それより前の11月15日の東京愚連隊興行「TOKYO DREAM 2017」新宿FACEで対戦してもらった。

試合は、カブキさんが背負ってきたものが凄すぎて、俺は踏み込むことができず、毒霧からのアッパーカットで負けたが……やっぱりいいね、東洋の神秘の世界。

マスカラス、大仁田さん、カブキさんとシングルマッチができて、ある意味で俺はレジェンドキラーなのかな。

第9章 終活とノア

「はぐれIGFインターナショナル」始動

大仁田さん、カブキさんが引退してしまったあとの2018年の上半期は、藤田和之&ケンドー・カシンとの「はぐれIGFインターナショナル」が活動の軸になった。

この3人で試合をするのは好きなんだけど、困るのは2人とも控室にいないこと。もう控室の時点ではぐれる（笑）。

本当に控室にいないんで、探すのが大変。下手すると、会場に入って初めて会うのが入場する時のゲートの前だったりして、入場間際に「元気？　よろしく」って（笑）。

そんなドライな関係がまたよかった。

3月26日の全日本のさいたまスーパーアリーナで諏訪魔&佐藤光留&岡田佑介のエボリューションと試合した時は、何とか試合を成立させようと、俺は野獣使いになっていた。

藤田さんは6歳年上だけど、一応デビューしたのは俺が1年先輩。ただ、野獣は野獣だから（笑）。

でも、藤田さんはお茶目な一面もあるし、その場にカシン先輩がいると全然違う。やっぱり、この業界は完全な縦社会なんだって思った。今の時代、これをなくしちゃダメなんだと。

その流れで４月４日に新宿ＦＡＣＥで「はぐれＩＧＦインターナショナル」を旗揚げした。中身は東京愚連隊だったけど（笑）。

今思うと、先輩たちが本気になっていたら、この３人で本当に団体を旗揚げできていたんじゃないかなって。この旗揚げ戦には引退した大仁田さんから「初のボランティア・レスラーとして試合をする」っていうメッセージも貰ったし（笑）。

その後はＷ―１に出ながらカシン先輩とＤＤＴに上がったり、６月３日の全日本の神戸では秋山準＆カシン＆ブラック・タイガーⅦのトリオで船木さんのデビュー33周年記念試合に出た。ここに藤田さんが勝手に出てきたり（笑）、大会終了後にはグッズ売店に陣取ってサイン会を始めちゃうという（笑）。

「はぐれＩＧＦインターナショナル」は業界の厄介者だったと思う、たぶん（笑）。

レトロ軍団になってきた東京愚連隊

東京愚連隊としてはＷ―１の他、６月24日の横浜赤レンガでの鈴木さん30周年記念野外フェスティバル「大海賊祭」でパレハと組んで鈴木さん＆佐藤光留とやったり、７月10日の後楽園の長州さんプロデュース興行「パワーホール」では越中＆ＡＫＩＲＡ＆齋藤彰俊VSＮＯ

SAWA論外&MAZADA&FUJITAの平成維震軍VS東京愚連隊が組まれたりした。俺の感覚としては、このあたりから東京愚連隊もレトロな軍団になってきちゃっていたんだなって。

東京愚連隊のみんながみんな、一括りで見られるのが嫌な時期があった。俺自身もそうだった。何だか過去にすがっているみたいな気がして。

それぞれに自分なりの道で活動していても……いい意味でも、悪い意味でも、やっぱり東京愚連隊として括られてしまっていた。

ドクトル・ワグナー一家との縁

7月17日にはドクトル・ワグナー親子を呼んで新宿FACEで東京愚連隊興行を開催した。ワグナーJr.を呼ぶのは4年ぶりだった。

前年17年5月1日のロッシー小川40周年&還暦パーティーにワグナー親子を自分自身で呼んだ小川さんから「試合やってよ」って頼まれて、ブラック・タイガーⅦとして5代目ブラック・タイガーと組んでワグナーJr.とイホ・デ・ドクトル・ワグナーJr.の親子と試合をした。これが現在ノアに出ているワグナー3世の初来日だ。

ロッシー小川さんは、俺が尖っている時代からメキシコでもアメリカでも一緒になることが多かった恩人でもあり、友人でもある。何と言っても、ここ数年はマスカラスが来日すると、運転手に指名するくらいに（笑）。

やはりこの業界に長くいる先輩だから古い人間なんだけど、いろいろな経験をしているからプロレス頭は最先端を行っている。不思議だ（笑）。

プロレスが好きという部分で話が合うんだ。

その小川さんの40周年の時にワグナーJr.に「また親子で呼んでくれよ」って言われて、約束を果たしたわけだが、ワグナーJr.はサイコ・クラウンとのマスカラ戦で負けたため、この新宿FACEには素顔のレイ・ワグナーとして登場した。

用意したカードはレイ・ワグナー&ケンドー・カシンVSワグナー3世&NOSAWA論外のワグナー親子タッグ対決。

親父のパートナーをカシン先輩にしたのは、ワグナーJr.と言えば、やっぱり第2代IWGPジュニア・タッグ王者コンビのパートナーのケンドー・カシンだろうと。

試合は俺がワグナー・ドライバーで負けて、ワグナーが「次はカベジュラ戦でやってやる！」ってアピールしたら、カシン先輩が「おい！　次は髪の毛を賭けてやれって言ってるんだよ！　Si（わかった）って言えよ！」って煽ったから、お客さんが「シー、シー」言い出して面倒臭かった（笑）。

この時、ワグナー3世が良かったから、ノアで杉浦軍の参謀をやるようになった時に彼を起用した。小さい時から知っていたし、親父のワグナーJr.、亡くなった叔父のシルバー・キングにも世話になったから、その恩を今度は若い3世に返す。そうやってプロレス業界は世代が移りながら紡がれていくんだ。

8月31日には前年5月に頸髄損傷の大怪我を負って闘病中の高山さんを支援するための「TAKAYAMANIA」で鈴木さん&パレハとのGURENTAIとして出場してケア&TAKA&近藤に勝利。

この大会ではテレビの解説席に小橋さんの姿があった。

以前、ブラック・タイガーⅦとしてアジア・タッグを獲って挑発した時にカタくなられたから、今回は触らないほうがいいなと思っていたら、ちょっかいを出しに行った鈴木さんは逆水平チョップを食らっていた（笑）。

W―1をクビに！ カズさんとの関係は…

10月、俺はW―1をクビになった。試合で若いのをボコボコにしたんだ。

試合中、しょっぱいからボコボコにしたら「やり過ぎだ」と。

試合自体はタッグマッチとしてちゃんと成立させた。パートナーとしてあまりにもしょっぱいから、味方をボコボコにしただけのことだ。それも会場の裏とか控室でボコボコにしたのではなく、リング上で。

これは我々の時代だったら鉄拳制裁。でも、この時の俺はもうどうでもよかった。たぶん、いろいろ溜まっていたんだと思う。

後日、社長になっていたカズさんから会社に呼び出された。クビを言い渡されるのは承知していた。カズさんの第一声は「いやー、もうホント、ごめん！」。

これに対して俺は「俺は外でも食っていけるけど、あいつらはW―1でないと食えないんだから、別に構わないですよ」とだけ。だからカズさんとの仲が悪くなることはなかった。

親会社のオーナーに「武藤さんとやっている『プロレスリング・マスターズ』はどうしましょうか？」って聞いたら「それは武藤さんと相談して、野沢さんがやるのであれば、引き続きやってください」って言われたので、継続することになった。

W―1をクビになってぶらぶらしていたら、LIDETに引っ張られることになるんだから、逆に感謝しなきゃいけないのかもしれない。

W―1解雇後の11月26日の新宿FACEの東京愚連隊興行「TOKYO DREAM 20

18」には俺を解雇した団体の社長のカズさん（笑）、ジミー・ヤン、シャノン・ムーアを呼んだ。

2000年頃のWCWではカズさん、ジミー、ジェイミー・サンのヤング・ドラゴンズとムーア、シェイン・ヘルムズ、エヴァン・カレイジャスの3カウントが抗争していたから、それを日本で再現しようというのが、この大会のコンセプト。

カズ&ジミーVSムーア&俺のヤング・ドラゴンズVS2カウントのタッグ対決を組み、俺がカズさんに負けちゃったものの、18年の東京愚連隊興行の締め括りとしては悪くなかったと思う。

ラッキィ池田、大沢樹生、神奈月…芸能人と対戦

でも2018年は自分の興行で終わったわけではない。12月2日にスターダム★アイドルの新木場大会の大仁田厚ボランティア・レスラー復帰第2戦に駆り出された（苦笑）。タイガー戸口さん&チェーンソー・トニー&ターザン山本！　と組んで大仁田さん&雷電&橋本友彦&HASEGAWA&振付師のラッキィ池田との有刺鉄線ボードデスマッチっていう、とんでもない試合をやっている。まったく記憶にないくらいのめちゃくちゃなカード

だ（笑）。

戸口さんには「プロレスリング・マスターズ」でオファーを出していたけど、対戦する機会も組む機会もなかったから、この試合のことは全然憶えていなくても、試合で絡んでいた事実があるならよかった（笑）。

戸口さんはジャンボ鶴田さんのライバルでもあったし、メキシコではマスクを被ってヤマトとしてドス・カラス、カネックとかと抗争を展開していたレジェンドなのだ。

年末の12月28日は長州さんの「パワーホール」後楽園ホールで長州&藤波&マサ北宮VS清宮海斗&葛西純&NOSAWA論外の6人タッグ。

清宮とタッグ組んだのは、これが最初で最後だ。

この時の清宮はGHCヘビー級王者になって2週間ぐらいだったから「えっ？　これがノアのGHCチャンピオン？」って思ったくらいで、特に印象に残らなかった。

18年の戦い納めは12月30日のダブルヘッダー。

まずシアタープロレス花鳥風月の東京・ニューリックホールで元・光GENJIの大沢樹生さんと6人タッグで対戦した。

俺は光GENJIが好きで、この大会のオファーが来た時には下の方のカードだったが、大沢樹生がプロレス・デビューすると聞いて「バカ、俺だろ、こういうのは」って言ったら

「NOSAWAさんがいたら安心です！」って言われて、組まれたのが大沢樹生&船木誠勝&服部健太VSNOSAWA論外&高岩竜一&佐藤光留というカードだった。

当日は試合前にリング上で歌ってくれて、俺、「パラダイス銀河」が大好きだから、ずっと横から見ていた。試合の感想は……イタかったかな（笑）。

W―1の学院生と何が違うのかって話になると思うけど、これは俺の持論で言えば全然違う。だって大沢樹生はこの先、プロレスで飯を食っていこうと思ってないから。

こういう人たちがプロレスをやることによってプロレスが広まるんだから、俺としてはアリ。でも、これが本気で取り組んで、プロレス団体に入団して……っていうことになったら話は別だ。

この試合を終えると、俺はすぐに新宿FACEに移動して神奈月さんのライブへ。そして神奈月さんと試合。芸能人との2連戦（笑）。

この振り幅でプロレスをできるのは俺くらいだろうと思う。

相手に怪我をさせてはいけないし、自分が怪我をしてもいけない。相手の技を受け切ることも大事だし、試合だから相手に遠慮するのもいけない。そこを巧くできるかっていうところで、力量が試される。

神奈月さんとは2回くらい試合しているから、俺を信頼してくれているんだなって。

神奈月さんとの試合は、神奈月さんが1試合で4変化する。武藤敬司、天龍源一郎、馳浩、獣神サンダー・ライガー……ライガーのコスチュームで出てきた時は「これ、中身は神奈月さんじゃなくていいんじゃないかな」って（笑）。

マスカラス兄弟のラスト飛行

2019年の最初の大きな仕事は2月19日の両国国技館。「ジャイアント馬場没後20年追善興行」で、カズさんと組んでのマスカラス・ブラザーズとの試合だった。

カズさんをパートナーにしたのは俺の指名。パレハとはマスカラス・ブラザーズとやっているけど、カズさんとはなかったし、カズさんはみちのくプロレス時代にドス・カラスと絡みがあるから、ここは論カズだろうと。

正直、大変な試合だったけど、その時点のマスカラス、ドス・カラスを最大限まで引き出した自信はあるんだ。

だってテレビ解説で試合観ていた武藤さんに「何かわかんないけど、プロレスって、やっぱいいよな」って言わせることができたんだから。

リング上にいた人間にしかわからないことだが、マスカラスが終盤に「背中が痛くてコーナーに上がれない」って言い出して、試合中に兄弟喧嘩をしていた。

俺を捕まえたドス・カラスが「今だ！　上がれ！」って言っているんだけど、マスカラスは「背中が……」って（笑）。

「いいから上がれ！」

「いや、背中が痛い……」

「兄貴が決めないでどうするんだ！　大丈夫だから、いいから上がってくれ！」

ドスに捕まりながら、俺は兄弟の口論を聞いていた（笑）。

結局、最後はマスカラスがコーナーに上がって俺にダイビング・ボディアタックを決めて、2人の技を全部出し切らせて試合は終わった。

馬場さんの追善興行のセミファイナルとしてカードが発表された時は「これがセミなの？」って叩かれたけど、蓋を開けてみたら「どうだ、お前ら！」って胸を張れる試合ができたと思っている。

超満員札止めの両国で、最後の兄弟タッグが実現できて、マスカラスもドス・カラスも満足していた。たぶん、これが現役としては最後の来日になるんじゃないかな。

俺もやめちゃったし、さすがにもう試合は本人たちもできないと思う。

実際、マスカラスはフライング・クロスチョップを出すのも辛くなっていて、俺にはダブルのクロスチョップ……兄弟の代名詞の編隊飛行をやったんだけど、カズさんに対しては、ドス・カラスが「次もダブルのクロスチョップをやるぞ！」って言ったのに、マスカラスは飛ばずにラリアットだった。

この大会には馬場さんのライバルだったアブドーラ・ザ・ブッチャーはもちろん、猪木さんも会場にいて、マスカラスに「猪木さんがいらっしゃいましたけど、会いに行きますか？」って聞いたら「行く！」。

それで一緒に猪木さんの控室にお伺いしたら、会うなり2人は抱き合って、懐かしそうに話をしていた。俺は写真をたくさん撮った（笑）。

ノアで杉浦軍を結成！

馬場さんの追善興行の後はブラック・タイガーⅦとして全日本に2大会出て、NOSAWA論外としては3月14日の後楽園でのロッシー小川さん主催の「ルチャ・リブレの祭典」でFUJITAと組んでエル・ボラドール&ミステリオッソと対戦し、さらにイホ・デ・LAパークと組んでワグナー親子のFMLL世界タッグに挑戦するダブルヘッダー。

全日本と「ルチャの祭典」の合間の3月10日にはLIDET新体制になったノアの横浜文

化体育館に足を運んで杉浦貴と合流した。

「ノアを買ったんですよ」

東京愚連隊興行を年1回やっていたLIDETの鈴木裕之社長にいきなりそう言われて「えっ？ ノアって、何のノアを買ったんだろ？」って思ったくらい、まさかプロレス団体のノアだとは思わなかった。

鈴木社長にノアに上がることを打診されて「大仁田さんも引退したし、東京愚連隊と全日本でブラック・タイガーⅦだけやっていてもな」って思って、まず、清宮VS北宮のGHCヘビー級戦が行われた2月1日の後楽園ホールを観に行った。

メインの清宮は「あっ、去年の12月に組んだ選手か」って。前回は長州さん、藤波さんがいたから、あんまり試合の印象はなかったが、この日は「こういうこともできる選手なんだな」って。

大会全体を観ての感想は「This is NOAH」。

「これなら違うことをやった方が目立つな」というのが俺の正直な感想だった。

そしてノアで絡むとしたら杉浦貴かなと思ったけど、初めてノアに上がった時のトラウマがよぎって「杉さんと戦うのは嫌だな」って（笑）。戦うよりも組んだ方が面白いなと思って、3月10日の横浜で杉さんにアプローチしたんだ。

3月16日の松山大会から正式にノアに参戦して、杉さんと俺、KAZMA SAKAMOTOの3人の杉浦軍になり、そこに「強くなりたい」と大原はじめが加入して、ヘビー級は杉浦&KAZMA、ジュニアは俺と大原という形になった。

杉さんとKAZMAは「グローバル・タッグリーグ戦」に優勝、俺と大原は優勝できなかったけど、ジュニアのタッグリーグに出場した。

あとは「はぐれIGFインターナショナル」からのつながりで鈴木秀樹を呼んだり「友達の友達。世界的規模の有名人を連れてくる」と言って、桜庭和志を連れてきたり。

サクさんは俺の興行に1回出てもらっているけど、人見知りだからその時は全然会話もなくて、当時のノアの社長で現在は代表の武田有弘さんを通じて声を掛けてもらった。

だからリングに呼び込んだ7月27日のカルッツかわさきでサクさんと初めて喋ったようなものだったけど、いざ喋ってみたら、プロレスが大好きな人だった。

8月には「グローバル・リーグ戦」に「グローバルってことなら」とメキシコからイホ・デ・ドクトル・ワグナーJr.を杉浦軍として呼び、さらに「最後の継承者を連れてくる」と言って野獣・藤田さんにも来てもらった。とりあえず仲間は多い方がいいという判断だ。

ノアに上がることになった時、選手が誰も口を聞いてくれなかった。握手してくれたのは昔から知っている丸ちゃんと杉さんだけ。

「まだこんな閉鎖的な空気感なんだ。これは俺、長く持たないんじゃないかな」って感じた。前々からノアには閉鎖的なイメージを持っていたけど、まだ続いていたんだなって。

きっと俺が試合に出るようになったらノアのファンも拒否反応を起こすだろうと思ったから、それならノア・ファンが一番嫌がりそうな選手を上げた方が面白いんじゃないかっていうのが杉浦軍の発想。

つまり、一番ノアっぽくない選手を上げるのがいいんじゃないかなと思って、サクさんや藤田さんにお願いしたし、杉浦軍ではないが武藤さんまで呼んで、とにかく「ノアじゃないな」っていう感じを出したかった。

ちょっと色気を出して大原と組んで9月23日の甲府で小川さんと鈴木鼓太郎のジュニア・タッグに挑戦して小川さんにマヒストラルを逆に丸め込まれちゃったけど、9月くらいまでは杉浦さんのサポートをしながら、とにかくノアを分析することに徹した。

そうそう、藤田さんには杉浦軍に来てもらう前の8月26日の後楽園ホールの「TAKAYAMANIA」で藤田&NOSAWA論外&FUJITA vs 大仁田&樋口和貞&大家健という形で試合を一緒にした。

やっぱり大仁田厚という人は俺の人生に欠かせない人なんだなと痛感させられた（笑）。

杉浦軍は大学のサークル

杉さんは体育会系で真面目。でも意外と〝こっち側〟で、俺の遊びに付き合ってくれる。藤田さんがいて、カシン先輩がいて、サクさんがいて、みんな俺より年上でキャリアも上だから対等ではないんだけど、その人たちと遊べるというのが心地いい。

学生時代って「この人、ヤベぇんだよな」っていう先輩に憧れると思うが、藤田、カシン、杉浦、桜庭……いい意味で全員狂っていた（笑）。

「よくこの人たちと一緒にいられたな」って思う時もあるが、ということは「俺も狂ってるんじゃないのか？」って思ったり（笑）。

普段はバラバラなのに、試合になると一体感があった。東京愚連隊のメンバーはオフの間も一体感があったけど、杉浦軍はパッと集まって、キチンとやる、みたいな。

杉浦軍はたとえるなら大学のサークル。みんな大人なんだ。

拳王が「親会社のＬＩＤＥＴ社の犬にならない」って主張したのに対して杉浦軍は「ノアが存続するためには会社の犬にだってなる」っていう逆のスタンスを取った。

杉浦軍のＴシャツ作る時、犬のデザインにして杉さんに見せたら「ウチのケンタ（杉さん

杉浦軍

の愛犬）の写真にしてよ！」って言い出して、それがバカ売れしたのも面白かった。

こういうくだらないことができる余地があることがわかって、ノアでできるところまでやろうと思えた。

杉浦軍の一員として頑張りたいと思ったよ。

杉浦軍で電流爆破にも

杉浦軍はノアだけではなく他団体にも進出した。

2020年6月26日のリアルジャパンプロレスの後楽園ホールでは、杉浦&藤田&カシン&NOSAWA論外のカルテットでスーパー・タイガー&スーパー・ライダー&船木&アレクサンダー大塚と戦ったし、同年11月29日には鶴見青果市場で開催された「爆破甲子園」に杉さん、総合格闘家でプロレスのリングも経験している門馬秀貴と組んで大仁田&メカパンディータ&ランボー川村と戦った。

試合形式は史上初を謳った空中時限爆弾&電流爆破バット×3デスマッチだったけど、これはヤバかった！

天井から吊るした爆弾が爆発するってことなんだけど、いつもやる爆破実験がこの時はなくて、ぶっつけ本番。しかも天井といっても鶴見青果市場の天井が低い（笑）。爆弾の設置は試合直前だから、本番までどういう状況かわからないまま、リング上がって見上げたら、手の届く位置に爆弾がすげぇいっぱいぶら下がっていて、耳がおかしくなるほどの爆発音だった。

勝利を呼び込んだのは杉さん。普通は爆破バット振る時、両足を踏ん張るんだけど、杉さんは王貞治ばりの一本足打法でパンディータにフルスイング！　やっぱり杉さんはカッコいい（笑）。

大仁田さんとは引退後も年1回くらいしれっと絡んでいた。俺の涙を返してほしい（笑）。

サイバー体制に移行する中で杉浦軍を増強

話は前後するが、俺がノアに来てから10カ月……2020年1月29日にノアがサイバーエージェントの子会社になることが発表されて、新社長にはすでにサイバーエージェント傘下になっていたDDTの高木さんが就任した。LIDETがノアから撤退したのだ。

そういう空気を選手たちは敏感に察知するから、前年11月2日の両国国技館大会前には「両国がコケたらヤバい」っていう噂が流れた。

両国はそこそこ入ったから「これで大丈夫だろう」とみんなが思っていたら、やっぱりダメだったということになる。

そうした状況でも俺はノアでやり続けるしかないから、年明け1月にはディック東郷さんを呼んでテコ入れし、杉さんのタッグリーグ戦のパートナーとして関根〝シュレック〟秀樹も呼んだ。俺自身は1月の「グローバル・ジュニアリーグ２０２０」に出て、1月22日の福岡の公式戦で当時ＧＨＣジュニア王者の小川さんと初めてシングルをやって両者リングアウトになった。

ノアのジュニア相関図を見た時に「やるんだったら、天龍プロジェクトでちょっとしか触ったことのない小川先輩かな」って思った。

「ベルトはどうでもいいから、小川さんとシングルをやりたい！」ってコメントを出すようになったんだけど、小川さんからは「別に興味もないし、戦いたくもない」って言われてしまった（笑）。

このリーグ戦の途中の2月からサイバー体制に移行して、移行したタイミングで新型コロナウイルスの流行が始まった。

そうした中で5月3日のＴＶマッチ後に「鈴木秀樹、関根シュレック秀樹、ＫＡＺＭＡ、東郷の4人を解雇して、カシンが加入」と発表。杉浦軍を存続させて、よくしていかなきゃいけないからメンバーの削減と補充を行った。

カシン先輩も「ノアに骨を埋める」って言ってくれたから6月10日のTVマッチの俺のパートナーの2人のXとしてカシン先輩、4月にW―1が活動休止になったカズさんの2人を同時に投入した。

LIDET鈴木社長への感謝

2020年は俺にとって25周年イヤー。GLEATがプレ旗揚げ戦をやった10月15日の後楽園ホールは、俺の25周年興行用に押さえていた。そして、ここで引退しようと思っていた。

それまでも終活を意識していた俺の頭に引退が具体的に浮かんだのはコロナが流行するちょっと前に行った沖縄。日焼けしながらラグビーの廣瀬俊朗さんの本を読んでいて、急に「俺も身体が動くうちに引退しよう」と思い立ち、その場でLIDETの鈴木社長に「25周年で押さえていた後楽園で引退します」と電話したんだ。

そうしたらコロナが流行りだして、世の中が一気に変わってしまった。プロレスも無観客試合に切り替わっていって「これは、10月の引退は無理だな」と。

鈴木社長に相談したら、そこでLIDETがGLEATのプレ旗揚げ戦をやるということになった。当時、俺はLIDETの執行役員だった。

LIDETが新団体GLEATを旗揚げすることになり、長州さん、田村潔司さん、カズさんとスタートさせることになったのだ。

だが、ノアはもうLIDETの傘下ではなくなっていたから、俺としては同業2社の仕事をやるわけにはいかない。GLEATのプレ旗揚げ戦が終わったら、その時点で俺はLIDETから離れようと決めた。

「プロデューサー的立場の人間がたくさんいる団体、組織は俺の経験上ではダメだと思っている。そうなると俺が引く方がいいのかなと思うので、旗揚げ前に離脱します」

プレ旗揚げ戦の第1試合でカズさんとシングルをやった後、俺はそうコメントした。

鈴木社長にはすごく感謝している。これもタイミングだと思うが、W―1を解雇された後にノアと繋いでくれたのは鈴木社長。

そしてGLEATの立ち上げに際して俺はノアを選択したから、鈴木社長を裏切ったことになる。

この時、まだLIDETとの契約が残っていたが「お話があるんですけど……」って言ったら、鈴木社長はわかっていて、契約を途中解除してくれた。それにも感謝している。

どこの社会でも同じだと思うが、いくら円満といっても、やめるとなったら円満なんてあり得ない。人の気持ちが通じ合うことなんて奇跡だと思うし、自分の気持ちを優先すると相手を傷つけてしまう。だから、そこはまだモヤモヤしている。感謝と後ろめたさが残っている。

鈴木社長がいなかったら、ノアで死に場所を見つけられなかったし、まだ死ねてなかったんじゃないかなとも思う。

カズさんには言ってなくて「野沢君、ＬＩＤＥＴやめるって本当?」って聞かれて「あっ!言ってなかったですね」(笑)。

カズさんとも最後に試合をしたかったけど、ＧＬＥＡＴのプレ旗揚げ戦で年寄り同士のシングルマッチをやっちゃっているから、それはそれでいい記念だ。

小川先輩との抗争は最後の悪あがき

杉浦軍は居心地がよかった。杉さんやサクさんも意外と冗談が通じるし「こっち側の人たちなんだ!」って。

だから杉さんの12月29日の後楽園ホールでの20周年興行までは杉浦軍として頑張って、２０２１年からジュニアの方に本格的に取り組むことにした。

ノア・ジュニアでやろうと思ったら、小川先輩と戦っていきたいと思って、1月からは杉浦軍とは別に鈴木鼓太郎と日高郁人の外敵2人を引き込んで、小川先輩率いるスティンガーとの抗争に持ち込んだ。

この辺からプロレス頭を使い出して、4月24日の横浜ラジアントホールでの小川先輩とのシングルマッチでは試合前に奇襲をかけ、急所打ちから超高校級ラ・マヒストラルで、わずか31秒でフォール勝ち。

でも5日後の名古屋で日高と組んで小川＆HAYATAに挑戦したGHCジュニア・タッグ戦は小川先輩に超高校級ラ・マヒストラルを切り返されて負けてしまった。

小川先輩のような読めない選手と試合をするのが一番楽しい。

「どんな戦法で行っても崩せない。じゃあ、何が正解なんだろう?」という答え探しをするのが楽しいんだ。

「この選手は、こういう戦い方で行ったらきっと苦手だろうな」とか、俺は試合をコントロールしたいタイプ。遊んでいるように見えて、受け身を取りながら、それでも試合をコントロールしようとしている。

天龍さんと試合していて「こう攻めても、こう返されるんだろうな」「これをやっても通用しないのかな」とか、そういうところがプロレスの一番の楽しさだと思う。

大仁田さんと試合している時だってそう。答えがない。何をやったって、最後に水を噴いてマイクをやられたら、どんなに身体を張って戦ったとしても全部持っていかれてしまう。

話を小川先輩に戻すと、小川先輩相手に試合をコントロールできたら、本当に超一流だと思われるんじゃないかなって。

最後の答え合わせじゃないけど、もう引退すると決めている中で「最後に答えを見つけてからやめたいな」って、何か面白くなった。

「何か遊ばれてるよな」「俺、相手にされてないな」っていう中で「どうやったら振り向くんだろう？」とか。

一度はまぐれで勝ったけど、俺と小川先輩の試合を観たお客さんが「NOSAWA論外が勝てる」と思えるシーンが1つもなかったような気がする。結局、俺はそう思われる選手じゃないまま引退したけど、この21年からは最後の悪あがきで、楽しんでいた。

あの流血戦は清宮へのエール

2021年は5月22日の横浜ラジアントホールで清宮をイスで流血させて、リングアウト勝ちした試合が意外にも話題になった。

清宮を観た時に「小さくまとまって試合してるな」と思ったから、ボコボコにしたんだけど、リングアウトとはいえ勝ちは勝ちだ。俺の優しさでもある（笑）。

当時の清宮の試合を観ていて感じたのは「ひょっとしたら、ノアしか知らないからダメなのかもしれない」ということ。

外を見れば俺みたいな選手がいるかもしれないし、小川先輩みたいな選手がいるかもしれない。大仁田さんみたいな選手もいるし、井上雅央さんや菊タローみたいな選手だっている中で、清宮は「いい試合をしなきゃいけない」と気負い過ぎているのかなって。だから試合がしょっぱいのかなって（笑）。

この清宮との試合後に「清宮の喜怒哀楽の怒を見たかった」って言ったけど、俺は清宮に「きれいな、いい試合をやるのだけがプロレスじゃないよ」って言いたかった。

ノアの未来は、やっぱり清宮なんじゃないかなと思う。清宮に賭けないとノアはダメだろう。だから、あの日の試合は俺からのエール。

でも、流血戦になったくらいで、あんなに叩かれるなんて「やっぱりノアだなあ」とも思った（笑）。

清宮の喜怒哀楽の怒を見たかった

Ｅｉｔａを呼び込んでペロス結成

ジュニア戦線ではスティンガーに対抗するべく、６月13日のＴＶ配信マッチにドラゴンゲートのＥｉｔａを呼んだ。鼓太郎も日高も40代、俺も40代の真ん中。若い奴と組んだ方が人気出るんじゃないかなって。

Ｅｉｔａはドラゴンゲートで知名度があるし、ノアにはいないタイプだし、メキシコでペリートのペロス・デル・マールにもちょっとの期間だけどいたから、俺も最後に日本でペロス……ペロス・デル・マール・デ・ハポンをやりたいなと思い、ちゃんとペリートの親族から許可も得て、名前を引き継いだ。

ペロスのリーダー、ペロ・アグアヨの息子のペリートがとにかくカッコよかった。

俺らがＣＭＬＬをやめようかなと思い始めていた03年夏に、彼らはＣＭＬＬに来た。

全日本のシリーズを終えてメキシコ戻った時に、同じ興行に出場していて、日本から持って帰ったテーピングの余りをペリートとエクトール・ガルサにあげたら、ペロスのＴシャツを大量にくれて、そこから仲よくなった。

第７章で書いたように11年11月にガルサがＣＭＬＬを離脱してペロスに合流するクエルナ

バカのペロス自主興行でペリートと戦うこともできた。

ペロスはCMLL、AAAを股にかけて、自主興行もやっていて、東京愚連隊に似ているなあっていう親近感もあったし、名前もカッコいい。

ペロスはスペイン語で直訳だと「犬」だが、野良犬、狂犬のようなニュアンス。

これは俺らのイメージに合っているし、ペロスをオフィシャルでやりたいなというのがあったから権利を持っているペリートの親族の許諾を得たし、Tシャツの販売もライセンス料を2年間会社がきちんと支払った。

ペロス結成4カ月後の10月10日の大阪ではEitaとのコンビで小峠篤志&大原はじめから244秒でGHCジュニア・タッグを獲った。

Eitaと組んでやる時はノアのロード・ウォリアーズだから、負けるわけがない。Eitaはパートナーとして試合がやりやすかった。

俺が言うのもおこがましいけど、Eitaはまだまだ伸びる。伸び代がたくさんある。柔軟なんだよ、バカだけど(笑)。

でもプロレスってバカが伸びるんだ。真面目にやっていてもダメで、イレギュラーなこともやらないと。

２０２２年はウルティモ校長との戦いから

２０２２年元日、日本武道館。

Ｅｉｔａ＆ＹＯ—ＨＥＹ＆鼓太郎とのペロスでウルティモ・ドラゴン＆原田大輔＆小峠＆大原と対戦した。すでに終活に入っている俺にとってはウルティモ校長との大切な時間でもあった。

思い出すのはウルティモ校長がＷＷＥにいた03〜04年、メキシコに戻ってきた時によく電話をくれて、校長の家に行くとニューヨークの話を聞かせてくれたり「野沢君、メキシコではこういうふうにやったらいいよ」とか、何時間もプロレスの話をしたことだ。

校長とはアメリカで一緒だったり、イタリアにも一緒に行ったりして、いろいろなことを教わった。それはリングの上だけのことだけでなく、スーツをイタリアに仕立てに行ったり、ワインや葉巻を嗜んだり「やっぱ、プロレスラーはこうじゃなきゃダメだよな」っていうことも学ばせてもらった。

マスカラスもそうだったが、マスクやコスチュームにこだわりがあって、それもいつもきれいにしていた。

現地採用でCMLLとかメキシコでトップを取ったのは校長、NOSAWA、MAZADAだけだと思っているが、校長が成功していなかったら、俺たちの成功もなかったわけで、やっぱりウルティモ・ドラゴンに対しては尊敬という言葉しか見つからない。

10年ぶりの新日本プロレス

1月8日には新日本の横浜アリーナ大会での新日本VSノア対抗戦に出場した。YO―HEYとのペロスでエル・デスペラード&DOUKIの鈴木軍ジュニアとの対戦だ。

デスペのIWGPジュニアのベルトをぶん投げて壊したけど、どうせ最後だから（笑）。

デスペとは、彼がメキシコに修行に来ていた時代によくつるんでいたが、あのアンチャンが新日本のジュニアのチャンピオンになって……あと10年早くやりたかった。

DOUKIは15年10月10日の東京愚連隊興行に呼んで日本で初めて試合をさせてあげたが、そこから頑張って新日本で頭角を現した。こういう若い選手が出てきたのは嬉しいことだ。やはり風景は変わっていかなければいけない。

試合は俺がデスペのピンチェ・ロコに負けたけど「NOSAWAさんに関しては特殊な感情を抱いていて。別に対抗戦だからっていって、正直、ここは新日本にまったく関係ない試合だった」と、立場を超えて俺への素直な気持ちをコメントしてくれた。

メキシコで実際にペロスにいたDOUKIも「俺がペロス・デル・マールに加入する以前からNOSAWAさんはそこにいた。いわば俺にとってペロスの先輩だ。ここ日本でペロスを名乗っていいのはNOSAWAさんとEitaさんと俺だけだ」と言ってくれた。

2人とも俺へのリスペクトを口にしてくれたことは嬉しかった。それと同時にゴールが近づいているなってことも実感した。

そして新日本プロレス。

最後に上がったのは10年前の12年4月のブラック・タイガーⅦ。NOSAWA論外として上がるのは11年2月以来、実に11年ぶりだった。

もう2度と上がることはないと思っていただけに、素直に感謝の気持ちだった。

ペロスのノア離脱騒動の顛末

その後はEitaのドラゴンゲートにも乗り込んで、5月5日の愛知県体育館で俺、Eita、鼓太郎のトリオで土井成樹&箕浦康太&石田凱士のGOLD CLASSからオープン・ザ・トライアングルゲートのベルトを奪取した。それも俺が土井ちゃんを超高校級ラ・

マヒストラルでフォールして（笑）。

試合後に「今日の時点でプロレスリング・ノアとペロス・デル・マール・デ・ハポンの契約は満了。ノアには感謝している。ありがとう」ってコメントしたら〝ペロスがノア離脱〟って物議を醸したけど、嘘はついていない。本当にサインしてないから契約満了。

まあ、こういうところはケンドー・カシン病というか（笑）。

ドラゴンゲートのチャンピオンになったんだから、スケジュールもドラゴンゲート優先にした方がいいのかなと思ったのに、そんなに呼んでくれなかった。需要がなかった（笑）。

だから16日後の5月21日の大田区体育館に勝手に押しかけて、ノアに戻った。その前日に契約して（笑）。

だいたい「ノアには、もう出ない」なんて一言も言ってないし、何を勘違いして騒いでいるのかと。契約状況を公表しただけで。俺にとっては遊びだった。

週プロがスティンガーを10ページも特集していたのを見た時に「クソー！」って思ったのも再契約した理由の1つ。

あと獣神サンダー・ライガー。4月29日の両国国技館のノア・ジュニアの大会にテレビのゲスト解説に来て「つまらない」とか言っているのを観て「もう1回、観に来い！」って嚙みついたんだ。

RVDとハードコア

2022年夏のビッグマッチの7・16日本武道館ではスペル・クレイジーと組んでロブ・ヴァン・ダム&田中将斗とハードコアマッチをやった。

RVDは格上過ぎて、アメリカではまず触れない。俺もいろいろな団体のリングに上がったが、会場で一緒になることもなかった。

でもRVDがロスに住んでいた時には自宅に遊びに行ったことがある。

「キン肉マンのフィギュアが欲しい」って言われたから「来月またロス来るから買ってきてあげるよ」って。

知り合ったきっかけは、俺がロスに行く時に運転手をやってくれていたゾディアック。

当時、「ロスに行くから」って言うと空港に迎えに来てくれて、いろいろと買い物に付き合ってくれたりしていた。

ある時、ゾディアックが「ちょっと1軒寄らないといけないところがある」って言って、高級住宅街のゾーンに入って行ったから「俺は車で待ってるよ」って言うと「いいから一緒に来なよ」って。それで車を降りてパッと階段の下を見たら、上半身裸、サンダルを履いて、竹箒で庭を掃いているRVDがいた（笑）。

挨拶したら家に通してくれて、いろいろなフィギュアを見せてくれた。

当時RVDはレイクウッド・センター・モールで漫画ショップの「5スター・コミックス」を経営していて、俺も行ったことがあったから、そういう話をして仲よくなったんだ。

その後、08年にIGFに来日した時に「フィギュアを買いに行きたい」って言われて、連れて行ったりしていたけど、そこからあまり会う機会がなくなったから「やめる前に触りたいなあ」って。

サブゥー、レイヴェン、トミー・ドリーマー、シェーン・ダグラス、RVD……これでECWはほぼコンプリートした。

この時、本当はサブゥーにもオファーしたけど「ごめん。もう身体が痛くて動けなくて、引退してるんだ」って。願いを込めて、その後もラブコールを送ったけど、そうしたら今度は俺の身体の方がダメになってしまった（笑）。

まだまだ動けるRVDと戦えたのは嬉しかった。特にハードコアルールでやれたことが。俺以外は全員ECWだし、この試合にはサブゥーから貰ったイスを持って行った。

ノアでハードコアをやったら、またファンに文句を言われるだろうから、どうせなら嫌がられることをやってやろうと思ってね（笑）。

第10章 引退

サントのカバージョで引退を決意

2022年元日にウルティモ校長、新日本との対抗戦でエル・デスペラードとDOUKI、ドラゴンゲートに上がってトライアングルゲートのベルトを奪取、RVDとのハードコア……まだ公表はしていなかったが、今、振り返ってみれば、俺の引退ロードはすでにスタートしていた。

病院で「俺はあとどれくらいできますかね?」と聞いたら「まだやるの? 死ぬよ?」って言われてしまった。MRIの検査をしたら、案の定引っ掛かった。首も痛いが、腰の骨が完全にS字に歪んでいた。

自覚症状はだいぶ前からあったが、それでも大仁田さんとやっている頃は試合が終わってからも緊張感が持続していたから「痛いけど、寝れば治るだろう」って。

首は01年3月の試合でペディグリーを食らって骨折していたようだが、自覚症状がなくて、20年以上も経って判明した。

いわゆるストレートネックになっていて、椎間板の下の方が潰れているし、腰は椎間板が3つくらい潰れていて、寝ていても痛い。

膝は変形したままずっとやってきているからなのか、人間の防衛本能なのか……神経に触れないように変形してしまったみたいで、ポコポコ音を鳴らせる（笑）。関節が噛み合っていないいんだろう。

手の指なんかも変形しちゃっているから、あんまり握力もない。

それが公式に引退発表する半年くらい前の状態。今は腰がずーっと痛くて、階段を降りるのがキツい。これ以上、悪化すると歩けなくなってしまう。

俺は受ける選手だから、バンバン受け身を取ってきた。しかもヘビー級に交ぜられて。そ

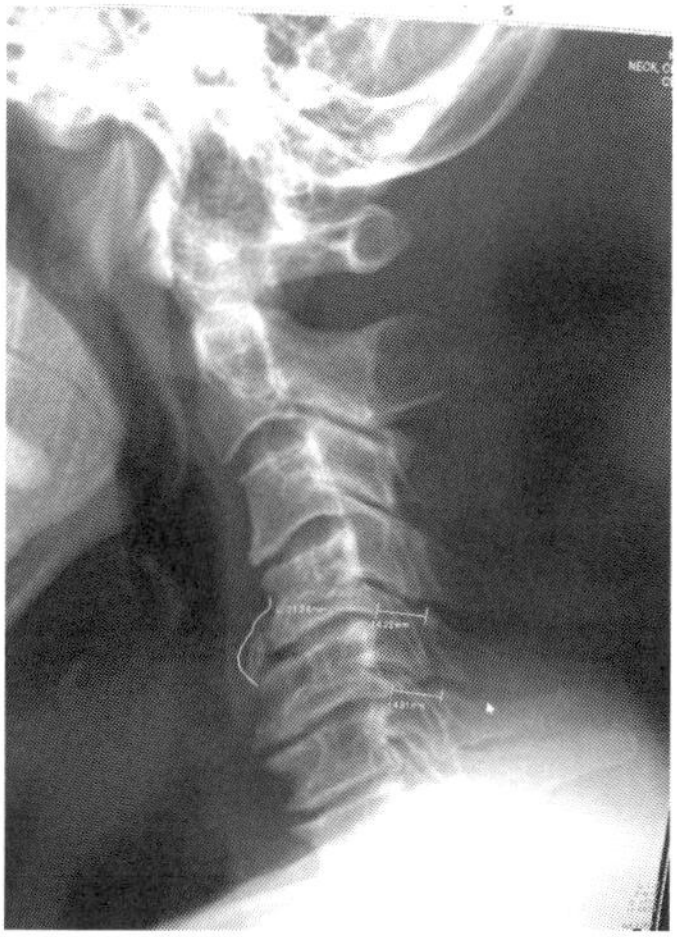

MRIで引っかかった首の状態

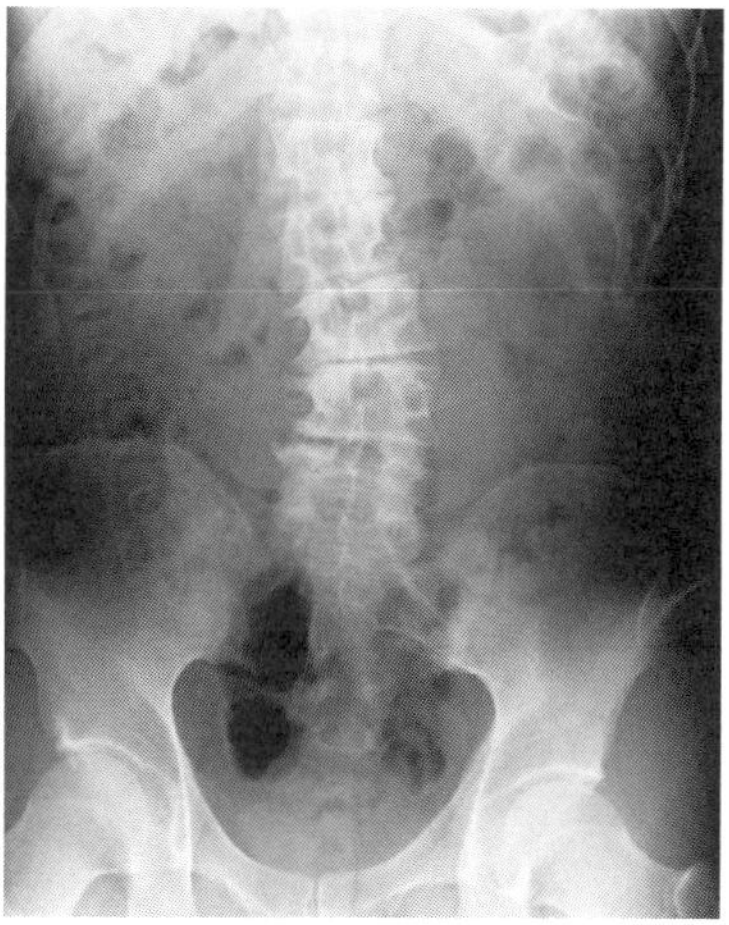

完全に歪んだ腰の骨

れはある意味、仕事ができるという意味なのかなとも思うけど。

実際に引退を決めたのは7月30日の神戸ワールド記念ホールのウルティモ校長の35周年記念興行でEitaと組んでウルティモ校長&エル・イホ・デル・サントと戦って、サントのカバージョに負け、その後もサントのカバージョで連敗を喫した時だ。

サントはメキシコ・マット界でも特別な存在。父親のエル・サントは聖人と呼ばれた英雄で、その血筋からか、明らかに他のルチャドールとは違う。

どうしても久しぶりにサントに触りたくて、その神戸ワールドでのウルティモ校長とサントの試合にEitaと乱入して試合をぶち壊し、ウルティモ校長&サントVSNOSAWA論外&Eitaのタッグマッチに持ち込んで抗争に突入したが、それが結果的に俺に致命傷を負わせた。

ルチャ・リブレの名門サント家の伝家の宝刀カバージョは〝本物〟だ。最初に食らった時に腰がバリバリバリバリ! って音がして、これで俺の腰は完全にダメになった。

本当に耐えられない痛みが走り、引退を決めたんだ。

最初は一緒の引退を嫌がった武藤さん

引退を決めたものの、その時点ですでに武藤さんの引退が決まっていた。

「俺はもう無理なんだよ。ドクターストップって言われたから」

飲んでいる時、武藤さんにそう言われたから「俺ももう無理ですよ。ドクターストップなんで。それなら一緒に引退しましょうよ」と言ったら、急に真顔で「嫌だよ！」（笑）。それまで楽しく飲んでいたのに「何でですか？」って聞いたら「一緒は嫌だよ。お前、ずらせよ」って。

「ああ、俺はまだ引退できないのか。身体はキツいけど、武藤さんを看取ってからやめようかな」って腹を括るしかなかった。

そうこうしているうちに9月3日の大阪でムタ＆グレート－O－カーン＆NOSAWA論外VS拳王＆征矢＆タダスケが組まれ、東京スポーツの取材が入り、ムタの代理人の武藤さんとO－カーンが俺を仲介者として会談することに。

取材後に武藤さんと食事に行ったら「えっ？　お前、いつ引退すんの？」って（笑）。

「いや、武藤さんが一緒は嫌だって言うから、俺、武藤さんが引退するまで引退できないじゃないですか」

「えっ、それなら一緒に引退する？」

「あ、いいんですか？　それなら俺も一緒に引退します」

武藤さんが「一緒に引退する?」と

これで俺は精神的にめちゃくちゃ楽になったんだ。

最初は「嫌だ」って言っていたのが、たまたま一緒の取材が入って、その後に食事に行ったら、武藤さんの方から言い出してくれた。

もし、この取材が入らなかったら、こんな会話は生まれなかったかもしれない。本当に些細なことで人生って変わるんだなと実感した。

博多で引退宣言

10月16日、福岡国際センター。武藤さんがテレビ解説で来ていたから控室に行って「武藤さん、俺、今日言いますわ」って言ったら「えっ！　何で今日なの？」って。

「別に福岡に思い入れもないですけど、何となく」

「わかったよ」

武藤さんに「わかったよ」って言われて、本当にホッとした。

Eita＆クレイジーとのペロスで小川＆矢野安崇＆藤村加偉に勝った後、俺はマイクを手にしてこう言った。

「おい、福岡！　俺がマイクを持ってるんだぜ、拍手がなくねぇか？　拍手くらいしてくれよ、おい！　おい、ＡＢＥＭＡを観ている俺の大嫌いなノア・ファン、俺がマイクを持つと適当なことしか言わない。でもよ、今日はリアルに、リアルに話してやるぜ。来年、２月21日、東京ドーム、プロレスラー、ＮＯＳＡＷＡ論外、引退します！」

客席四方に礼をし、引き揚げた花道の奥のノアのロゴマークに一礼して、改めて客席に向かってＬＯＶＥポーズ。会場のお客さんに、ＡＢＥＭＡの中継を観ているファンに向けて、俺は引退を宣言した。

たぶんファンもマスコミも、俺のことだから悪いジョークだと思ったかもしれない。でも、俺はリアルな気持ちを伝えた。

俺の身体はもうガラクタになっていた。ポンコツは治せるけど、ガラクタは治しても動かない。それが現実だったんだ。

断捨離の戦い

引退を発表してから、俺は「思い出って言葉は嫌いだ。記念はずっと残るけど、思い出は消えちゃうから」って言い続けていた。

今までやってきたことは、いろいろ清算しないといけないなという気持ちだった。

11月23日の国立代々木競技場第2体育館ではペロス・デル・マール・デ・ハポンのラストマッチ。Ｅｉｔａ＆クレイジーとのトリオで小川＆矢野＆藤村と戦って両者リングアウト。再試合も両者リングアウト。そして再々試合は俺たちの反則負け。

俺たちらしい、ペロスらしい幕引きだったと思う。

12月14日の会津若松市文化センターでは最後の小川良成戦。

翌23年2月21日の東京ドームが引退試合の日だが、キツい身体の中で最後の本気というか、本当の意味で選手としての引退試合は、この地方での小川先輩との試合だったと思う。

いろいろな駆け引きも使っての27分31秒……あらゆるバリエーションの膝攻めを食らって、最後は足4の字固めで残り2分半が持たずに負けた。

最後の最後まで、俺は所詮このレベル。何も歯が立たない。完敗だった。

戦っていて小川先輩から3カウントを取るとか、ギブアップを奪うとか、そういうシーンは1つもなかった。

実は俺が1回も受け身を取らなかった試合なんだけど、それでも攻略できなかった。最後だから攻めさせてくれたのかもしれないが、その時点で俺の負けだ。

小川先輩には心の底から「ありがとうございました」という気持ちだった。俺が差し出した握手の手を無言で握り返してくれた。

身体が動くなら、小川先輩とはずーっとやり続けたかった。

本当に〝ずっと追いかけていた人に失恋した気分〟であり〝思い出ではなく、記念になった失恋〟という感じだった。

そして12月20日には、後楽園ホールで東京愚連隊のファイナル興行。KIKUZAWA、MAZADA、FUJITA、TAKEMURA、ディック東郷、そしてNOSAWA論外の東京愚連隊のフルメンバーが最初で最後の揃い踏みとなった。相手は拳王&中嶋勝彦&征矢学&タダスケ&大原はじめの金剛という当時のノアで最前線にいたユニットだ。

ひょっとしたら我々は、個の力では上かもしれないけど、金剛の勢いと若さに俺だけは完敗だった。最後は拳王のPFSに俺が負けてしまったけど、50発以上も俺を蹴ってくれた拳王と勝彦には感謝している。

この試合は俺の思い出ではなく、同窓会みたいで東京愚連隊のいい記念になった。

俺は引退を発表してから「断捨離」という言葉を頻繁に使った。

東京愚連隊のメンバーには20年も一緒にいてくれて本当にありがとう。

東京愚連隊として括られ過ぎると、その枠から飛び出したいって、俺ですら思った時期もあったし、それでも俺のわがままにみんな付き合ってくれて感謝しかない。

東京愚連隊は22年12月20日で幕

「思い出」という言葉が好きじゃなくて、思い出をひとつずつ削って、引退までにすべてを断捨離しようと思っていた。

ファンもマスコミも俺が本当にやめるとは信じていないようだったから、1個ずつ消していこうと思っていたんだ。

それがペロス解散であり、小川先輩との最後のシングルマッチであり、東京愚連隊のラスト興行であり……。

強がって言っていたけど、実は1個も断捨離できていなかったのかもしれない。

馳先生と最初で最後の合体技

いよいよ引退の年2023年。元日の日本武道館では藤田さん&カシン先輩との杉浦軍に馳浩先生が加わってくれたカルテットで勝彦&船木&征矢&大原に勝った。

馳先生と組んだのは、これが最初で最後。武藤さんプロデュースの「プロレスリング・マスターズ」には、いつもコンディションを整えて出てもらっていたけど、試合で絡む機会はなかった。

馳先生とはどうしても合体技をやってみたくて「先生！」って叫んで、ダブルの股裂き、ダブルタックルを一緒にやることができた。

最後の全日本、最後の電流爆破

1月3日は古巣とも言うべき全日本プロレスの後楽園ホールへ。最初に全日本に引っ張ってくれたのはカシン先輩だから「最後に全日本に出るならケンドー・カシンと一緒に！」って決めていた。

大森隆男&井上雅央を撃破して第118代アジア・タッグ王者になり、ブラック・タイガーⅦを含めたら3回目のアジア・タッグ戴冠だったが、試合内容には納得がいかず、カシン先輩と俺は本気で自信をなくした。「そりゃ俺、やめるわな」って（笑）。

ともあれ、アジア・タッグ王者になった俺は「次の防衛戦は大仁田さんとの爆破マッチじゃなきゃやらない。できないなら、防衛期限は6カ月なんだから、チャンピオンベルトは引退するまで俺の家に置いておく」って条件をつけた。

そして2月4日の八王子で、大仁田&ヨシタツ（現ヨシ・タツ）相手にトルネードバンクハウス電流爆破デスマッチで防衛戦。

これが全日本での初の電流爆破で、通常の8倍の火薬量の電流爆破バットをフルスイング

カシン先輩とアジア・タッグを戴冠

された俺が負けて王座から転落したが、正直、ベルトはどうでもよかった。

大の字の俺を大仁田さんが起こしてくれて、手を上げられた瞬間に思わず「大将！」って抱きついた。そうしたらなぜかカシン先輩も「大将！」って、3人で抱き合って（笑）。

最後だから「大将！」って呼んでみたかったんだ。

後日談としては、実は引退4日前の2月17日に大仁田さんからLINEが来た。

「大仁田です。論外さん、ドームの後、鶴見でサヨナラ論外をやりたいんですけど、可能かな？」って（笑）。

「お疲れ様です！　さすがに難しいと思います。身体の方と会社的にも。お気持ち、本当にありがとうございます」

「わかりました。その日は論外選手との特別なものにしようと考えていました。いろいろと問題あるならわかりました。大仁田厚」

引退の4日前に、引退後の試合のオファーなんてカッコいいなって（笑）。

大仁田さんは俺より身体がキツいと思う。大仁田さんは電流爆破でケロイド状の火傷になっている時もあったが「いや、いいんだよ、俺はこれで」って言いながら治療受けている姿を見て凄いなって。

でも、大仁田さんの本当に凄いところは、たまに客が入ってない時があっても「こういう時こそ、いつも以上にやろうぜ！」って、自分の身体を傷つけながら試合をするところだ。

大仁田さんには、このまま最後まで大仁田厚でいてほしい。最初に観に行ったプロレスが大仁田さんで、まさかこんなに大仁田さんと試合するなんて思わなかった。

最初に観た時、まったく引っ掛からなかったのに、最後にアジア・タッグ戦までできて、何だか不思議だ。

小川先輩とタッグ結成

ノアでは1月15日の富士で小川先輩と初めてタッグを組んだ。小川先輩はGHCジュニア・タッグ、俺はアジア・タッグのベルトを巻いて入場し、メキシコ帰りの宮脇純太&アレハンドロと対戦して、宮脇をプラスチックボックスで殴って反則負け（笑）。

試合後には小川先輩と2人でベルトの金属部分で殴り、宮脇を流血させた。ちょっとメキシコに行っただけで、いい顔はさせない。

そして1月22日の横浜アリーナでは俺、小川先輩、Ｅｉｔａがトリオを結成して宮脇&アレハンドロ&矢野相手にまたまたやりたい放題。

小川先輩がアレハンドロのマスクの紐を解いて、Ｅｉｔａがマスクを剝ぎ、俺はハサミで宮脇の髪を切ってやった。

もう失うものもないし、やりたい放題だった。

この時、新しい戦力の投入を予告したが、それはメキシコのダガ。

ダガはメキシコのペロスにいたすごくいい選手で、日本でペロスをやった時から呼びたかったけど、コロナがあり、ビザの関係でなかなか呼べなかったけど、最後に間に合った。

ドラゴンゲート、デスペともお別れ

2月11日にはドラゴンゲートが急遽、京都KBSホールで俺のドラゴンゲートFINALの試合を組んでくれた。

ウルティモ校長、ドラゴン・キッドと組んで望月ススム&神田ヤスシ&望月ジュニアとの6人タッグマッチ。ウルティモ校長とダブルのフライング・クロスチョップ、キッドとはダブルで619を決めた。

試合後にはウルティモ校長から花束を貰い、GMの斎了から感謝状を貰い、胴上げされて、記念写真を撮って……実は引退セレモニーをやったのはドラゴンゲートだけだった（笑）。

この演出は聞かされてなかったので、感激だった。

デスペには感謝

翌12日はノアの大阪にデスペラードが来てくれて、最後の俺の遊びに付き合ってくれた。

「俺、辞めるから、最後に問題児とならず者で組もうよ」ってアピールしていたんだけど、これは本当に新日本プロレスとデスペに感謝だ。

デスペとはメキシコで飯を食いに行ったりしていたから、気心が知れて初めてのタッグでもやりやすかった。

前年1月8日の横浜アリーナでタッグで戦った時も感じたけど、10年早かったら、もっと違ったものができたかもしれない。

入場コスチュームの意味

2023年2月21日、東京ドーム。どれだけの人が気付いてくれたかはわからないが、俺は最後の試合の入場で「ステーキハウス リベラ」のジャンパーを着た。

東京・五反田のリベラのジャンパーを着るのは、80年代のレスラーのステータスだった。来日した外国人レスラーがリベラに通うようになり、ブルーザー・ブロディなんかが店から貰って着ていた非売品のジャンパーはファンだけでなく、レスラーからも羨望の的だった。

店のマスターに認められないと貰えなくて、ある時から俺なんかも貰えるようになって、

リベラのジャンパーを着て引退試合に出陣した

メキシコで誇らしげに着ていたことを思い出す。

最近はあまりレスラーにあげていないって聞いていたけど、引退の少し前にリベラに行き、ジャンパーが欲しいと言ったら、快くプレゼントしてくれた。

グレート・ムタＦＩＮＡＬの1月22日の横浜アリーナで着てみたら、思った以上にいい感じだったから、自分の引退試合でも着ようと。

最後の最後にリベラのジャンパーを着たのは、インディー出身の意地かな。原点に戻った気分でもあったし、このジャンパーを着て東京ドームの花道を歩く選手もなかなかいないだろうと。

引退した後に店に行ったらマスターから「東京ドーム、観に行けたんですよ。着てくれてありがとうございます」って言ってもらえたから、着てよかったなって。少し恩返しできたかなって。

最後の相棒、そして対戦相手

引退試合を考えた時、身体の状態からして、シングルマッチはキツいっていうのもあるんだけど、最後はタッグマッチだと決めていた。

本当にこれが最後だから、やっぱり俺の横にいるのはMAZADAさん……パレハしかいないでしょ。

あんまりお互いが直接何かを言い合う仲じゃないんだ、照れ臭くて。でも雰囲気でわかり合えるような、いい年の取り方をしているんだ、俺たちは。

近年はそれぞれに独自の活動をするようになったりして、控室が別だったということも少なくなかった。

だからといって仲が悪いわけでもなく……まあ、いまだに電話番号を知らないっていうのもどうかと思うが（笑）。

もちろんメキシコにいた時は知っていたけど、今は何か用事があったらFacebookのメッセンジャー。本当にたまに、年に2回くらい夜中にメッセンジャーで長電話する程度だ。

バラバラというわけではないが、それぞれに独自の活動をするようになって、自分自身も含めて、東京愚連隊はみんな大人になっていった。

俺は「東京愚連隊の興行は打ち上げこそメインだ！」って言っていて、藤田ミノルは強制的に参加なんだけど、パレハはあんまり来なかった。

ある時、「今日は時間あるんで、飯食ってから行きます」って夜中の1時くらいにパレハが合流して、みんなで騒いで、他の連中が潰れ始めた午前4時くらいからパレハと2人でカウ

最後に戦ってくれた石森

ンターに座って飲み始めたら、それを見ていた仲間に「本当は仲良いんですね！」(笑)。「今日は特別だぞ」って、カラオケでデュエットして(笑)。俺とパレハには、2人しかわからないちょうどいい距離感があるんだよ。

対戦相手は……最初、交渉する時に新日本に断られると思っていたが、OKしてくれた。憧れの外道さんに最後に触りたかったんだ。

俺と石森の関係はピンとこない人も多かったかもしれないが、彼がデビューした頃からだから20年前から付き合いがあった。

本当は石森との関係を書こうと思ったんだけど、「語り尽くせないほどの思い出がある。それを言葉にすればするほど、安っぽく見える」って、石森が引退試合後に言ってくれたので、大切な記念としてしまっておこう。

最後の4分43秒

最後の試合が東京ドームで、隣にはパレハがいて、対角線上には憧れの外道さん、苦労を共有した石森がいる。

レフェリーの和田京平さんも俺の希望だったし、リングアナのレニー・ハートさんも俺の希望だ。PRIDE、RIZINでお馴染みのレニーさんにコールしてもらいたくて会社が交渉してくれた。

パートナーも対戦相手、レフェリー、リングアナまでも……すべての希望が叶って、入場してリングに上がった時点で完成されていたんだ。

だから試合が長かろうが、短かろうが、正直に言うと最後に頑張る必要はなかった。引退試合だから頑張らなかったと言った方が正しいかもしれない。

これは俺みたいなプロレスラーの美学。もちろん身体がボロボロの状態でも一生懸命やったが、最後だからって無理をするよりも、今現在の現実を知った方がいいと。

ロープ際で石森のスライディング・ジャーマンを食らった時、全身に痺れがきた。そこからYes Lockで絞め上げられて……正直、しんどかった。

そうしたら石森が自ら技を解いた。

その時に「ああ、これ以上付き合わせたら悪いな」って。それで「来い、石森」って両手を広げて「石森、刈ってくれ！」って。

そして石森の必殺技ブラディークロスで俺は介錯された。

こんな動けない人間と試合するのって、俺でもいろんな意味で気持ちが嫌になってしまう。

それでも石森は「最後、もっと！」って来ようとしていたと思うけど、本当にもう身体がキツくて、痺れたから「これはヤバいな」って。

プロレスラーとしてはとっくに終わっている中で、でも、これが俺らしくて、一番いい試合だったんじゃないかって思う。

試合タイムはわずか4分43秒。俺の引退を疑っていたファンも、俺のプロレスラーとしての厳しい現実を、動かない身体をわかってくれたのではないだろうか。

試合後、リング上で大の字になりながら、石森に「石森が最後でよかったよ。お前、やっぱ凄いな」って語りかけていた。

メキシコで辛い時代、石森は俺のことをメンターと呼んでくれたけど、俺は俺で孤独な時にずっと傍にいてくれて、遊んでくれたのが石森だったんだ。

俺は大人になれてなくて、石森だけ大人になっちまったなって感じがしているけど、でも、それはそれでいいことだと思う。

外道さんにはほんのちょっとしか触れなかったけど、これが運命。

外道さんは本当に追いかけていた人だ。

何かにつけてNOSAWA&MAZADAは邪道&外道と比べられていた時期があった。

だけど向こうは新日本まで行って成功し、見方によっては、東京愚連隊は邪道&外道にはなれなかった。でも、別の角度から見たら「東京愚連隊の方が邪道外道よりも……」とかっていろいろな声が耳に入ってくると、否応なしに意識してしまう。

そんなに絡みもないから余計に意識して「どんなもんなんだろう?」って。

外道さんとも10年前にバチバチやりたかったたっていうのはあるけど、最後の最後に俺のステージに外道さんと石森が上がってくれたっていうのは感謝しかない。

下がっていく花道でファンの拍手を浴び、声援を聞きながら「お客さんは優しいな」って。

武藤さんの引退興行とはいえ、こんな平日に、高いチケット代を払って来て、こんな5分もリングに立てない状態の俺に、それでも拍手してくれたプロレスファンに感謝だ。

ずっと「プロレスファン、マスコミが嫌いだ」っていうのがあったが、最後にやっと報われたというか、呪縛が解かれたというか。

最後、コメントを出した後にマスコミの方々から義理でも何でも拍手を貰えて……「今まで俺、何をつまらないことで意地張っていたんだろう?」って。それが本音だった。

最終章
27年2カ月のプロレス人生の総括と未来

なぜ海外で生き延びてこられたのか？

俺が27年間もこのプロレス業界で生き抜いてこられたのは調子がいいからだ（笑）。調子がいいのと、段取りが天才的に上手かったから生きてこられたんじゃないかと思う。天下を取れなかった豊臣秀吉タイプなんだ、俺は（笑）。

俺が20代の頃は、まだ通信ネットワークが今みたいに発達してなかったから、雑音があまり入ってこなかった。

メキシコに行ってしまえば、日本の情報は入ってこないし、調べようともしなかった。生きていくためにそれどころじゃないんだから、まったく気にもならない。毎日がハードコアだったから、とりあえずその国のルールに従うしかなかった。

インターネットもなくて、日本で何が起きても伝わってこないということは、逆に言うとメキシコでどんなに凄いことが起きても日本のプロレスファンには伝わらなかった。

それでもとにかく必死だった。のし上がらないと生きていけなかった。

日本に帰ろうなんてまったく考えてなかったんだ。俺やパレハはメキシコで家まで買って、メキシコをベースに生活していくんだろうなと思っていたからね。

まあ、濃いプロレス人生だったんじゃないかな。常に結果を出さないと、俺らなんかは即クビだから、毎日がサバイバル。後ろ盾が何もない中で、メキシコ、アメリカに行って、結果が出なかったら、即切られる。

保証が何もない中でやっているわけだから、今よりいい条件の所があれば、そっちに行くのは当然だが、でも結果が出せなくてクビになったら、前にいた所にすんなり戻れるということもない。

最初、TNAに3週間くらい呼ばれたのに、その後は半年間くらい呼ばれなくなった。

「ダメだったのかな」って思っていたら、エージェントが変わっていた。

ここがまた難しいところで、言葉の壁にもぶち当たったりした。

俺たちがいくら評価されても、言葉が通じないと、エージェントによっては呼んでもらえなかったりする。逆に評価されなくても、エージェントと仲がよかったり、言うことを聞く奴は使われる。

「あいつ、あんなにしょっぱいのに、何でこんなにいい場面で使われるんだ？」っていう奴もいるけど、その理由が現場でわかった。

いろいろな人に聞いたりすると「あいつはエージェントの弟の息子なんだ」とか、見えないところでファミリーだったりする。俺なんかは現地採用だけど、縁故採用の奴らもいる。

「プロレスも政治なんだな」っていうのを海外で学んだ。だから俺もトップの選手の控室にいた。そうすると、「ああ、こいつもこのグループの一員なんだ」って思われる。でも言葉がわからないから、堂々とするしかなかった（笑）。とにかくニコニコして、「オッケー！　オッケー！」って言って（笑）。

プロレスラーに大切なものは…

プロレスラーにとって大切なのは、やっぱり「思いやり」じゃないかな。

これは俺が一番大切にしていたことなんだ。

受け身は相手への思いやりだと思っているから、俺はいつでもどこでも、誰にでも思いやりを持って受け身を取ってきた。

この部分を評価してくれたのは武藤・全日本時代。初来日の外国人はヘビーもジュニアも関係なく、だいたい俺とパレハが開幕戦で当てられていた。

この経験が誰とでも試合ができるっていう自信につながった。

そして「雰囲気」が大切なんだけど、これは作ろうとしても作れるものではない。

高野拳磁さんは色気があったし、ペリートはカリスマがあった。

グレート・ムタ、大仁田厚、天龍源一郎、ミル・マスカラス、テリー・ファンク……みんな雰囲気を持った本物のプロレスラーだった。

雰囲気から生まれる存在感とインパクト。それは本物にしか手に入れられない特別なものなんだ。この部分は、俺にはまったくなかったけど（笑）。

「キャラクター」も大切だよね。

みんな同じじゃつまらない。

これは自分がやりたいことをやると失敗する。

自己プロデュースできる人間ならいいけど、たいていは主役になりたがりだから（笑）。

俺だってNOSAWA論外じゃなくて、俳優の竹野内豊さんみたいなイメージのお洒落なプロレスラーになりたかったんだよ（笑）。

成功するかはやってみないとわからないけど、自分の価値観を捨てて、自分の描いたものとは真逆のキャラを作って「見せる部分」と「隠す部分」を考えるのが大切だ。

非現実的なキャラを確立するために悩んで、悩んで〝24時間プロレスラー〟でいることが、印象に残るプロレスラーの作り方なんじゃないかと。

それでも俺、NOSAWA論外は年を重ねてきたらキャラを捨てたいと思っていた。

最近の選手は、流行りの試合、同じような試合をする。そういうプロレスがスタイリッシュみたいに思われて、それこそ流行っているんだろうけど、印象に残りにくいんだ。俺は作品と呼べる試合は残していないけど、印象に残る駄作は残してきた（笑）。「いい試合をしよう」と意識し過ぎると、たいていはドブ水のような試合になる。いい試合なんて、100試合やって3試合あるかないかだろう。そもそも〝いい試合〟の定義は選手が決めることではなく、観ている人がそれぞれに感じることだからね。

俺はメキシコやアメリカなどの海外でTVマッチと地方のノーTVの試合の時、同じメンバーだったとしても違う試合をやるというのを学んだ。

言葉はわからないけど、ノーTVだと、試合をしている選手がみんな楽しんでいて、俺たちを引っ張ってくれる。

でもTVマッチになると、国のプライドも出てくるのか「今日のアトランティス、ガチガチですね。目が笑ってないですよ」って、パレハと言いながら試合をしていた。結局、いい試合をしても、客に飽きられたら終わりということなんだ。

今は時代が選手を作る感じになってきているけど……良くも悪くも時代に負けない、修羅場を潜り抜けた「俺は時代を作るプロレスラーなんだ」という感覚を持つ若い選手が出てきてほしい。

ジャンルをぶち壊して、野球の大谷翔平さんとは真逆の存在感を持つプロレスラーが出てきてほしい。

引退後の生活

引退後の生活は……時間は案外きちんと流れている。何だかんだで忙しくはしている。最近はよく水族館に行っているかな（笑）。まあ、やめても何が変わったということもなく、ただ試合をしなくなっただけで。プロレスから逃げたけど、プロレスに取り憑かれているというか、俺なりにプロレスのことを考えてしまう。

引退しただけで、ノアの会場に行って、リングの設営、撤去も手伝っている。あんまり重い物は持てないので、小回りが効くことをやっている。なるべくファンには見られないようにしていても、場所によっては見られてしまうけど、プロフィールの肩書きのところは「文化人」ということで（笑）。

本当はプロレスじゃなくて、映画やドラマ、コマーシャルなんかを作る、クリエイティブな仕事の方をしたいなって。プロレスとは違うものを、1からどう作るのかをやりたいんだけど、まだプロレスに取り憑かれてるからできない（笑）。

それこそ、プロレスの映画を作るとか、プロレスのドラマを作るとか、そういう方向も描いているけど、人生はプラン通りにうまくいくことなんてないからね。

現実からは逃げられない

プロレス人生、結果オーライだ。屋台村から始まって、ドームで引退って、偉業を成し遂げたよね（笑）。

俺たちの仕事って、結果を出さなきゃ評価されない、絶対に。

だから「頑張ります」とか「頑張りました」っていうのは俺、大っ嫌いなんだ。

頑張れば結果が出るわけでもないけど、結果を別にして、仕事を楽しめない人間は人生を無駄に浪費してるだけ。でも、楽しいだけでも、ただの負け犬。

プロレスは、想いだけではどうにもならない商売だし、仕事だと割り切れないものもやっぱりあるし、真実は残酷なんじゃないかなって夜中にふと考えてしまう。

誰もが自分のやりたいことだけをやって生きているわけじゃない。ほとんどの人は我慢したり、諦めたりしているという現実の中で、やりたいことができる立場だったら、やってみた方がいいし「やった方がいいな」っていう決断で、俺は引退の場所としてノアの東京ドームを選択した。

過去に縛られるのが嫌だから、思い出を断捨離すると言って強がったけど「結局は何も捨てられていないな」って最近思ったりする。

〝覚悟があってプロレスをやめて決着つけた自分〟を誉めたいのと〝プロレスから逃げた自分〟がいて、どっちが正解なのかはわからないなあって。

その中で、もうNOSAWA論外というのを演じなくてホッとしている自分がいる。

引退して色褪せたらみすぼらしくなるし、俺から強がりを取ったら大したものが残らないから、仕事も人生も答えをまだ探しているが、まだプロレスに取り憑かれている自分がいるのが現実だ。

今は大切な人に「素直が一番」と教えられて生きている。

今現在の夢はと聞かれたら……腕時計を海に投げ捨てられる人間になりたい、ドラマのビーチボーイズのように（笑）。

素直に言えば「プロレスラーになりたい！」。

東京
愚連隊

NOSAWA論外

1976年12月17日、千葉県市川市生まれ。高校時代、たまたま観戦したPWCの興行で野良犬・高野拳磁に憧れて、プロレスラーを目指す。屋台村プロレスを経て、念願のPWCに入門。95年12月27日、調布グリーンホール 小ホールで将軍KYワカマツ戦でデビューした。97年にDDTを旗揚げも、翌年には離脱してメキシコを拠点とする。伝手のない現地で、時にギャラが食事のみの闇試合もこなしながら、言語を超えた社交性と酒席も交えたノリを駆使して、CMLL世界王座を初めて現地で奪取した日本人にまで上り詰めた。メキシコと日本、アメリカを行き来し、プエルトリコ、グアテマラ、オーストラリアにイタリア、イギリスと…、世界を股にかけて戦うように。時にトラブルを抱えながら(笑)、日本国内だけでも、全日本プロレス、新日本プロレス、ノアをはじめ、多くの主要団体のリングにしがらみ無視で分け隔てなく上がり、本書に登場するように数多くのプロレスラー、関係者と深い関係を築いていった。23年2月21日、東京ドームで引退。現在は文化人。

なぜ屋台村から東京ドームに辿り着けたのか?
プロレス現地採用
～VIVA LA VIDA～

第1刷　2023年11月30日

著者　NOSAWA論外
構成　小佐野景浩
発行者　小宮英行
発行所　株式会社 徳間書店
〒141-8202　東京都品川区上大崎3-1-1
目黒セントラルスクエア
電話　編集(03)5403-4332
販売(049)293-5521
振替　00140-0-44392

装丁　金井久幸［TwoThree］
カバー写真　大川昇
プロフィール写真　宮本和佳子
本文写真　大川昇
小佐野景浩
山内猛
印刷・製本　三晃印刷株式会社

本書の無断複写は著作権法上の例外を除き禁じられています。
第三者による本書のいかなる電子複製も一切認められていません。
乱丁・落丁はお取り替えいたします。

©Nosawa Rongai 2023　Printed in Japan
ISBN978-4-19-865679-9